[illegible][illegible]礼记孝经心经金刚经净土三经六祖
[illegible][illegible]黄帝内经孔子家语颜氏家训淮南鸿
[illegible][illegible]习录近思录围炉夜话左传战国策史
[illegible][illegible]书后汉书三国志资治通鉴盐铁论贞
观政要山海经水经注人物志论语孟子老
子庄子墨子孙子兵法韩非子大学中庸荀
子管子列子鬼谷子商君书吕氏春秋诗经
楚辞唐诗三百首宋词三百首元曲三百首
古文观止世说新语徐霞客游记梦溪笔谈
搜神记东坡志林三字经百家姓千字文

能载舟，亦能覆舟。君，舟也；人，水也。水

为人乐，君多欲则人苦。

君无为则人乐，君多欲则人苦。

木从绳则正，后从谏则圣。

国以人为本，人以衣食为本。

虽明哲，必假众以致治。

为机，独断一人之虑也。

主护短而永愚。

明主思短而益善，暗主护短而永愚。

人虽禀定性，必须博学以成其道。

以铜为镜，可以正衣冠；以古为镜，可以知兴替；以人为镜，可以明得失。

布大信于天下；言者，当时喜怒之所由己，惟人所召。

水能载舟，亦能覆舟。

君，舟也；人，水也。

周易 礼记 孝经 心经 金刚经 净土三经 六祖
坛经 黄帝内经 孔子家语 颜氏家训 淮南鸿
烈 传习录 近思录 围炉夜话 左传 战国策 史
记 汉书 后汉书 三国志 资治通鉴 盐铁论 贞
观政要 山海经 水经注 人物志 论语 孟子 老
子 庄子 墨子 孙子兵法 韩非子 大学 中庸 荀
子 管子 列子 鬼谷子 商君书 吕氏春秋 诗经
楚辞 唐诗三百首 宋词三百首 元曲三百首
古文观止 世说新语 徐霞客游记 梦溪笔谈
搜神记 东坡志林 三字经 百家姓 千字文

君，舟也；人，水也。
水能载舟，亦能覆舟。

名，恶不积不足以灭身。然则
由己，惟人所召。
布大信于天下；言者，当时喜

虽禀定性，必须
学以成其道。
主思短而益善，
主护短而永愚。

人为本，人以衣食为本。
绳则正，后从谏则圣。
为则人乐，君多欲则人苦。

机，独断一人之虑也。
为股肱……首虽尊高，必资手
虽明哲，必借股肱以致治。

不积不足以成名，恶不积不足以灭身。
则祸福无门，吉凶由己，惟人所召。
者，国家所以布大信于天下；言者，

美，实系于冠冕。婚姻之道，莫先于仁义。
劳，无功者自退。罚当其罪，为恶者戒惧。
鸟栖，水广则鱼游，仁义积则物自归之。

机，独断一人之虑也。
为股肱……首虽尊高，必资手
虽明哲，必借股肱以致治。
必须博学以成其道。
善，暗主护短而永愚。

美，实系于冠冕。婚姻之道，莫先于仁义。
劳，无功者自退。罚当其罪，为恶者戒惧。
鸟栖，水广则鱼游，仁义积则物自归之。

君，舟也；人，水也。水
能载舟，亦能覆舟。

岂得以一日万机，独断一
君为元首，臣为股肱……
足已成体。君虽明哲，必

国以人为本，人以衣食为
木从绳则正，后从谏则圣
君无为则人乐，君多欲则

以铜为镜，可以正衣冠；以古
以知兴替；以人为镜，可以明

人虽禀定性，必须博学以
明主思短而益善，暗主护

氏族之美，实系于冠冕。婚姻之道，莫先于
赏当其劳，无功者自退。罚当其罪，为恶者
林深则鸟栖，水广则鱼游，仁义积则物自归

君，舟也；人，水也
水能载舟，亦能覆舟
以铜为镜，可以正衣
冠；以古为镜，可以

岂得以一日万机，独断一
君为元首，臣为股肱……
必资手足已成体。君虽明
肱以致治。

善不积不足以成名，恶
以灭身。然则祸福无门
己，惟人所召。
法者，国家所以布大信
言者，当时喜怒之所发

国以人为本，人以衣食为
木从绳则正，后从谏则圣
君无为则人乐，君多欲则

善不积不足以成名，恶不积不足以灭身。
凶由己，惟人所召。
法者，国家所以布大信于天下；言者，当
氏族之美，实系于冠冕。婚姻之道，莫先
赏当其劳，无功者自退。罚当其罪，为恶
林深则鸟栖，水广则鱼游，仁义积则物自

贞观政要

导读及译注◎罗永生
名誉主编◎饶宗颐

贞观政要

名誉主编◎饶宗颐
导读及译注◎罗永生

中信出版社·CHINACITICPRESS ·北京·

出版说明

为什么要阅读经典？道理其实很简单——经典正是人类智慧的源泉、心灵的故乡。也正因如此，在社会快速发展、急剧转型，也容易令人躁动不安的年代，人们也就更需要接近经典、阅读经典、品味经典。

迈入二十一世纪，随着中国在世界上的地位不断提高，影响不断扩大，国际社会也越来越关注中国，并希望更多地了解中国、了解中国文化。另外，受全球化浪潮的冲击，各国、各地区、各民族之间文化的交流、碰撞、融合，也都会空前地引人注目，这其中，中国文化无疑扮演着十分重要的角色。相应地，对于中国经典的阅读自然也就拥有了不断扩大的潜在市场，值得重视及开发。

于是也就有了这套立足港台、面向海内外的“中信国学大典”的出版。希望通过本套丛书的出版，继续搭建古代经典与现代生活的桥梁，引领读者摩挲经典，感受经典的魅力，进而提升自身品位，塑造美好人生。

中信国学大典收录中国历代经典名著近六十种，涵盖哲学、文学、历史、医学、宗教等各个领域。编写原则大致如下：

（一）精选原则。所选著作一定是相关领域最有影响、最具代表性、最值得阅读的经典作品，包括中国第一部哲学元典、被尊为“群经之首”的《周易》，儒家代表作《论语》、《孟子》，道家代表作《老子》、《庄子》，最早、最有代表性的兵书《孙子兵法》，最早、最系统完整的医学典籍《黄帝内经》，大乘佛教和禅宗最重要的经典《金刚经·心经·坛经》，中国第一部诗歌总集《诗经》，第一部纪传体通史《史记》，第一部编年体通史《资治通鉴》，中国最古老的地理学著作《山海经》，中国古代最著名的游记《徐霞客游记》等等，每一部都是了解中国思想文化不可不知、不可不读的经典名著。而对于篇幅较大、内容较多的作品，则会精选其中最值得阅读的篇章。使每一本都能保持适中的篇幅、适中的定价，让大众都能买得起、读得起。

（二）尤重导读的功能。导读包括对每一部经典的总体导读、对所选篇章的分篇（节）导读，以及对名段、金句的赏析与点评。导读除介绍相关作品的作者、主要内容等基本情况外，尤其强调取用广阔的国际视野和当代眼光，将这些经典放在全球范围内、结合当下社会生活，深入挖掘其内容与思想的普世价值，及对现代社会、现实生活的深刻启示与借鉴意义。通过这些富有新意的解读与赏析，真正拉近古代经典与当代社会和当下生活的距离。

（三）通俗易读的原则。简明的注释，直白的译文，加上深入浅出的导读与赏析，希望帮助更多的普通读者读懂经典，读懂古人的思想，并能引发更多的思考，获取更多的知识及更多的生活启示。

（四）方便实用的原则。关注当下、贴近现实的导读与赏析，相信有助于读者"古为今用"、自我提升；卷尾附录"名句索引"，更有助于读者检索、重温及随时引用。

（五）立体互动，无限延伸。配合图书的出版，开设专题网站，增加朗读功能，将图书进一步延展为有声读物，同时增强读者、作者、出版者之间不受时空限制的自由随性的交流互动，在使经典阅读更具立体感、时代感之余，亦能通过读编互动，推动经典阅读的深化与提升。

这些原则可以说都是从读者的角度考虑并努力贯彻的，希望这一良苦用心最终亦能够得到读者的认可、进而达到经典普及的目的。

需要特别提到的是，国学大师饶宗颐先生慨然应允担任本套丛书的名誉主编，除表明先生对出版工作的一贯支持外，更显示出先生对倡导经典阅读、关心文化传承的一片至诚。在此，我们要向饶公表示由衷的敬佩及诚挚的感谢。

倡导经典阅读，普及经典文化，永远都有做不完的工作。期待本套丛书的出版，能够带给读者不一样的感觉。

目录

《贞观政要》导读

罗永生

一、《贞观政要》的作者及成书背景

《贞观政要》一书辑录了唐太宗李世民（公元五九八至六四九年，六二七至六四九年在位）与其大臣们，如魏征（五八〇至六四三）、房玄龄（五七九至六四八）、杜如晦（五八五至六三〇）等数十人的对答、议论和奏疏，以及治国安邦的理论观点和政策举措，是一部政论性历史文献，也是研究中国古代政治典范以及相关思想的重要典籍。全书共十卷，四十篇，二百四十七章。

编著者吴兢（六七〇至七四九），唐汴州浚仪（今河南省开封市）人，是唐代以直笔修史著称的史家。武则天（六二四至七〇五，六九〇至七〇五在位）时期，吴兢奉召进入史馆工作，负责编修国史。至唐玄宗李隆基（六八五

至七六二，七一五至七五六在位）开元年间，升任谏议大夫，兼修文馆学士等职，继续参与国史编撰工作。吴兢编撰史书，主张叙事简要，如实记载历史事实，以取信于后人。他曾与当时著名史家刘知几等一同编撰《武后实录》，然而现存史料并无明确记载《贞观政要》的成书年月，不过根据吴兢在书中自序分别称时任三省长官，具宰相身份的源乾曜（？至七三一）为侍中安阳公，张嘉贞（六六五至七二九）为中书令河东公，而源、张两人一同任相的时间只有开元八年（七二〇），可以推断《贞观政要》大概在这时期定稿和进呈给唐玄宗。

在吴兢看来，唐初太宗贞观时期，法良政善，"良足可观"；而玄宗开元（七一三至七四一）、天宝（七四二至七五六）年间的政治面貌，已大不如前。当时李唐王朝表面虽呈现着兴旺的景象，但危机已露端倪，熟悉历史的吴兢已经感受到盛世背后，埋藏了衰颓的危机。为了让大唐王朝能长治久安，他深感有必要总结贞观年间君臣相得、励精图治的成功经验，为当时以至后世的帝王将相树立起施政的楷模，这就是《贞观政要》的写作动机。基于这样的背景，《贞观政要》一书长期以来颇受历代统治者的推崇。传统历史上，唐太宗李世民被塑造成一位杰出的帝王。他协助父亲李渊反隋兴唐，统一天下，也曾亲身经历过隋王朝初期的繁荣兴旺。然而，隋炀帝荒怠无道，短短数年间，曾经强盛一时的隋杨王朝在群雄起事之中被推翻。李世民深深领略到以民为本的重要性，明确说出"君，舟也；人，水也。水能载舟，亦能覆舟"的道理。他透过"玄武门之变"登上帝位后，改年号为"贞观"，执政二十三年，其间经常与房玄龄、魏征、杜如晦、王珪、长孙无忌等诸臣反复讨论经国济世的大计，最后逐渐形成了轻徭薄赋、劝课农桑、廉洁奉公、任贤纳谏、奖优罚劣、平衡利害、驾驭群僚、防患于未然等一整套治国兴邦的策略。正因如此，才出现了建唐以来空前繁荣与安定的"贞观之治"局面。

二、《贞观政要》的核心思想

下面让我们简单归纳出《贞观政要》书中所蕴含的贞观君臣为政安邦的核心思想，与读者分享一下：

（一）居安思危的忧患意识

"以史为鉴，可以知兴替。"太宗登基后，常与大臣们论及前朝政治得失，斥责历代恶弊，响起以史为鉴的声音，力戒重蹈亡国之辙。太宗亲身经历了隋朝自强盛走向衰亡的历史，感慨尤深。所谓隋朝"宫中美女珍玩，无院不满。炀帝意犹不足，征求不已，兼东西征讨，穷兵黩武，百姓不堪，遂致灭亡，此皆朕所目见。"由此及远，太宗与大臣们推究夏桀、商纣、秦始皇、秦二世、北齐高纬、北周宇文赟等亡国之君，由盛到衰的致命弱点和帝王短祚的根本原因，从而得出结论：帝王"恣情放逸，劳役无度，信任群小，疏远忠正，有一于此，岂不灭亡！""末代亡国之主，为恶多相类也。"如何治国安邦，永保李唐社稷千秋大业，这是太宗从即位至晚年常系心头、冥思苦索的重大问题。太宗在不同场合再三训诲臣僚须时时刻刻居安思危，不可懈怠。居安思危的忧患意识，是中国自古以来政治思想的核心课题，先秦诸子百家一致认同，君临天下者应具有“如临深渊、如履薄冰”的忧患意识。忧患意识作为一种精神压力，可能动地催发意识主体的斗志，孜孜不已作用于客体，创造辉煌。贞观年间，太宗所颁布的一系列政纲国策，无一不是以满怀忧思、力避重蹈亡国之辙为依据制定的，也正是这种忧患意识，才成就了太宗的帝王事业，开创了前所未有的贞观盛世。

（二）休养生息的基本国策

贞观君臣总结了隋朝及昔日王朝灭亡的历史教训，为政之时采取了三大举措：

其一，清静无为以为民。一方面，以史为鉴，注重了解民间疾苦；另一方面，审视历史，着力探求“静之则安，动之则乱”的客观规律。太宗在位二十三年，基本上坚持实施清静无为以安民的策略。不过，贞观晚年用兵辽东，亲征高丽与无为思想背道而驰，实是美中不足之处。

其二，发展生产以养民。太宗即位后，继续推行均田，褒奖垦荒，不夺农时，鼓励生产，并且规定住在户口稠密之处的百姓可迁徙到人口稀少的地方。同时，还将农业发展状况作为考核地方官员政绩的依据：倘若辖区内户口减少、鳏寡孤独数目增加、不经常诱导农桑，有关官员一律降级降职。

其三，轻徭薄赋以恤民。太宗在位期间，大力倡导国以民为本的思想，严禁增设法外徭役赋税，以减轻百姓负担。贞观时期，法定的赋役并不少于前代，所不同的是，除法定的项目外，绝不许再有增加。对于滥收苛捐杂税而扰农伤民的官员，依法论处。相反，当遭逢虫霜旱涝等灾情时，朝廷即遣使并诏令地方政府赈灾抚恤，免除当年租税。如朝廷财政状况有所好转，又会减免部分徭役赋税。贞观元年（六二七），山东诸州发生大灾，许多百姓为了生计被迫出卖儿女。次年，太宗拿出皇帝内府中的金银财宝，帮助灾区百姓收赎被卖的儿女，以示君主恻隐之心和仁义之举。

贞观君臣们以其远见卓识，采取上述一系列举措，在客观上达到了巩固统治政权的目的，有利于百姓休养生息，并有助社会经济的恢复和发展。

（三）从善如流的民本观念

《旧唐书》曾如此评价唐太宗："从善如流，千载可称一人而已。"太宗一生最耀眼和最为世人敬慕的是，他没有把自己视为拥有无上权威的天子，反而克己不已，又持久不懈地广开言路，屈尊求谏、虚心改过，"力行不倦"地做一代有道明君。《贞观政要》描述，太宗容貌威武严肃，宫中进谏的人见到他都紧张得举止失常，不知所措。太宗得知此事后，每逢有人奏本，总佯装和颜悦色之貌，以此足见其求谏用心之诚恳，用情之真切。通览《贞观政要》，太宗求谏有"三不论"：一是不论时间早晚，二是不论事大事小，三是不论谏言对错。太宗不但主动求谏，更能虚心纳谏，即使在大庭广众之下也不计较帝王之尊，坦然认错。《贞观政要》记载，由于大臣们所呈箴言甚多，太宗"总粘之屋壁，出入观省，所以孜孜不倦者，欲尽臣下之情"。贞观十一年（六三七），魏征见太宗骄奢渐起，进呈《谏太宗十思疏》。奏章提出十个方面的问题，供太宗思考。第二年，再呈著名的《十渐不克终疏》。奏疏采取对比手法，历数太宗不能善克始终的十大愆过，语言尖刻，词锋犀利。太宗收到奏章后，"反复研寻，深觉词强理直，遂列为屏障，朝夕瞻仰；又录付史司，冀千载之下，识君臣之义。"

（四）任贤安邦的用人策略

贞观二十年（六四六），太宗就他治国安邦总结了五条成功之道：一曰不嫉胜己之善，二曰能弃短取长，三曰敬贤而怜不肖，四曰不恶正直之士，五曰爱夷如华。

这五条经验中有四条涉及人才，可见所谓"贞观之治"就是任贤致治。太宗主宰大唐江山后，将人才的选拔和任用作为举国之纲，不拘一格，招揽四方贤才，荟萃八面精英。《贞观政要》记载太宗身边谋臣达四十余人之多。太宗谈及人才在治国安邦中的重要性时说："为政之要，惟在得人"，"致安之本，惟在得人"。故而他强调要处理好从中央到地方各级官吏的选拔和管理。他重视人才，但并非乱选滥任，而是有一定准则。一是坚持标准，务求称职。二是各级机构和大小官职“用人弥须慎择”。地方刺史由他亲自遴选，县令由吏部五品以上官员会商确定。在选贤择才时，他打破魏晋以来的门第之风，尽量拔擢贫寒之士，而对于那些好自矜大的旧族门阀则加以抑制。三是唯才是举。贞观名臣魏征、王珪两人，原属太子李建成的心腹，也是谋害太宗的罪魁之一。可是太宗即位后，知魏征有经天纬地之才，便捐弃前嫌，频频向他请教军政要事，又屡屡擢升其官职，以致魏征成了须臾不可离的谏臣和顾问。魏征死后，太宗在他灵前痛哭良久，亲自为他撰写碑文。太宗又曾委任王珪为侍中和太子少师等重要职位。太宗对昔日太子李建成和齐王李元吉麾下德才兼备的文武将官，都赏以爵位，封以高官。四是注重考核。太宗把各地都督、刺史等行政长官的名字写在屏风上，在其名下记录各自的功过善恶，“坐卧恒看”，权衡称职与否；又按时派遣重臣依照为官标准，考核各地官吏。由于太宗讲究诚信、不谋私利、求贤若渴、唯才是举，故在位二十三年，文臣武将人才济济，且统治集团内部人心齐整、义同一体，大大提高国家机器运行的效能。

（五）公正平允的赏罚机制

太宗治国安邦颇为重要的策略是惩恶扬善，恩威并举，借以增强大臣的责任感和紧迫感，在朝中营造人心思上、邪不敌正的氛围。为了使众多贤才脱颖而出，太宗制订详细而严格的选拔程序和考核制度，将各级官员应达到的德行和政绩列为九等，每年责成吏部逐一考核京官和地方官，考绩优者晋升，劣者贬斥。贞观十七年（六四三），太宗特命画家绘制了长孙无忌等二十四位功臣的画像，悬挂于皇宫凌烟阁，用以表扬他们为大唐社稷所做出的贡献，以激励群臣至诚奉国。太宗对善谏佳言者给予奖赏的例子不胜枚举。另一方面，太宗又公正惩恶。贞观九年（六三五），盐泽道行总管、由民州都督高甑生因犯罪而遭流放，有人以其往昔是秦王府的人，请求太宗宽恕。太宗却说："他为我出过力，的确不应忘记。然而，治国守法，上下必须划一，朝中像他这样有功的人很多，今赦免他，其他人都会抱以侥幸的心态犯法。"因而终未采纳该人之议。

（六）依法行政的治国方略

太宗在大力推行贤能治国之时，也极为重视国家权力管理，以法安邦。首先，建立君臣一体、共治天下的管理机制。在这问题上，太宗态度比较开明，他甚至认为，天下不是李家皇帝的天下，皇帝也非李氏家族的皇帝。他认为治国安邦，君臣务必荣辱与共，融为一体。太宗建立了一种君臣各行其是、各司其职的管理模式。在处理重大军国政事时，太宗广泛征求官僚意见，决不独断专行。属自己承担的责任，决不推诿他人；属主管部门和大臣定夺的具体事情，决不越俎代庖。太宗为了广开言路，集思广益，规范了谏官议事制度。在运用赏罚手段调动大臣积极性的同时，还在宫廷施行法与理相结合的教化制。

其次是建立相互制衡纠偏的办事机构。贞观年间，太宗完善和落实了中书省出令、门下省封驳、尚书省执行的权力运行机制。

此外，还有严格的审判制度，杜绝冤假错案。唐初，并非无法可依，而是执法不严，尤其是在大案、要案和死刑的判决等方面往往有失偏颇，对此，太宗颁令：今后遇有死刑，都要交中书、门下两省四品以上官员，以及尚书九卿议定，以避免冤狱滥刑。因此，到贞观四年（六三〇），全国处以死刑的只有二十九人。贞观五年（六三一），太宗因发生误斩大理丞张蕴古事件，又一次诏令：凡已判死刑的案件，在处决之前，必须五次复奏，谨防冤案再度发生。

（七）正身修德的为君之道

太宗平生夙愿依次是：积德、累仁、丰功和厚利。不过，魏征多次说他功利居多，唯德仁未臻于完美。太宗以为，欲治理好国家，首先要君王正身修德，以身垂范。在这方面，太宗曾做过深入的论述："若安天下，必须先正其身，未有身正而影曲，上治下乱者。"他善于撷取现实生活中的平淡小事，以阐明"下之所行，皆从上之所好"，富有相当的合理性。"君犹器也，人犹水也。方圆在于器，不在于水。"正是受到以上思想影响。太宗在治国安邦中，注重以德治为先，力争从自己做起，从皇室做起。首先是自我节制。在太宗看来，人君的灾祸，不是来自外部，而是生自本身。贞观五年，太宗因各地旱灾严重而自我贬抑，不仅在正殿听政，减少膳食，而且还停罢百姓无偿劳役。其次是加强皇室用度管理，躬行节俭，以奢为戒。三是不徇至亲私情。太宗对宗室中没有功勋而先封郡王的，一律降为县公。在太宗的带动下，杜如晦、房玄龄、魏征、温彦博等名相正人正己，为政清廉，且两袖清风，去世后家无余产，几乎难以葬身。君臣如是，民风亦然。《贞观政要》曾载曰："（贞观）二十年间，风俗简朴，衣无锦绣，财帛富饶，无饥寒之弊。"

（八）华夷合一的民族政策

唐朝是中国统一多民族国家形成的重要历史阶段。贞观年间，唐朝疆域日渐扩大，但这并非像汉武帝那样运用军事武力达致的，而是得益于太宗以柔克刚，宽大为怀的策略和"不劳而定，胜于十万之师"的主张。太宗认为自古以来，穷兵黩武的人没有不败亡的，前代帝王往往致力于扩张，以求身后虚名，然而这并无益于当前，反而弄得国穷民困。太宗认为如果于己有益而百姓有损，他必定不为，何况是这种图以虚名而损害百姓的扩张。他以兼收并蓄的广阔胸怀，尽力施行偃武修文、怀柔服远、华夷合一等政策，成功地实现了"中国既安、四夷自服"的战略思想，使周边民族部族国竭诚归附，年年朝贡。贞观四年，唐军大破突厥，降附者数十万人，对于如何处理这些外夷，朝廷大臣众说纷纭，莫衷一是。有的进言驱逐塞外，有的奏请改牧为农，当时就连魏征也提出偏激的主张见解。最后，太宗坚持安民弭乱的思想，逐一妥善安置，有的给予高官厚禄，在周边民族中建立了很高的威望，四方君长纷至长安朝拜太宗，称臣于唐，尊太宗为"天可汗"。太宗对于周边部族国家，无论是主动靠拢的，还是被征服的，都一律实行相对松散的民族区域自治政策，既不撤换当地民族所崇拜的部落首长，又不强迫他们改变固有的生活方式和风俗习惯，仅仅是就地驻军，以维持民族地区的边防安全和社会稳定。为了发展对外关系，使边疆长久安宁、祥和，太宗采用与异邦首领和亲的政策，先将皇妹衡阳公主、皇室弘化公主、文成公主嫁给异邦首领。最值得称道的是，太宗坚决摒弃历代统治者贵中华、贱夷狄的传统偏见，敢为人先地将少数民族的将领和贤士举荐到中央和地方担任官员。太宗在国势强盛的贞观年间大力推行华夷合一政策，对消除民族隔阂，促使民族融合，加强民族间经济文化交流往来等，都具有重要意义，为中国这个伟大的多民族国家的形成和发展做出了贡献。

由于太宗与大臣励精图治，唐王朝的发展达到了巅峰。史载贞观年间“官吏多自清谨、制驭，王公妃主之家，大姓豪猾之伍，皆畏威屏迹，无敢侵欺细人。商旅野次，无复盗贼，囹圄常空。牛马布野，外户不闭”，出现了“古昔未有”的繁华景象。虽然其中多有溢美之词，但当时社会矛盾趋于缓和，吏治相对清廉，百姓安居乐业、国家繁荣昌盛是无所置疑的。太宗的许多思想、举措和功业，不仅隋炀帝望尘莫及，而且某些治国方略理论和实践效果甚至超越秦皇汉武。当然太宗晚年恃功骄矜，疏贤昵佞，好尚奢靡，劳弊百姓等不端行为有所滋长，虚心求谏、纳谏作风未能克终，仍有可议处。但生活于一千三百多年前的唐太宗及其臣僚，以其巨大智慧和无限胆识，依靠广大民众，实现了史无前例的贞观之治，使中国历史进入了最治平、最强盛的时代。这也是他们奉献给历史的最美丽一页。

三、编选说明

是次选译以北京中华书局谢保成集校《贞观政要集校》（二〇〇九年七月版）为底本，兼采中华书局“中华经典藏书”之骈宇骞、齐立洁、李欣译注《贞观政要》（二〇〇九年版）、上海古籍出版社裴汝诚、王义耀、郭子健、顾宏译注《贞观政要译注》（二〇〇年版）和贵州人民出版社叶光大、李万寿、黄涤明、袁华忠译注《贞观政要全译》（一九九一年版），进行综合整理，取长补短，拣选其中若干章节，重新注释和整理译文。而在精句赏析部分，编者力图透过现代社会概念对书中某些章节加以剖析，希望让读者从现代眼光再审视《贞观政要》的实际意义。而在取舍过程中，编者考虑凡涉及：一、强调隋朝灭亡历史教训者；二、关于贞观君臣“民本、仁政”思想者；三、反映太宗虚心纳谏与臣僚敢于进谏者；四、成就“贞观之治”的精神者，俱尽量取录。但因篇幅所限，若干较为长篇的言辞，则在不影响整体意思的前提下，加以适量删节，以求达致简明扼要，免于冗长赘述。

特别需要说明的是，谢氏《集校》以国内通行的两种刊本，即明太祖洪武三年王氏勤有堂刊本（简称《明本》）和明宪宗成化元年戈直集论本（简称《戈本》）为主，辅以四种刊本，即元刻本、明初重刻本、成化再刻本和韩版注解本，并日本三大系统抄本，即南家本系统、菅家本系统和“异本”系统，进行集校，透过不同刊本的文字比勘，补充脱漏、纠正错乱。材料丰富、用力甚深，成就获学界所肯定。

贞观政要

贞观政要

君道第一

本篇导读

《君道》篇是全书的总纲，列全书之首，探讨了为君之道。所谓“社稷安危，国家治乱，在于一人而已”。贞观君臣认为“君道”的核心内容凡三：一是“守成”。创业固然艰难，但创业后更须“居安思危”，对于君临天下的帝王来说，守成则更难。二是“以民为先”。为君者，宜常思古训：“君，舟也；人，水也。水能载舟，亦能覆舟。”尤忌“竭泽而渔”，迫使百姓起来造反。三是“君臣一体”。君如头脑，臣如四肢，要密切配合，君主应听取臣下意见，兼听则明，且要诱导臣下敢于谏诤，以避免决策错误。

贞观初[1]，太宗谓侍臣曰[2]：『为君之道，必须先存百姓[3]。若损百姓以奉其身，犹割股以啖腹[4]，腹饱而身毙。若安天下，必须先正其身[5]，未有身正而影曲，上治而下乱者。朕每思伤其身者不在外物[6]，皆由嗜欲以成其祸。若耽嗜滋味[7]，玩悦声色，所欲既多，所损亦大，既妨政事，又扰生人。且复出一非理之言，万姓为之解体[8]，怨既作[9]，离叛亦兴。朕每思此，不敢纵逸。』谏议大夫魏征对曰[10]：『古者圣哲之主，皆亦近取诸身，故能远体诸物。昔楚聘詹何[11]，问其治国之要。詹何对以修身之术。楚王又问治国如何，詹何曰：「未闻身治而国乱者。」陛下所明[12]，实同古义。』

注释

1 贞观：唐太宗李世民的年号。“贞观”共二十三年，公元六二七至六四九年。

2 侍臣：指侍奉帝王的廷臣，也就是宫廷里皇帝身边的人。

3 先存百姓：首要的任务是养活天下人民。

4 股：大腿。啖腹：引申作充饥。啖，吃、食之意。

5 正其身：以身作则。

6 朕：语出《尚书·皋陶谟》，“我、我的”之意。自秦始皇起专用为皇帝的自称。外物：自身以外的东西、因素。

7 耽：沉迷于。滋味：口腹上的感觉，引申为吃喝之事。

8 解体：信心崩溃、瓦解。

9 怨：亦作“怨讟”。因怨恨而出诽谤之言。

10 谏议大夫：官名。唐朝门下省置谏议大夫四员，掌侍从赞襄、规谏讽喻。魏征：字玄成（五八〇至六四三），贞观朝名臣。唐朝钜鹿人（今河北省邢台市巨鹿县），原为太子李建成的谋士，太宗登基后，魏征曾先后任谏议大夫、左光禄大夫、秘书监、侍中等职，封郑国公，谥文贞，为凌烟阁二十四功臣之一。以直谏敢言著称，是我国历史上最负盛名的谏臣之一。

11 楚：指楚庄王（？至前五九一），春秋五霸之一。詹何：春秋时期思想家，反对纵欲，主张清心寡欲，重视养生，必然轻利。思想与道家接近。楚庄王问詹何国事的典故，见《列子·说符篇》。

12 陛下：陛，古代殿、坛的台阶。陛下即阶下。秦以后成为僚臣对皇帝的尊称。语出《韩非子·存韩篇》。

译文

贞观初年，唐太宗对他身边的人说："做国君的原则，首要的任务是养活天下人民。如果以损害百姓的生活来满足自己的欲求，那就好像割自己大腿上的肉来填饱肚子，虽然肚子是填饱了，但人却死了。如果想安定天下，必须以身作则，世上绝对没有身子端正了而影子不正的情况，也没有在上位者治理好天下而社会秩序失控、国家发生动乱的。我经常反思，能损伤自身的并不是身外的东西，都是由于自身的贪欲才酿成祸患。如果终日沉迷于吃喝玩乐、声色犬马、男女情欲，个人欲求越来越大，所受的损害也就越深，既妨碍国家政事，又扰害百姓。如果再说出一些不合事理的话来，就更会弄得民心涣散，怨言四起，自然就众叛亲离。每当我想到这些，就不敢有一丝一毫的放纵和懈怠。"谏议大夫魏征回答说："古代圣明的君主，大多是就近修养自己，所以能够远远地体察到其他事物。从前楚庄王聘请詹何，询问他治国的要旨。詹何用注重自身品德修养的方法回答。楚庄王又问这样治理国家的效果是怎样的，詹何说：'没有听过自身品行端正而国家还会混乱的。'皇帝陛下所懂得的，实在符合古代的道理。"

赏析与点评

"为君之道，必须先存百姓。"——此句所述，绝对是古今中外为政者的金科玉律。统治者若不能为平民百姓带来好生活、好日子，说什么"以民为本"俱是徒然，毫无意义。而综观整个贞观年间，太宗确实能"先存百姓"、"以民为本"。

贞观二年，太宗问魏征曰：『何谓为明君暗君？』征曰：『君之所以明者，兼听也；其所以暗者，偏信也。《诗》云[1]：「先人有言，询于刍荛[2]。」昔唐、虞之理[3]，辟四门，明四目，达四聪[4]。是以圣无不照，故共、鲧之徒[5]，不能塞也；靖言庸回[6]，不能惑也。秦二世则隐藏其身[7]，捐隔疏贱而偏信赵高[8]，及天下溃叛，不得闻也……隋炀帝偏信虞世基[9]，而诸贼攻城剽邑，亦不得知也。是故人君兼听纳下，则贵臣不得壅蔽，而下情必得上通也。』太宗甚善其言。

注释

1《诗》：即《诗经》。我国最早的诗歌总集。先秦时期称为诗，汉尊为经典，始称《诗经》，与《尚书》、《三礼》、《易》与《春秋》合称五经。

2 刍荛（chúráo）：指割草打柴的人。诗文出自《诗经·大雅·板》。刍，草。荛，柴。

3 唐、虞：即指唐尧、虞舜。唐尧是帝喾之子，姓伊祁。初封于陶，后又封于唐，所以称陶唐氏。建都平阳（今山西临汾西南）。唐尧年老后，不能亲政，其子丹朱又软弱无能，尧就把帝位传给舜。虞舜，姚姓，名重华。生长于有虞氏部落，因此称虞舜。尧老后，召集各部落首领商议继位者，部落首领们一致推举舜。舜代行国政三十年后，尧禅位给舜。建都蒲阪（今山西永济蒲州镇）。舜于南巡中死于苍梧之野（今湖南宁远九嶷山郊野）。传位于禹。

4“辟四门”三句：语出《尚书·尧典》，即广开四方视听之意。

5 共：共工氏。中国古代神话中的天神，是洪水之神，相传他与黄帝族的颛顼展开激战，战败，于是怒而头触不周山，使天地倾斜。鲧：古代传说中尧的臣子，禹的父亲。传说尧时洪水为祸，尧派鲧治水。鲧筑堤防堵，然而未能成功治水，后来尧传位予舜，帝舜处死鲧（一说为流放）。此外还有一说，指共工是尧的大臣，与驩兜、三苗、鲧并称“四凶”，被尧流放于幽州。

6 靖言庸回：同“靖言庸违”。语言善巧而行动乖违。犹言口是行非。

7 秦二世：即胡亥（前二三〇至前二〇七，前二〇九至前二〇七在位），也称二世皇，秦始皇最小的儿子。始皇出巡时死于沙丘，宦官赵高（？至前二〇七）和丞相李斯（前二八〇至前二〇八）篡改遗诏，立胡亥为帝，赐扶苏死。秦二世即位后，赵高掌实权，实行残暴的统治，激起了陈胜、吴广的揭竿起义。二世胡亥于公元前二〇七年被赵高逼死，时年仅二十四岁。

8 赵高：本为赵国贵族之后，秦灭赵国前后，被俘入秦。辗转为宦官，即身份低下负责侍候皇室贵族的庶务官员（世人以赵高为阉人乃后世曲解）。任中车府令，兼行符玺令事，“管事二十余年”。秦始皇死后，他与丞相李斯合谋伪造诏书，赐太子扶苏死，另立胡亥为帝，并自任郎中令，在任期间独揽大权。公元前二〇七年又设计害死李斯，成为秦国丞相，后来他逼二世自杀，另立子婴（？至前二〇六）。不久被子婴杀死，诛夷三族。

9 隋炀帝：杨广（五六九至六一八，六〇五至六一八在位），隋代第二位君主。传统历史上的暴君，与秦始皇齐名。据《隋书》记载，杨广十七岁为平陈领帅，其后又镇扬州十年之久，在镇守江南期间，稳定叛变局势颇有成效，政绩突出。同时他表现得作风简朴、不好声色、礼贤下士、谦恭谨慎，由此赢得了朝野赞颂和隋文帝夫妇的欢心。开皇二十年（六〇〇），隋文帝废黜杨勇，立杨广为皇太子。即位后炀帝表现得好大喜功、穷奢极侈，动用极大民力修建大运河、长城和洛阳城、东征西讨，最终引致隋末民变，后被部下宇文化及缢杀。虞世基：字茂世（？至六一八），余姚（今属浙江）人，虞世南哥哥。少与弟世南同师事顾野王。个性恬静，喜愠不形于色，博学，善草隶。得到隋炀帝器重曾任通直郎、直内史省、内史舍人等，专典机密，参掌朝政。曾数次劝谏隋炀帝而不获采纳，又见大臣相继被诛戮，惧祸及己，遂唯诺取容，不敢逆帝，为时人所讥。十四年，宇文化及于江都兵变，隋炀帝与虞世基一同被杀。

译文

贞观二年（六二八），唐太宗问魏征说："什么叫作贤明君主？什么叫作糊涂君主？"魏征答道："君主之所以能贤明，是因为能够兼听各方面的不同意见；君主所以会糊涂，是因为偏听偏信。《诗经》中说：'古人说过这样的话，要向割草砍柴的人征求意见。'过去唐尧、虞舜治理天下，广开四方门路，招纳贤才，广开视听，了解各方面的情况，听取各方面的意见。因而圣明的君主能无所不知，所以像共工、鲧这样的坏人不能蒙蔽他；花言巧语的奸佞小人也不能迷惑他。秦二世却不是这样，他深居宫中，隔绝贤臣，疏远百姓，偏信赵高，直到天下大乱、百姓叛离，他还不知道……隋炀帝偏信虞世基，到各路反隋兵马攻掠城邑时，他还不知道。由此可见，君主如能广泛听取各方意见，采纳臣子忠言，那么，权臣就不能蒙上蔽下，百姓的意见也就能传递给国君了。"太宗很赞赏魏征的这番话。

赏析与点评

"兼听则明"——做人处事，若能把所有的正反意见都加以考虑、分析，然后取其长，去其短，才是真正的明智。因此，多听取别人的意见，自然能增加自己的所见、所识、所得。贞观年间，太宗之所以让臣僚放胆进谏，目的就是要兼听。

贞观十一年，特进魏征上疏曰[1]：『臣观自古受图膺运[2]，继体守文[3]，控御英杰，南面临下[4]，皆欲配厚德于天地，齐高明于日月，本枝百世，传祚无穷[5]。然而克终者鲜[6]，败亡相继，其故何哉？所以求之，失其道也。殷鉴不远[7]，可得而言。』

『昔在有隋，统一寰宇，甲兵强盛，三十余年，风行万里，威动殊俗。一旦举而弃之，尽为他人之有。彼炀帝岂恶天下之治安，不欲社稷之长久[8]，故行桀虐[9]，以就灭亡哉？恃其富强，不虞后患[10]。驱天下以从欲，罄万物而自奉[11]，采域中之子女，求远方之奇异。宫苑是饰，台榭是崇[12]，徭役无时，干戈不戢[13]。外示严重，内多险忌。谗邪者必受其福，忠正者莫保其生。上下相蒙，君臣道隔，民不堪命，率土分崩。遂以四海之尊，殒于匹夫之手，子孙殄绝[14]，为天下笑，可不痛哉！』

注释

1 特进：官位。唐朝时为文散官之第二阶，相当于正二品。疏：臣下上呈给君主的建议、言辞。

2 受图膺运：谓帝王得受图箓，应运而兴。这里指承受天命开创帝业或继承帝位的人。图，河图。相传，上古伏羲氏时，洛阳东北孟津县境内的黄河中浮出龙马，背负“河图”，献给伏羲。伏羲依此而演成八卦，后为《周易》来源。又相传，大禹时，洛阳西洛宁县洛河中浮出神龟，背驮“洛书”，献给大禹。大禹依此治水成功，遂划天下为九州。后来人们把“河图”、“洛书”说成是上天的旨意，帝王是承受天命开创帝业或继承帝位来统治万民的。

3 继体守文：继承皇位，率由旧章。《春秋谷梁传》曰：“承明继体，则守文之君也。”体，这里指政权、皇位。文，这里指法令条文、典章制度。

4 南面临下：古时君主皆朝南而坐，有南面而王之说。南面临下，即君临天下，统治万民之意。

5 祚（zuò）：福。这里指皇位。

6 克终者鲜：能够善始善终者很少。克，能。

7 殷鉴不远：语出《诗经·大雅·荡》："殷鉴不远，在夏后之世。"这句诗揭示了一个历史教训，即夏代的灭亡，就是殷代的前车之鉴。原指殷朝的子孙要把夏朝的灭亡作为鉴戒。泛指前人的教训就在眼前。

8 社稷（jì）：社，土地之神；稷，五谷之神。引申作国家、天下之意。

9 桀：夏朝最后一个国王，名履癸，是中国历史上有名的暴君之一。

10 虞：考虑，防范。

11 罄：用尽，消耗殆尽。

12 台榭（xiè）：积土高起者为台，台上所盖之屋为榭。后泛指高地上所建供游观的建筑物。

13 干戈不戢（jí）：战事终年不休。戢，把兵器收藏起来。引申指停止战争。

14 殄（tiǎn）绝：灭绝。

译文

贞观十一年（六三七），特进魏征向太宗上书说："我看到自古以来，但凡承受天命开创帝业或继承帝位的人，他们驾驭英才，朝南而坐，以统治万民，都希望自己德配天地，功高日月，长久统治，帝位能世世代代相传下去。然而能善始善终的实在太少了，衰亡倾覆的相继发生，这是什么缘故呢？探求他们失败的原因，是因为他们不懂得治国的道理。前朝覆灭的教训并不久远，可以讲得出来。"

"过去隋朝统一天下，兵甲强壮，三十余年，声威远播万里。然而一下子全部丧失，江山尽为别人所有。隋炀帝难道讨厌天下安定，不想让国家长治久安，故意要施行夏桀那样的暴政，弄得自己国破人亡吗？他不过是依仗国家富强，有恃无恐，不考虑后患。他驱使百姓顺从自己的奢欲，搜刮天下的财物尽情挥霍，挑选全国的美女，到域外探寻珍宝。装饰宫苑，构筑楼台，徭役长年不断，战事终年不休。君臣间外表威严庄重，内心却多猜忌险恶。奸佞邪恶的进谗者一定会享受福禄，忠诚正直的人却连性命都难保。上下互相欺蒙，君臣之间离心离德，百姓不堪忍受，国家从此分崩离析。于是一度曾统治四海的国君，竟死在匹夫之手，他们的子孙也被斩尽杀绝，为天下人所耻笑，这能不令人痛心吗？"

赏析与点评

“殷鉴不远”——商朝末代君主纣王，是历史上著名的亡国之君。后世小说《封神演义》更将之描绘为贪恋女色、荒淫无道的大暴君。然而有史料显示纣王在位早期，商朝国力仍然十分强盛，南征北讨未逢败绩，然而最终却为周人所灭。因此，殷纣的败亡便成为历代为政者的反面教材，此即“殷鉴”一词之由来。

是月，征又上疏曰：『臣闻求木之长者，必固其根本；欲流之远者，必浚其泉源[1]；思国之安者，必积其德义。源不深而望流之远，根不固而求木之长，德不厚而思国之理，臣虽下愚，知其不可，而况于明哲乎！人君当神器之重[2]，居域中之大[3]，将崇极天之峻，永保无疆之休[4]。不念居安思危，戒奢以俭，德不处其厚，情不胜其欲[5]，斯亦伐根以求木茂，塞源而欲流长者也。』

注释

1 浚（jùn）：疏通。

2 神器：指帝位、政权。

3 居域中之大：是占据天地间的四大之一。《老子》上篇曰："道大，天大，地大，人亦大。域中有四大，而人居其一焉。"域中，指天地间。

4 无疆之休：指无穷无尽的美好日子。

5 胜：克制。

译文

本月，魏征又上书说："我听说过，要想让树木长得好，必须使树木的根扎得牢固；要想让河水流得长远，必须疏通它的源头；要想使国家长治久安，就一定要积聚自己的道德仁义。河流的源头不深却希望河水流得长远，树木的根基不牢固却希望树木生长，道德不深厚却想使国家安定，我虽然十分愚笨，也知道那是不可能的，更何况明智的人呢？国君掌握国家大权，处于天地间至尊的地位，有至高无上的威严，应该永保无穷无尽的美好日子。但如果不能居安思危，不能力戒奢侈而提倡节俭，不能广积美德，不能节制情欲，要想达到这个目标，就像砍断树根而希望树木茂盛，堵塞源头而希望河水长流一样荒唐！"

赏析与点评

“木之长者，必固其根本。”——所谓万丈高楼平地起，任何事情没有稳固的基础，终有倾倒的一天，所谓“十年树木，百年树人”。今天我们生活在知识型的社会，如没有足够的知识，就如没有根的树木一样，是难以生存下去的。

贞观十五年，太宗谓侍臣曰：『守天下难易？』侍中魏征对曰[1]：『甚难！』太宗曰：『任贤能，受谏诤即可，何谓为难？』征曰：『观自古帝王，在于忧危之间，则任贤受谏。及至安乐，必怀宽怠。言事者惟令兢惧[2]，日陵月替[3]，以至危亡。圣人所以居安思危，正为此也。安而能惧，岂不为难？』

注释

1 侍中：官名。秦始置、两汉沿袭，为列侯以下至郎中的加官。无定员。职责侍从君主左右，备应顾问。又出入宫廷，为亲近之职。南朝宋文帝时，始掌机要，实际上往往为丞相之职。唐代时成为门下省的长官，掌纳帝命，总典吏职，辅佐天子而统大政，是唐前期职权最高、最重的官员。

2 言事者：奏陈事情的臣僚。兢惧：谨慎畏惧。

3 日陵月替：国家一天接一天，一月接一月地衰败下去。陵、替，均为衰落之意。

译文

贞观十五年（六四一），唐太宗对身旁的臣僚说："保持已经取得的政权、天下是困难还是容易？"门下省长官侍中魏征回答说："很难！"太宗再说："任用贤能的人，采纳臣下的意见，就可以了。怎么说很难呢？"魏征回应说："我观察自古以来的帝王，当他们处于忧虑危急的时候，就能任用贤能，采纳意见。到了安乐的时期，就松弛懈怠下来。只会使得奏陈事情的官员谨慎畏惧，明哲保身。长期下来，国家便会一天接一天、一月接一月地衰败下去，终至衰败灭亡。圣人所以能居安思危，正是为了避免这种情况发生。安居时能怀着畏惧之心，难道不算难吗？"

赏析与点评

“居安思危”——这四字讲是很容易，但实践却是十分困难。人们往往会陶醉于眼前的成就，而放松对未来困境的估量，所谓“贪胜不知输”，正是“居安思危”的反义词。而这四字亦是整个贞观年间，太宗与臣僚们治国理民的主要指导思想之一。

政体第二

本篇导读

贞观君臣经常讨论如何吸取历史教训，提出“君依于国，国依于民”的重民思想。结果，他们在短时间内就达到了“关中丰熟，咸自归乡”，“商旅野次，无复盗贼，囹圄常空，马牛布野，外户不闭”的繁荣景象。对于这一治世的出现，太宗认为在很大程度上要归功于以魏征为代表的臣僚辅助。太宗认为“天子者，有道则人推而为主，无道则人弃而不用，诚可畏也”，“君，舟也；人，水也。水能载舟，亦能覆舟”。这些名言寓意深刻，对后世影响极大。

贞观二年，太宗问王珪曰：『近代君臣理国，多劣于前古，何也？』对曰：『古之帝王为政，皆志尚清静[1]，以百姓心为心。近代则惟损百姓以适其欲，所以任用大臣，复非经术之士[2]。汉家宰相，无不精通一经[3]，朝廷若有疑事，皆引经决定，由是人识礼教，理致太平。近代重武轻儒，或参以法律，儒行既亏[4]，淳风大坏。』太宗深然其言。自此百官中有学业优长，兼识政体者，多进其阶品，累加迁擢焉[5]。

注释

1 志尚清静：志趣在于崇尚清静无为之治，即以道德教化万民百姓。

2 经术之士：精通儒学经典的读书人。

3 经：指历来被尊崇为典范的著作书籍，这里引申作儒家经典之意。

4 儒行：儒家思想所提倡的道德行为规范。

5 迁擢（zhuó）：提升、擢拔。

译文

贞观二年，太宗问王珪说：“近代的君臣治理国家多比前代古时的君臣更为拙劣，这是什么原因？”王珪回答说：“上古的帝王治国，志趣崇尚清静无为，他们想百姓之所想。近代的君臣则只是损害百姓来满足自己的贪欲，所任用的大臣，不再是精通儒学经典的读书人。汉朝的宰相，没有一个不是精通一门儒家经典的，朝廷如果有疑难，大家都能依据儒家典籍所述来做出决定。由此万民皆懂礼仪规范，治理国家就天下太平了。近代（的统治者）重视军事建设而轻视儒学文教，治国之时或者参用法令刑律，儒家的道德规范已经遭到损害，朴实敦厚的社会风气受到很大的破坏。”太宗很赞同王珪的话。从此官员中有学识好、有长处，并懂得治国的人，多获提高官阶品级，累次加以升迁提拔。

赏析与点评

“以百姓心为心”——为政者如能做到“想人民所想，急人民所急”，则天下哪有不治之理。或有人说：“天下百姓所想所得的，五花八门，无穷无尽，为政者怎能一一满足他们的想法呢？”其实老百姓的要求很简单，只有四个字“安居乐业”。太宗十分明白这个道理，他以“民本”思想治国，正是“以百姓心为心”的表现。

贞观三年，太宗谓侍臣曰：『中书、门下，机要之司[1]。擢才而居，委任实重。诏敕如有不稳便[2]，皆须执论。比来惟觉阿旨顺情[3]，唯唯苟过[4]，遂无一言谏诤者[5]，岂是道理？若惟署诏敕、行文书而已[6]，人谁不堪[7]？何烦简择，以相委付？自今诏敕疑有不稳便，必须执言，无得妄有畏惧，知而寝默。』

注释

1 机要之司：即位处枢机、最为关键的政府部门。机要，枢机、关键之意。司，官署、政府部门之意。

2 诏敕（chì）：君主朝廷所颁发的政令。

3 阿旨顺情：迎合君主的意旨，顺从太宗的情绪意见。

4 唯唯：即唯唯诺诺。苟过：敷衍了事。

5 一言谏诤（zhèng）：一句直言劝谏的话。

6 惟署诏敕：只是签署政令。行文书：颁行朝廷文告、公布。

7 人谁不堪：什么人都可以胜任。

译文

贞观三年（六二九），太宗对侍从大臣说："中书省、门下省都是朝廷最重要的衙门，部门的负责官员，都是选拔突出的人才来担任，而所委托的任务确实最为重要。朝廷所颁发的政令如有不妥当的地方，都必须坚持己见直言议论，近来只觉（官员）迎合旨意，顺从上情，唯唯诺诺，敷衍了事，没有一句直言劝谏的话。这符合道理吗？如果只是签署政令，颁行文告，什么人都会干，何须不嫌烦扰地选择，并以重任相委托呢？从今以后，对皇帝所颁行的诏令有认为不稳妥、不便施行的，都必须坚持自己的意见，不得妄自畏惧，明知不对的也默默不语。"

赏析与点评

“阿旨顺情，唯唯苟过。”——这是个反面教材。凡事顺从上级或别人的意思，唯唯诺诺，没有自己的看法，日子或许能混下去，但总是为别人而生，为别人而活，如同行尸走肉，这又有什么意义呢？太宗就是害怕官员阿旨顺情，唯唯诺诺，把国家弄得江河日下。

贞观四年，太宗问萧瑀曰：『隋文帝何如主也[1]？』对曰：『克己复礼[2]，勤劳思政，每一坐朝，或至日昃[3]，五品以上，引坐论事[4]，宿卫之士，传飧而食[5]，虽性非仁明，亦是励精之主。』太宗曰：『公知其一，未知其二。此人性至察而心不明。夫心暗则照有不通，至察则多疑于物。又欺孤儿寡妇以得天下[6]，恒恐群臣内怀不服，不肯信任百司[7]，每事皆自决断，虽劳神苦形[8]，未能尽合于理。朝臣既知其意，亦不敢直言。宰相以下，惟即承顺而已。朕意则不然，以天下为之广，四海之众，千端万绪，须合变通，皆委百司商量，宰相筹画，于事稳便，方可奏行[9]。岂得以一日万机[10]，独断一人之虑也。且日断十事，五条不中，中者信善，其如不中者何？以日继月，乃至累年，乖谬既多，不亡何待？岂如广任贤良，高居深视[11]，法令严肃，谁敢非为？』因令诸司，若诏敕颁下有未稳便者，必须执奏，不得顺旨便即施行，务尽臣下意。

注释

1 隋文帝：杨坚（五四一至六〇四，五八一至六〇四年在位），弘农华阴（今陕西省华阴市）人，曾任北周丞相，总揽朝攻，晋封隋王。公元五八一年，废北周静帝自立，建立隋朝，后南下灭陈，统一全国。在位期间，改革行政，废除“九品中正制”。有“开皇之治”的美誉。

2 克己复礼：语出《论语·颜渊》。克己复礼是儒家思想的最高道德修养要求。即约束自己的视听言行，以符合礼教的要求。

3 或：时常。日昃（zè）：太阳西斜，约下午二时前后。

4 引坐：召见赐坐。

5 传飧（sūn）而食：传，转送。飧，简单的饭食。语出《史记·淮阴侯列传》。此指隋文帝坐朝过午，与朝臣议政忘记了吃饭的时间。

6 欺孤儿寡妇以得天下：杨坚的女儿是北周宣帝皇后，宣帝暴毙死，杨坚废黜年幼的静帝，篡周立隋，自立为帝。

7 百司：文武百官之意。

8 劳神苦形：费劳精神，辛苦形体。

9 奏行：奏请颁行。

10 一日万机：谓时间很短而处理的事情极多。语出《尚书·虞书·皋陶谟》。

11 高居深视：身居高位而深察下情。

译文

贞观四年（六三〇），太宗问萧瑀说："隋文帝是怎么样的君主？"萧瑀回答说："约束自己，符合礼仪，勤勤恳恳，不怕辛劳地思考治国之道，每次坐朝理事都很认真，有时到太阳西斜还不休息。凡五品以上的官员，他都召见赐坐，与他们一起谈论国事，忘记吃饭时间，侍卫只好传餐而食。虽然他的品性不算仁慈明智，但也称得上是奋发有为，想把国家治理好的国君。"太宗说："你只知其一，不知其二。隋文帝这个人性格过于仔细，而且不明事理。内心不明就察觉不出自己的过失，过于仔细就会对人疑虑多端。他因为欺负孤儿寡妇而得天下，所以经常恼怒对他当面敷衍而心有不服的群臣，不肯轻易信任文武百官。事无巨细都要亲自决策处理，虽然劳费精神，辛苦形体，始终不能把所有的事情都处理得合情合理。朝中大臣既知他的心意，也不敢直言劝谏。宰相以下的官员，只是奉承顺旨罢了。我的看法就是这样。天下这么大，举国之内人口这么多，每天发生的事千头万绪，须不拘一法，灵活处理，凡事应交文武百官商议，宰相认真筹划，对于所处理的事，能做到稳妥、便利，才可以呈奏施行。怎么把一天中须处理的许许多多事情，让一人思考决断呢！况且一天处理十件事，有五件出偏差，处理得对当然好，处理得不对的又怎么办呢？如此日以继月，乃至连年，错误已经很多了，不灭亡还等什么？哪能比得上广泛任用贤士良才，身居高位而详察下情，法令严肃，这样谁敢为非作歹呢？"于是命令所有官署，如果诏敕颁发下去有不稳妥或不便施行的，必须坚持己见上报，不能一味顺从旨意，随即施行。一定要尽到臣子的责任。

赏析与点评

“岂得以一日万机，独断一人之虑也。”——在今天的知识型社会，不用说一日万机，就是一日十机，亦绝对不可凭一己之见去做出判断。俗语有云“三个臭皮匠，胜过一个诸葛亮”，古谚亦云“兼听则明”，就是这个道理。更何况现今世界知识爆炸，一个人所识、所知的始终有限，非仰赖众人之智，实难成一事。太宗批评这是隋文帝治国的一大失误，更是导致隋朝灭亡的原因之一。

贞观六年，太宗谓侍臣曰：『看古之帝王，有兴有衰，犹朝之有暮[1]，皆为蔽其耳目[2]，不知时政得失。忠正者不言，邪谄者日进[3]，既不见过，所以至于灭亡。朕既在九重[4]，不能尽见天下事，故布之卿等，以为朕之耳目。莫以天下无事，四海安宁，便不存意[5]。「可爱非君，可畏非民[6]?」天子者，有道则人推而为主，无道则人弃而不用，诚可畏也。』魏征对曰：『自古失国之主，皆为居安忘危，处理忘乱，所以不能长久。今陛下富有四海，内外清晏[7]，能留心治道，常临深履薄[8]，国家历数[9]，自然灵长[10]。臣又闻古语云：「君，舟也；人，水也。水能载舟，亦能覆舟[11]。」陛下以为可畏，诚如圣旨。』

注释

1 朝之有暮：白天之后有黄昏。

2 蔽其耳目：耳目蔽塞，比喻为看不见问题，听不进劝谏。

3 邪谄：邪恶谄佞的小人。

4 九重：这里指九重宫阙。皇帝深居九重宫阙，一般人不可到达。言外之意就是皇帝与外界隔绝，听不见百姓的声音。

5 存意：小心在意。

6 “可爱非君”两句：百姓所爱戴的不是君王吗？君王所畏惧的不是百姓吗？语出《尚书·大禹谟》。

7 清晏：清平安定。晏，平静，安逸。

8 临深履薄：面临深渊，脚踩薄冰。喻身处险境，戒慎恐惧之至。语出《诗经·小雅·小旻》。

9 历数：原指推算岁时节候的次序。古人认为帝位相承，与天象运行的次序相应，故称帝王继承的次序为“历数”。这里引申为国运。

10 灵长：绵延长久之意。

11 “君”六句：语出《易经·系辞上》。意谓君主好比是船，百姓好比是水。水能够载船行走，也能把船掀翻。

译文

贞观六年（六三二），太宗对身边的大臣们说："纵观古代的帝王，总是有兴盛有衰亡的，就好像有白天就必定有黄昏一样，这都是因为他们的耳目受了遮蔽，不了解当时的政治得失。忠诚正直的人不敢直言劝谏，邪恶谄谀的人却一天天得到重用，国君看不见自己的过失，所以导致国破家亡。我既然身居九重深宫，不能看见天下发生的所有事情，故此安排你们作为我的耳目去了解真实情况。不要以为天下无事，四海安宁，就不在意。《尚书》中说：'百姓所爱戴的不是君王吗？君王所畏惧的不是百姓吗？'作为国君，圣明有道，百姓就会拥戴他为君主，如果昏庸无道，百姓就会抛弃他而不拥戴他，这实在令人感到恐惧啊！"魏征回答说："自古以来的亡国之君，都是因为处在安定的环境里就忘记了覆亡的危险，处在盛世就忘记了乱世，所以不能长久地统治国家。如今陛下拥有天下，内外清平安定，能够留心治国安邦之道，常常如临深渊，如履薄冰，以这样的态度治理天下，国运自然会长久。我又听过这样的古语说：'君主好比是船，百姓好比是水；水能够载船行走，也能把船掀翻。'陛下认为百姓的力量可畏，实际情况确实是如您讲的那样！"

赏析与点评

"君，舟也；人，水也。水能载舟，亦能覆舟。"——这千古名句，到今天，甚至很远的未来，依然省察人心。所谓"得民心者得天下，逆民心者失天下"，这不仅是为政者的座右铭，亦是每一个人在其位置上所应警惕的良言。俗语所云"不要与全世界人作对"，就是这个意思了。太宗以"舟和水"来形容君民的关系，反映出他重视"以民为先"、"以民为本"的思想。

贞观六年，上谓侍臣曰：『古人云：「危而不持，颠而不扶，焉用彼相[1]？」君臣之义，得不尽忠匡救乎！朕尝读书，见桀杀龙逄[2]，汉诛晁错[3]，未尝不废书叹息。公等但能正词直谏，裨益政教，终不以犯颜忤旨，妄有诛责。朕比来临朝断决，亦有乖于律令者[4]，公等以为小事，遂不执言。凡大事皆起于小事，小事不论，大事又将不可救，社稷倾危，莫不由此。隋主残暴[5]，身死匹夫之手，率土苍生[6]，罕闻嗟痛。公等为朕思隋氏灭亡之事，朕为公等思龙逄、晁错之诛，君臣保全，岂不美也！』

注释

1 “危而不持”三句：意谓国家倾危，人主颠踬，不能扶救，那么要助手来相辅佐是干什么呢？语出《论语·季氏》。

2 桀杀龙逄（páng）：桀，夏桀，夏朝末代国君，荒淫残暴，后被商汤所灭。龙逄，即关龙逄，夏桀的大臣。相传夏桀暴虐荒淫，关龙逄多番劝谏，后被桀囚禁杀死。

3 汉诛晁（cháo）错：晁错（前二〇〇至前一将五四），汉颍川（今河南禹县）人，西汉初年著名政治家。汉文帝时任太常掌故，汉景帝即位后任御史大夫。晁错倡议逐步削夺宗室藩王的封地，以加强中央集权，得到景帝的采纳。不久吴楚等七个刘姓宗室地方藩王以诛晁错为名，发动军事叛乱，景帝为求平息乱事，听从大臣袁盎等言，斩晁错于长安东门。

4 乖：不符合。

5 隋主：指隋炀帝。

6 率土苍生：率土，天下、全国。苍生，百姓、万民。语出《诗经·小雅·北山》。

译文

贞观六年，皇上（太宗）对侍从大臣说："古人说：'在遇到危险时不去扶持，将要摔倒时不去扶助，那么要助手来辅佐是干什么呢？'从君臣大义的道理来说，臣子能够不竭尽忠心匡正挽救君主的失误吗？我曾读书，看到夏桀杀死贤臣关龙逄，汉景帝诛杀谋臣晁错的时候未尝不放下书本叹息。你们只要能义正词严地坦率直言谏诤，有益于国家的政治教化，我绝不会以冒犯尊严、违背意旨，而滥施杀戮和刑罚。我近来坐于朝中决断的事情中，也有违背法令的，你们认为这些是小事，就不提出意见，不据理力争。凡是大事都是从小事开始的，小事不追究，大事将会弄到不可挽救的地步，国家的覆亡，都是由此而起。隋炀帝残暴，结果被一个普通人杀死，天下百姓中，很少听说有人为他悲痛的。你们多替我想想隋炀帝国破身亡的教训，我为诸位考虑关龙逄、晁错被冤枉诛杀的教训，做到君臣之间互相都能保全，难道不是很好的事吗？"

赏析与点评

"危而不持，颠而不扶。"——这句与传统儒家读书人所讲求的"仁、义、礼、智、勇"可谓背道而驰。今天的知识分子虽未必人人皆可以有"先天下之忧而忧，后天下之乐而乐"的崇高情怀，但起码亦不要让自己陷于"危而不持，颠而不扶"、麻木不仁的地步。太宗引此古语来激励臣下做忠臣，克终臣节。否则，国破家亡之日，不单是帝王身死，更是天下臣民之灾。

贞观七年，太宗与秘书监魏征从容论自古治政得失[1]，因曰：『当今大乱之后，造次不可致治[2]。』征曰：『不然，凡人在危困则忧死亡，忧死亡则思治，思治则易教[3]。然则乱后易教[4]，犹饥人易食也[5]。』太宗曰：『善人为邦百年，然后胜残去杀[6]。大乱之后，将求致治，宁可造次而望乎？』征曰：『此据常人[7]，不在圣哲。若圣哲施化，上下同心，人应如响[8]，不疾而速[9]，期月而可[10]，信不为难，三年成功，犹谓其晚。』太宗以为然。封德彝等对曰[11]：『三代以后[12]，人渐浇讹[13]，故秦任法律，汉杂霸道，皆欲理而不能，岂能理而不欲？若信魏征所说，恐败乱国家。』征曰：『五帝三王[14]，不易人而理。行帝道则帝[15]，行王道则王[16]，在于当时所理，化之而已。考之载籍[17]，可得而知……若言人渐浇讹，不返纯朴，至今应悉为鬼魅，宁可复得而教化耶？』德彝等无以难之，然咸以为不可。

太宗每力行不倦，数年间，海内康宁，突厥破灭，因谓群臣曰：『贞观初，人皆异论，云当今必不可行帝道、王道，惟魏征劝我。既从其言，不过数载，遂得华夏安宁[18]，远戎宾服[19]。突厥自古以来[20]，常为中国勍敌[21]，今酋长并带刀宿卫[22]，部落皆袭衣冠[23]。使我遂至于此，皆魏征之力也。』顾谓征曰：『玉虽有美质，在于石间，不值良工琢磨，与瓦砾不别。若遇良工，即为万代之宝。朕虽无美质，为公所切磋[24]，劳公约朕以仁义[25]，弘朕以道德，使朕功业至此，公亦足为良工尔。』

注释

1 秘书监：官名。南北朝始置，为秘书省长官，掌图书著作等事。唐制，秘书监一人，掌邦国经籍图书。

2 造次：匆忙、仓促。致治：达到天下太平。

3 思治则易教：思考如何达致天下太平则容易教化万民。

4 乱后易教：经历动乱以后更有利于教化万民。

5 饥人易食：饥饿的人更容易满足于对食物的需要。

6 胜残去杀：谓战胜残暴，废除死刑。语出《语论·子路》。

7 此据常人：仅能对平常人、一般人而言。

8 响：回声。

9 不疾而速：意谓不为追求快而迅速。

10 期月：一年。

11 封德彝（yí）：名伦，渤海蓚县（今河北省景县）人。隋朝时为内史舍人，先后获杨素、虞世基等隋朝名臣所提拔与信任。隋亡降唐，先为秦王府参军。贞观初，官至尚书右仆射。

12 三代：即夏、商、周三代。

13 浇讹：风俗浮薄，人心狡诈。

14 五帝：指黄帝、颛顼、高辛、唐尧、虞舜。三王：指夏、商、周三代创业之主，即夏禹、商汤、周武王。

15 帝道：谓成就帝业之道，文中指无为而治。

16 王道：儒家主张以仁义治天下，称为“王道”。

17 载籍：古书典籍所记载。

18 华夏：即华夏诸族，引申作天下、中原政权之意。

19 戎：引申作外族、异族。宾服：指各方诸侯按时入贡，朝见天子，表示服从。

20 突厥：南北朝中后期，崛起于金山（今阿尔泰山）一带的游牧民族。部落首领姓阿史那氏。北周、北齐对峙时，突厥势盛。其后隋文帝用远交近攻、离强合弱之计，成功令突厥分裂为东突厥和西突厥。西突厥辗转迁移到亚欧地区定居。到贞观四年，唐太宗大破东突厥，于其地置府州。

21 中国：汉族政权的意思。勍（qíng）敌：即劲敌，强而有力的敌人。

22 带刀宿卫：指各族酋长均臣服于唐朝，被册封为唐朝将领，甚至负责禁宫中的护卫工作。带刀，拿着武器，意谓全副武装。宿卫，在皇帝禁宫中值宿警卫。

23 部落皆袭衣冠：意谓来自远方的部落酋长臣服于唐朝，受到中原先进的汉文化的熏陶，学习中原的服饰文化。

24 切磋：本指把骨角和玉石加工制成器物，今引申做学问上的商讨探究。

25 约：约束、要求。

译文

贞观七年（六三三），太宗与秘书监魏征闲暇漫谈时讨论到自古以来的治国得失，就说："现在国家处于大乱之后，短时间内，不可能使风俗淳朴，天下太平。"魏征说："不是这样，但凡人在危急困苦之时，就担忧死亡；担忧死亡，就希望国家太平；希望国家太平，就容易教化。那么，经历动乱以后就更有利于教化万民，就像饥饿的人更容易满足于对食物的需要。"太宗说："贤明的人治理国家也要待百年之久，才能使残暴者不再为恶，废除刑杀。大乱之后，就企求达到天下太平，怎么可以在短时间内就希望得到啊！"魏征说："这是对平常人而言的，不能用在英明的君主身上。如果英明的君主施行教化，上下协力同心，百姓就会像回声那样迅速地响应跟从，虽然不想求快也会很快地取得成功。一年时间就可以达到预期的成果，相信并不困难，三年才取得成功，那仍太迟了。"太宗认为对。封德彝等说："夏、商、周三代之后，人变得越来越浮薄、狡诈。所以秦朝治国专用刑法，汉朝将仁义与刑法掺杂使用，都是想使民风纯正而未能实现，怎能说可以使民风纯正而不想去做呢？如果听信魏征的话，恐怕会使国家败乱。"魏征说："五帝、三王治国时，并没有变换国中的人民而实现了教化。躬行无为而治之道，便成就了帝业。躬行仁义之道，便成就了王业。这在于当时国君的治理，教化而已。查考古书典籍的记载，就可以知道……如果说人越来越浮薄、狡诈，再也不会纯朴，那么到了今天，人都应该变得和鬼魅一样，还能施行教化吗？”封德彝等再也找不到理由来反驳，然而他们全体还是认为魏征的主张是行不通的。

太宗坚持实施教化，竭力施行，毫不懈怠，数年间，天下安定，突厥被打败，俯首称臣，太宗因而对群臣说：“贞观初年，人们多有不同意见，说当今一定不能实行帝道、王道，只有魏征劝我实行。我采纳了他的意见，不过数年，就做到中原安宁，边远的外族臣服。突厥从来就是中原的强敌，如今突厥的首领酋长却身佩刀剑，在禁宫中值宿警卫，部众也跟着穿戴起中原的衣冠。使我取得这样的成就，都是魏征的功劳。”（太宗）回头对魏征说：“玉虽有美好的本质，但当它还藏在石块中间，没有良好的工匠去琢磨，那就与瓦块碎石没有区别。如果遇到好的工匠，就可以成为留传万代的珍宝。我虽然没有玉的本质给你琢磨，但劳你拿仁义来约束、要求我，以道德来补充、光大我，使我能达致这样的功业，你真可以说是一位高超的工匠啊！”

贞观八年，太宗谓侍臣曰：『隋时百姓纵有财物，岂得保此？自朕有天下已来，存心抚养，无有所科差[1]，人人皆得营生，守其资财，即朕所赐。向使朕科唤不已[2]，虽数资赏赐，亦不如不得。』魏征对曰：『尧、舜在上，百姓亦云「耕田而食，凿井而饮」，含哺鼓腹[3]，而云「帝何力」于其间矣[4]。今陛下如此含养，百姓可谓日用而不知。』又奏称：『晋文公出田[5]，逐兽于砀，入大泽，迷不知所出。其中有渔者，文公谓曰：「我，若君也[6]，道将安出？我且厚赐若。」渔者曰：「臣愿有献。」文公曰：「出泽而受之。」于是送出泽。文公曰：「子今之所欲寡人者，何也？愿受之。」渔者曰：「鸿鹄保河海[7]，厌而徙之小泽，则有矰丸之忧[8]。鼋鼍保深渊[9]，厌而出之浅渚[10]，必有钓射之忧。今君出兽砀，入至此，何行之太远也。」文公曰：「善哉！」谓从者记渔者名[11]。渔者曰：「君何以名？君尊天事地，敬社稷，保四国，慈爱万民，薄赋敛，轻租税，臣亦与焉。君不尊天，不事地，不敬社稷，不固四海，外失礼于诸侯[12]，内逆民心，一国流亡，渔者虽有厚赐，不得保也。」遂辞不受。』太宗曰：『卿言是也。』

注释

1 科差：古代统治者对平民财物或劳役的征收。

2 向使：假使。科唤不已：不断征收科役。

3 含哺：吃饱饭。鼓腹：轻轻拍打肚子。

4 "帝何力"于其间：语出《帝王世纪》。指尧、舜时，政治清平，百姓无事。有老人击壤于道上说："吾日出而作，日入而息，凿井而饮，耕田而食，帝何力于我哉。"后世用此典故表示统治者不扰民，百姓安居乐业，几乎感觉不到统治者的存在。

5 晋文公：名重耳（？至前六二八）。在位九年，为春秋五霸之一。出田：即离开京师出外打猎去。

6 若：你。

7 鸿鹄：亦作黄鹄，即今天的天鹅。保河海：安全地居于大河大海。

8 矰（zēng）丸之忧：矰，较短而细的弓箭。丸，弹丸。矰丸之忧即有被弹射的危险。

9 鼋（yuán）：甲鱼的一种，背黄，头有癞，故俗称癞头鼋，龟属。鼍（tuó）：又名鼍龙，即扬子鳄。保深渊：安全地生活于深水的地方。

10 浅渚：浅滩。渚，本指水中的小块陆地。

11 从者：随从的官员。

12 外失礼于诸侯：与其他诸侯国交往时，做出不符合礼仪和规矩的行动。意即对外挑起事端。

译文

贞观八年（六三四），太宗对侍臣说："隋朝时期百姓即使有财物，岂能保住它？从我占有天下以来，有心抚养百姓，没有什么苛捐杂税，没有劳役征派，人人都得以经营生计，保守其财富，这都是我赐予他们的啊！假使我不断科税征役，即使老是赏赐，百姓也不如不得赏赐。"魏征回答说："尧舜在位的时候，老百姓也说'我自己耕田吃饭，凿井饮水'，吃饱了饭轻轻拍拍肚子说'皇帝有什么用'。现在陛下这样爱护百姓，百姓可以说是天天享用而不知道。"魏征又奏道："当年晋文公出外打猎，到砀这个地方追逐野兽，进入大沼泽地，迷路不知如何离开。沼泽中有个渔夫，文公对他说：'我是你的君主，你告诉我怎样走出去，我将大大地赏赐你。'渔夫说：'小臣想进献一点儿意见。'文公说：'出了沼泽地再听。'于是渔夫将他送出了沼泽地。文公说：'现在我想听听你想指教我的是什么。'渔夫说：'天鹅安全地居于河海，如果厌倦了迁往小沼泽，就有被弹射的危险。鼋鼍安全地生活于深水的地方，如果厌倦了而迁至浅滩，必有被钓获、射杀的危险。现在君王出来猎兽到砀，深入到这个地方，走得不是太远了吗？'文公说：'说得对！'于是吩咐随从记下渔夫的姓名。渔夫说：'君王为什么要记下我的名字？君王如果敬天地，重社稷，保四境，爱人民，轻赋税，我就有好处。君王如果不敬天地，不重社稷，不守四境，外失礼于诸侯，在内背离民心，那么一国（元人）都要流亡，渔夫虽得重赏，也不能保存。'于是推辞了不肯领受文公的赏赐。"太宗说："你说得对。"

赏析与点评

"耕田而食，凿井而饮，帝何力（于我哉）。"——注释所解的是从统治者的角度来看，反之若从老百姓的角度来看，则是人们只要安分守己，奉公守法，循规蹈矩地经营生活，哪怕是什么严苛的法律，日子依然可以过得稳妥。魏征引此古语是希望告诫太宗，百姓的要求很简单，只要生活安定，他们自然愿意臣服于朝廷的统治之下。

任贤第三

本篇导读

“任贤”即任人唯贤，是太宗一再强调“为政之要，惟在得人”、“致安之本，惟在得人”的“任贤”主张。“贞观之治”就是任贤实践的结果。《任贤》篇中介绍了几位成就“贞观之治”的贤臣：房玄龄、杜如晦、魏征、王珪、李靖、虞世南、李绩、马周。他们有的是秦王府中的府属旧人，有的是来自敌对营垒的谋臣；有的出将入相，有的出身低微。他们有文有武，职位有高有低，从政有长有短。共同点是他们都是贞观功臣，在那个时代做出过重要的贡献。

房玄龄[1]，齐州临淄人也[2]。初仕隋，为隰城尉[3]。坐事除名，徙上郡[4]。太宗徇地渭北[5]，玄龄杖策谒于军门，太宗一见，便如旧识，署渭北道行军记室参军[6]。玄龄既遇知己，遂罄竭心力。是时，贼寇每平，众人竞求金宝，玄龄独先收人物，致之幕府[7]，及有谋臣猛将，与之潜相申结，各致死力。累授秦王府记室，兼陕东道大行台考功郎中[8]。玄龄在秦府十余年，恒典管记。隐太子、巢刺王以玄龄及杜如晦为太宗所亲礼[9]，甚恶之，谮之高祖[10]，由是与如晦并遭驱斥。及隐太子将有变也，太宗召玄龄、如晦，令衣道士服，潜引入阁谋议。及事平，太宗入春宫[11]，擢拜太子左庶子[12]。贞观元年，迁中书令[13]。三年，拜尚书左仆射，监修国史[14]，封梁国公，实封一千三百户[15]。既总任百司，虔恭夙夜，尽心竭节，不欲一物失所。闻人有善，若己有之。明达吏事，饰以文学，审定法令，意在宽平。不以求备取人，不以己长格物，随能收叙，无隔疏贱。论者称为良相焉。十三年，加太子少师[16]，玄龄自以一居端揆十有五年[17]，频抗表辞位，优诏不许。十六年，进拜司空[18]，仍总朝政，依旧监修国史。玄龄复以年老请致仕[19]，太宗遣使谓曰：『国家久相任使，一朝忽无良相，如失两手。公若筋力不衰，无烦此让。自知衰谢，当更奏闻。』玄龄遂止。太宗又尝追思王业之艰难，佐命之匡弼，乃作《威凤赋》以自喻，因赐玄龄，其见称类如此。

注释

1 房玄龄：名乔（五七九至六四八），字玄龄。齐州临淄（今山东淄博）人。唐初名相。房玄龄在渭北投秦王李世民后，便为秦王出谋画策，典管书记，是秦王重要谋士之一。唐武德九年（六二六），他与杜如晦、长孙无忌、尉迟敬德、侯君集参与玄武门之变，协助秦王登位。唐太宗李世民即位后，房玄龄先后任为中书令、尚书左仆射、司空，又封为梁国公。房玄龄善谋，然而个性优柔寡断；杜如晦处事果断不犹豫，但不善谋略，因此人们将他们称为"房谋杜断"。

2 齐州：州名。南朝宋于其地侨置冀州，北魏改为齐州，治所在历城，唐代沿袭。临淄：县名。春秋战国时为齐国国都。汉朝置县，属齐国。历代沿袭。公元一九七〇年并入山东省淄博市。

3 隰（xí）城尉：即隰城县尉。隰城，地名。汉朝置县，地在今山西汾阳县西。尉，官名，掌管地方治安。

4 上郡：郡名。秦昭王时置，在今陕西延安、榆林一带。

5 徇地：攻占土地。渭北：渭河之北。渭河，水名，黄河主要支流之一，关中漕运要道。

6 署：代理、暂任或试充官职。渭北道：行政区划名。记室参军：官名。为王公府、军府掌管文书。

7 幕府：将帅的府署。

8 陕东道：行政区划名。大行台：晋朝以后，在地方代表朝廷管理政务的机构称行台，其权重者称大行台。考功郎中：官名。掌考察百官功过、善恶之职。

9 隐太子：即唐太宗李世民之兄李建成。巢刺王：即太宗之弟李元吉。唐武德九年（六二六），李世民发动"玄武门之变"，杀了建成、元吉。杜如晦：唐朝重臣，详见下节。

10 高祖：即李渊（五六六至六三五），祖籍陇西成纪（今甘肃秦安）。隋朝末年任太原留守，乘农民大起义之机起兵攻取长安，建立唐朝。在位九年，于公元六二六年传位给次子世民，自称太上皇。

11 春宫：太子所居之宫，亦称东宫。

12 太子左庶子：太子属官，掌侍从、赞相礼仪、驳正启奏之职。

13 中书令：官名。中书省长官，即宰相。

14 监修国史：唐制，史馆有监修国史，由宰相兼领。

15 实封一千三百户：汉制，诸侯王有封地者可得其租税收入。魏晋以后，渐成虚名。只有实封者，才能实得其租税收入。

16 太子少师：官名，掌辅导太子之职。

17 端揆（kuí）：宰相的别称。

18 司空：官名。与司徒、太尉合称三公。隋唐时为大官的加衔。

19 致仕：辞官。

译文

房玄龄，齐州临淄县人。早年在隋朝做官，任隰城县尉。后来因事获罪，被革除官职，流放上郡。唐太宗攻占渭北时，房玄龄拄着拐杖到军门拜见。太宗与玄龄一见如故，太宗委任玄龄为渭北道行军记室参军。玄龄既然遇到知己，于是尽心竭力。当时，每平定一个地方，别人竞相搜求珍宝，只有玄龄先收揽人才，送至幕府。如有善于谋划的文臣和武艺高强的武将，就与其暗中结盟，约定遇事各尽死力。后累任秦王府记室兼陕东道大行台考功郎中。玄龄在秦王府十余年，长期主管记室。隐太子建成、巢刺王元吉因玄龄与杜如晦为太宗所亲近礼遇，非常憎恶他们，就在高祖面前说他们的坏话。玄龄因此与杜如晦一起遭到驱逐斥退。到隐太子将要作乱的时候，太宗召回玄龄与如晦，令他们穿上道士的服装，暗中带进太宗住处商议。玄武门之变平息后，太宗进入东宫，当了太子，提升玄龄为太子左庶子。贞观元年，玄龄为中书令。贞观三年，被任命为尚书左仆射，兼管监修国史，被封梁国公，实际封赐食邑一千三百户。玄龄既被任为宰相总理政务，日夜操劳，尽心尽力，不愿让一人一事处理失当。听到别人有优点，就像自己有一样。他使政事通达明白，又用文化补充，谨慎制定法令，注意宽大平和。用人不要求对方事事完美，不以自己的长处去衡量别人，根据才能录用人才，不以关系不密切和出身微贱而轻视疏远。舆论称他为良相。贞观十三年，被加封为太子少师。玄龄因为自己当宰相十五年，屡次上表辞职，太宗下诏表示不同意。贞观十六年（六四二），又被晋封为司空，仍然总理朝政，监修国史。玄龄又以年老请求辞职，太宗派遣使者对他说：“国家长期任用您，如您一旦辞职，就像人失去双手。您如果筋力不衰，不必辞职；如果自觉衰弱，可再奏明。”玄龄于是不再辞职。太宗曾回忆开创帝业的艰难和大臣的辅佐，就写了一篇《威凤赋》来比喻自己，并将其赐给玄龄。房玄龄被太宗所称赞和信任的程度大约如此。

赏析与点评

“虔恭夙夜，尽心竭节，不欲一物失所。”——今天当领导、行政总裁的，最喜欢的便是这种员工下属了。这种全情投入，为工作、为事业而忘身的态度，古往今来都是成功者所具备的共同特点。房玄龄已贵为宰执，仍事必躬亲，日夜操劳，尽心尽力，把每一件事情办到最好，这便是“贞观名臣”的风貌。

杜如晦[1]，京兆万年人也[2]。武德初，为秦王府兵曹参军[3]，俄迁陕州总管府长史[4]。时府中多英俊，被外迁者众，太宗患之。记室房玄龄曰：『府僚去者虽多，盖不足惜。杜如晦聪明识达，王佐才也。若大王守藩端拱[5]，无所用之；必欲经营四方，非此人莫可。』太宗自此弥加礼重，寄以心腹，遂奏为府属，常参谋帷幄。时军国多事，剖断如流，深为时辈所服。累除天策府从事中郎[6]，兼文学馆学士[7]。隐太子之败，如晦与玄龄功第一，迁拜太子右庶子[8]。俄迁兵部尚书[9]，进封蔡国公，实封一千三百户。贞观二年，以本官检校侍中[10]。三年，拜尚书右仆射，兼知吏部选事[11]。仍与房玄龄共掌朝政。至于台阁规模，典章文物，皆二人所定，甚获当时之誉，时称房杜焉。

注释

1 杜如晦：字克明（五八五至六三〇），唐京兆杜陵（今陕西省西安市）人。隋末任滏阳县县尉。唐兵入关中，助李世民筹谋，官陕东道大行台司勋郎中。太宗即位后，官至尚书右仆射，与房玄龄共掌朝政，临机辄断，世称“房谋杜断”。

2 京兆：汉代京畿的行政区划名。在今陕西西安市东。后代因此沿称京都为京兆。万年：县名。在今陕西临潼区一带。

3 兵曹参军：官名。唐时掌王府武官簿书、考课、仪卫等事。

4 陕州：地名。在今河南省，公元一九一三年废州改县。总管府：唐时，边塞重要之地设置总管府统率军队。长史：总管府次官。

5 守藩：保持藩王地位。端拱：端坐拱手，意为无所事事，无所作为。

6 天策府：武德四年（六二一），唐高祖因李世民功高，旧官号不足以相称，故加号其为天策上将，位在王公上，开府置官属，其府称为天策府。从事中郎：天策府属官。

7 文学馆：唐初，太宗在宫城西设置文学馆，收聘贤才。学士：在文学馆中任职者称为学士。

8 太子右庶子：太子属官，掌侍从、献纳、启奏之职。

9 兵部尚书：唐制，兵部掌武官选用及地图、军械之政令。尚书，兵部主官。

10 检校：唐初代理而未正授之官。侍中：门下省长官。

11 知：主持、执掌。吏部：官署名，掌管全国官吏的任免、考课、升降、调动等。选事：铨选职官之事。

译文

杜如晦，京都万年县人。武德初年，任秦王府兵曹参军，不久调任陕州总管府长史。当时秦王府内人才济济，被调外任者很多，太宗对此甚感忧虑。记室房玄龄说："府中官员走者虽多，大都不值得可惜。只有杜如晦聪慧明智，见识通达，是辅佐帝王的人才。如果大王只想保守藩王地位，用不上他；如果大王想经营天下，非用此人不可。"太宗从此对杜如晦更加礼貌尊重，托以心腹大事，并奏请高祖，调回如晦为府中属官，参与军政大事的谋划。当时军政、国政事务繁多，如晦分析、决断迅速异常，深为同事所佩服。后连任天策府从事中郎，兼文学馆学士。隐太子建成作乱事败，如晦与房玄龄功劳居于第一，升任太子右庶子。不久又升任兵部尚书，加封蔡国公，实际赐封食邑一千三百户。贞观二年，以本官兵部尚书代理侍中。贞观三年，被任命为尚书右仆射，兼掌吏部选事，依旧与房玄龄共同执掌朝政。朝廷机构、制度法令、礼仪等都是他们二人所定，深得当时人的称赞，把他们合称为"房杜"。

赏析与点评

"剖断如流"——反应快、效率高，同样是今天商业社会中，从事各行各业者，欲取得成功的先决条件之一。与房玄龄不同的是，杜如晦善于做判断，贞观名臣，房谋杜断，各领风骚。

魏征，钜鹿人也[1]，近徙家相州之临黄[2]。武德末，为太子洗马[3]。见太宗与隐太子阴相倾夺，每劝建成早为之谋。

太宗既诛隐太子，召征责之曰：『汝离间我兄弟，何也？』众皆为之危惧。征慷慨自若，从容对曰：『皇太子若从臣言，必无今日之祸。』太宗为之敛容，厚加礼异，擢拜谏议大夫。数引之卧内，访以政术。征雅有经国之才，性又抗直，无所屈挠。太宗每与之言，未尝不悦。征亦喜逢知己之主，竭其力用。又劳之曰：『卿所谏前后二百余事，皆称朕意，非卿忠诚奉国，何能若是？』……

十二年，太宗以诞皇孙，诏宴公卿。帝极欢，谓侍臣曰：『贞观以前，从我平定天下，周旋艰险，玄龄之功无所与让。贞观之后，尽心于我，献纳忠谠，安国利人，成我今日功业，为天下所称者，惟魏征而已。古之名臣，何以加也？』于是亲解佩刀以赐二人。庶人承乾在春宫[4]，不修德业；魏王泰宠爱日隆[5]，内外庶寮[6]，咸有疑议。太宗闻而恶之，谓侍臣曰：『当今朝臣，忠謇无如魏征[7]，我遣傅皇太子，用绝天下之望。』

十七年，遂授太子太师[8]，知门下事如故。征自陈有疾。太宗谓曰：『太子宗社之本，须有师傅，故选中正，以为辅弼。知公疹病，可卧护之。』征乃就职。寻遇疾。征宅内先无正堂，太宗时欲营小殿，乃辍其材为造，五日而就。遣中使赐以布被素褥，遂其所尚。后数日，薨。太宗亲临恸哭，赠司空，谥曰文贞。太宗亲为制碑文，复自书于石。特赐其家食实封九百户[9]。

太宗后尝谓侍臣曰：『夫以铜为镜，可以正衣冠；以古为镜，可以知兴替；以人为镜，可以明得失。朕常保此三镜，以防己过。今魏征殂逝[10]，遂亡一镜矣！』因泣下久之。乃诏曰：『昔惟魏征，每显予过。自其逝也，虽过莫彰。朕岂独有非于往时，而皆是于兹日？故亦庶僚苟顺，难触龙鳞者欤！所以虚己外求，披迷内省。言而不用，朕所甘心。用而不言，谁之责也？自斯已后，各悉乃诚。若有是非，直言无隐。』

注释

1 钜鹿：地名。今河北平乡。

2 相州：北魏在邺城立相州，是为相州名称之始。公元五八〇年，北周灭北齐，邺城被焚，邺民全部迁至安阳。安阳遂称相州，亦称邺郡。唐时属河北道，沿用相州一名，在今河北临漳西南。临黄：在今河南安阳黄县西北。

3 洗马：官名。汉时为东宫官属，太子出则为前导，晋时改掌朝廷图籍，后代因袭之。

4 承乾：即李承乾，字高明，太宗长子。太宗正室夫人长孙皇后之子。八岁被立为太子，半辈子娇宠。贞观十七年（六四三）四月因谋逆被贬为庶人，囚禁于右领军。同年九月初被流放到黔州（今四川彭水）。两年后在黔州病死。

5 魏王泰：字惠褒（六一八至六五二），太宗第四子。少善属文，武德三年（六二〇）封家都王，贞观二年改封越王，徙封魏王。太宗以泰好士爱文学，特令就府别置文学馆，任自引召学士。贞观二十一年（六四七）进封濮王。唐太宗最初立长子李承乾为太子，后来又爱重第四子魏王李泰，李承乾由此产生了夺嗣之惧，企图发动政变刺杀李泰，没有成功，被废为庶人。唐太宗为防止身后发生兄弟仇杀的悲剧，贬魏王李泰，改立第九子晋王李治为太子，即以后的唐高宗。

6 庶寮：亦作“庶僚”，即指百官。

7 忠謇（jiǎn）：忠诚正直。这里指忠诚正直的人。

8 太子太师：是东宫三师（太子太师、太子太傅、太子太保）之一。辅导皇太子的官员，一般以位高望重的大臣兼任，亦有专任者。从一品官。

9 食实封：谓受封爵并可实际享用其封户租赋。

10 殂逝：逝世。

译文

魏征，河北钜鹿人，不久前又迁居到相州的临黄。武德末年，担任太子洗马。当他看到太宗与隐太子李建成暗中争夺权力帝位时，常劝建成早做打算。

太宗杀了隐太子后，把魏征叫来责问他说：“你为什么要离间我们兄弟？”当时大家都替魏征担惊受怕，魏征却慷慨自若，从容地回答说："皇太子如果听了我的话，肯定不会有今天的杀身之祸。"太宗听了后肃然起敬，对他分外以礼相待，并提升他为谏议大夫。曾多次把他请进卧室，向他请教治理国家的办法。魏征素有治国的才能，性情又刚直不阿、不屈不挠。太宗每次和他交谈，从来没有不高兴的。魏征也庆幸遇到赏识自己的国君，竭尽全力为太宗效劳。太宗抚慰魏征说："你所劝谏我的前后共有二百余件事情，都很符合我的心意。如果不是你忠诚为国，怎能这样？"……

贞观十二年（六三八），太宗因为皇孙诞生，下诏宴请公卿大臣。太宗非常高兴，对群臣说："贞观以前，跟随我平定天下、历尽了艰险困苦的臣子中，房玄龄的功劳最大，没有人能比得上的。贞观以后，对我竭尽心力，进献忠直之言，安国利民，使我能成就今日的功业，被天下人所称道的人，就只有魏征一人。即使是古代的名臣，又怎么能超过他们呢？"于是，太宗亲手解下身上的佩刀，赐给二人。后来被废为庶人的皇太子李承乾在东宫不修养德行；魏王李泰日益受太宗宠爱，朝廷内外百官议论纷纷。太宗听说后非常厌恶，对身边的大臣们说："当今的朝臣百官，论忠诚正直没有比得上魏征的，我派他做皇太子的师傅，用来断绝天下人的想法。"

贞观十七年，太宗任命魏征做太子的太师，仍然兼管门下省的政事。魏征提出自己有病在身，难以胜任。太宗对他说："太子是宗庙社稷的根本，必须有好的师傅教导，因此要选择公正无私的人辅佐他。我知道你身体有病，你可以躺在床上来教导太子。"于是魏征接受了太子太师的职务。不久魏征得了重病。他原来住的宅院内没有正堂，太宗当时本想给自己建造一座小殿，看到这种情形就停下工来，把材料给魏征造了正堂，五天就竣工了。又派遣宫中使节赐给魏征布被和素色的褥子，以顺从他的喜好。几天以后，魏征病逝。太宗亲自到他的灵柩前痛哭，追赠他为司空，赐谥号曰"文贞"。太宗亲自给他撰写碑文，并亲笔书写在石碑上。还特别赐给魏征家属食实封九百户。

太宗后来常对身边的大臣们说："用铜来做镜子，可以端正衣冠；用历史来做镜子，可以知道朝代的兴衰更替；用人来做镜子，可以明白自己的得失。我经常注意保持这三面镜子，用来防止自己犯错。如今魏征去世，我损失了一面镜子啊！”因此伤心得哭了很久。于是太宗下诏说：“过去只有魏征能经常指出我的过失。自从他去世后，我虽有过失，却没有人公开指出了。难道我只在过去有错误，而今天做的事都是正确的吗？显然是臣子们对我苟且顺从，不敢来触犯龙鳞吧！因此我虚心征求他人的意见，用以排除假象，反省自身。即便是所提的意见我没有采纳，我愿承担责任。如果我准备接纳规谏而你们却不进言，这个责任谁来承担呢？从今以后，大家都要竭尽忠诚，如果有不同的意见，请你们直言劝谏，不要隐瞒。”

赏析与点评

“以铜为镜，可以正衣冠；以古为镜，可以知兴替；以人为镜，可以明得失。”——这是太宗给后世的另一千古名句。重点在后两句，以古为镜，即以史为鉴，能够吸收前人成败的经验或教训，为后人提供历史教材。以人为镜，即孔子所云“见贤思齐”的意思，若懂得从别人身上学习，有则改之，无则加勉，是何等美好的事。魏征就是太宗的“人镜”，经常指出太宗的不足，让太宗能及时纠正。无怪乎，魏征死后，太宗说失去了一面明镜。

王珪，太原祁县人也[1]。武德中，为隐太子中允[2]，甚为建成所礼。后以连其阴谋事，流于巂州[3]。建成诛后，太宗即位，召拜谏议大夫。每推诚尽节，多所献纳。珪尝上封事切谏[4]，太宗谓曰：『卿所论皆中朕之失，自古人君莫不欲社稷永安，然而不得者，只为不闻己过，或闻而不能改故也。今朕有所失，卿能直言，朕复闻过能改，何虑社稷之不安乎？』太宗又尝谓珪曰：『卿若常居谏官，朕必永无过失。』顾待益厚。贞观元年，迁黄门侍郎，参预政事，兼太子右庶子。二年，进拜侍中。时房玄龄、魏征、李靖、温彦博、戴胄与珪同知国政[5]，尝因侍宴，太宗谓珪曰：『卿识鉴精通，尤善谈论，自玄龄等，咸宜品藻。又可自量孰与诸子贤？』对曰：『孜孜奉国，知无不为，臣不如玄龄。每以谏诤为心，耻君不及尧、舜，臣不如魏征。才兼文武，出将入相，臣不如李靖。敷奏详明，出纳惟允，臣不如温彦博。处繁理剧，众务必举，臣不如戴胄。至如激浊扬清，嫉恶好善，臣于数子，亦有一日之长。』太宗深然其言，群公亦各以为尽己所怀，谓之确论。

注释

1 太原：地名。今山西太原市一带。祁县：县名。

2 中允：官名。太子东宫属官，掌侍从礼仪，驳正启奏，总管经典、膳药等。

3 巂（xī）州：州名。在今四川西昌地区。

4 封事：密封的奏章。

5 李靖：唐朝大臣，本名药师，京兆三原（今陕西省三原东北）人。通史书，知兵法。初仕隋，后归唐。太宗时历任兵部尚书、尚书右仆射等职。先后击败突厥、吐谷浑，封卫国公。温彦博：字大临，祁（今山西祁县）人。先事隋，后归唐。武德八年（六二五）与突厥战于太谷，兵败被俘，坚持不降，被囚于阴山。太宗即位后才得还朝。他性格缜密，自从参与国家机密之事就不与人私下交往。每见太宗，必定陈说政事利害。曾多次得到太宗褒奖。戴胄：字玄胤，安阳人。唐初为秦王府士曹参军。贞观初年，升任大理少卿，后又任尚书左丞、谏议大夫。因杜如晦临终遗言推荐，任检校吏部尚书。为人刚正不阿。

译文

王珪，太原祁县人。唐高祖武德年间，任隐太子建成东宫中允，深受建成敬重。后因牵连建成阴谋作乱一事，被流放到嶲州。建成被诛，太宗即位后，王珪被召回并任命为谏议大夫。王珪总是诚心尽力，多次献忠言而被采纳。曾经上密奏直言劝谏，太宗对他说："你所议论的都切中我的过失。自古以来，君主没有不想国家长治久安的，然而往往做不到，那是因为听不到自己的过失，或者听到了而不能改正。现在我有过失，你能直言劝谏，我又听过后能够改过，还担忧国家不安定吗？"太宗又曾对王珪说："你如果长当谏官，我一定永远没有过失。"对王珪更加优厚。贞观元年，王珪改任黄门侍郎，参与朝政大事，并兼太子右庶子。贞观二年，升任侍中。当时房玄龄、魏征、李靖、温彦博、戴胄与王珪共同主持朝政。太宗曾在一次宴会上对王珪说："你善于识别人才，更善于评论。从房玄龄等人起，你都品评一下吧。你也可以衡量一下自己比他们贤能吗？"王珪回答说："孜孜不倦地处理国事，知道了没有不去办的，我不如房玄龄。总记着谏诤国君，以国君不及尧、舜为耻，我不如魏征。文武双全，出去能带兵，入朝能为相，我不如李靖。奏事详细明白，上传下达恰当，我不如温彦博。处理繁杂事务，使各项事务井井有条，我不如戴胄。至于荡涤污浊，表扬清廉，痛恨邪恶，喜好善良，我比他们几人稍稍强点。"太宗非常赞同他的话，在座诸人也都认为王珪说清了他们每个人的特征和志向，认为他的话是确切的评论。

赏析与点评

"推诚尽节，多所献纳。"——人若能推心置腹，尽其所知所能，专心一致地为服务的单位效力，自然会有所建树，其付出的努力亦会获得肯定。王珪虽自觉在方方面面都不如同侪般突出，可太宗却依然肯定其位置。所以，真心诚意、愿意付出的人，早晚会获得别人的赏识，自己的成就与贡献也会得到首肯。

马周[1]，博州茌平人也[2]。贞观五年至京师，舍于中郎将常何之家[3]，时太宗令百官上书言得失，周为何陈便宜二十余事[4]，令奏之，事皆合旨。太宗怪其能，问何，何对曰：『此非臣所发意，乃臣家客马周也。』太宗即日召之，未至间，凡四度遣使催促。及谒见，与语甚悦。令直门下省，授监察御史[5]，累除中书舍人[6]。周有机辩，能敷奏，深识事端，故动无不中。太宗尝曰：『我于马周，暂时不见，则便思之。』十八年，历迁中书令，兼太子左庶子[7]。周既职兼两宫，处事平允，甚获当时之誉。又以本官摄吏部尚书[8]。太宗尝谓侍臣曰：『周见事敏速，性甚慎至。至于论量人物，直道而言，朕比任使之，多称朕意。既写忠诚，亲附于朕，实借此人，共康时政也。』

注释

1 马周：字宾王。幼时家贫，孜孜好学，精通《诗经》、《春秋》，少有大志。武德初年，被任命为州助教，不赴任而去密州，赵仁本欣赏他的才学，赠他丰厚的钱财让他入关。他逗留在汴州，被浚仪令崔贤欺辱，于是发愤西行，入长安求官。

2 茌（chí）平：时属河北清河郡，汉时始置县，今属山东。

3 中郎将：原为秦时所置官名，汉后袭之。唐制为太子府属，是禁卫军中的低职军官。常何：贞观年间武将，因荐马周而著名，太宗以何为知人，赐帛三百匹。史无传。

4 便宜：便于公利于民的事，特指对国家有利的事。

5 监察御史：唐御史台分为三院，其中监察御史属察院，品秩低而权限广。

6 中书舍人：中书省的属官，掌管诏令、侍从、宣旨、接纳上奏文表等事。

7 太子左庶子：为太子官属，唐时以左右庶子分掌左右春坊事。

8 摄吏部尚书：代理吏部尚书。吏部为六部之一，掌京外文职铨叙、勋阶、黜陟之政。

译文

马周，博州茌平人。贞观五年，到京师长安，客居在中郎将常何家中。当时唐太宗下令，要文武百官都上书指陈政事得失，马周代替常何起草了二十多条有利于国家百姓的建议，上奏朝廷，这些事情都很合皇帝的心意。唐太宗很奇怪，常何怎么会有这么高的才能，就问常何，常何回答说："这些并不是我写出来的意见，而是我家的宾客马周所为。"太宗听了以后当天就下令召见马周，马周还没有到，太宗竟连续四次派人前去催促。马周谒见唐太宗时，太宗和他谈得非常高兴。于是就派他往门下省当值，授予监察御史的官职，经多次提升而任中书舍人。马周很机敏，有辩才，善于敷陈奏对，认识和分析事物很深刻，所以他讲的话都合情合理。太宗曾经说："我对于马周，只要短时间内看不到他，就会十分想念他。"贞观十八年（六四四），马周一直升到中书令，并兼任太子左庶子之职，身兼朝廷和东宫的官职，处理事情持平公允，甚获当时朝野所赞誉。他又以原来官职兼任代理吏部尚书。太宗曾经对侍从大臣说："马周看问题敏捷，办事慎重周到，评论衡量人物的优劣，能够实事求是、敢于直言，我近来任用他所推荐的人，大多合乎我的心意。他既献出全部忠诚，亲近依附于我，我要切实借助此人，共同办好当前的政事。"

赏析与点评

"见事敏速，性甚慎至。"——马周看问题快捷而透彻，加上性格谨慎，行事细密，确实是人才。古今中外，人才难求。虽然马周只是武将常何家中的无名宾客，出身低微，但太宗却破格亲自接见，又即席审察，加以擢拔，终使之成为贞观名臣，太宗可谓慧眼识英雄。

求谏第四

本篇导读

贞观之初，恐人不言，导之使谏，这一兼听纳下的思想和行动，形成了谏诤蔚然成风、君臣共商国是的良好风气，是“贞观之治”中最令人瞩目的重要方面。贞观第一位谏臣魏征说：“陛下导臣使言，臣所以敢言。若陛下不受臣言，臣亦何敢犯龙鳞、触忌讳也。”这对于一个专制帝王确实是难能可贵的。太宗求谏，因而能从制度上保证广开言路，采取一些重要措施，如健全封驳制度、反对盲目顺旨、重视谏官作用，特别是诏令宰相入阁商议军国大事时，必须使谏官随入列席，以便他们对军国大政充分发表意见。唐太宗也因此而成为一个从谏如流、雄才大略的君主。

太宗威容严肃，百僚进见者，皆失其举措。太宗知其若此，每见人奏事，必假借颜色，冀闻谏诤，知政教得失。贞观初，尝谓公卿曰：『人欲自照，必须明镜；主欲知过，必借忠臣。主若自贤，臣不匡正，欲不危败，岂可得乎？故君失其国，臣亦不能独全其家。至于隋炀帝暴虐，臣下钳口[1]，卒令不闻其过，遂至灭亡，虞世基等寻亦诛死。前事不远，公等每看事有不利于人，必须极言规谏。』

贞观元年，太宗谓侍臣曰：『正主任邪臣，不能致理[2]；正臣事邪主，亦不能致理。惟君臣相遇，有同鱼水，则海内可安。朕虽不明，幸诸公数相匡救，冀凭直言鲠议[3]，致天下于太平。』谏议大夫王珪对曰：『臣闻木从绳则正，后从谏则圣[4]。故古者圣主必有争臣七人[5]，言而不用，则相继以死。陛下开圣虑，纳刍荛[6]，愚臣处不讳之朝，实愿罄其狂瞽[7]。』太宗称善。诏令自是宰相入内平章国计[8]，必使谏官随入，预闻政事，有所开说[9]，必虚己纳之。

注释

1 钳口：以威胁、恐吓等方式限制他人言论。

2 致理：达到治平，即治国达到天下太平。

3 鲠（gěng）议：刚直的议论。

4 “臣闻木从绳则正”二句：这是贤臣傅说告诫殷商高宗的话，以木工需“从绳而正”的道理，说明帝王对于谏诤不可不受。语出《伪古文尚书·说命》。

5 争臣：直言谏诤的大臣。“争臣七人”句语出《孝经·谏诤》。争，通“诤”，规谏。

6 刍荛：指割草打柴的人。

7 罄：用尽，消耗殆尽。狂瞽（gǔ）：愚妄无知。多用作自谦之辞。

8 平章国计：筹商国家大事。

9 开说：即规谏。

译文

太宗平时仪表庄重，面容严肃，前来晋见的百官，往往紧张得不知所措。太宗了解到这种情况后，每当看到有人前来奏事，总是和颜悦色，希望能够听到谏诤，从而了解到朝政的得失。贞观初年，太宗曾经对公卿大臣们说："人要想看清自己的面貌，必须依靠明镜；国君要想知道自己的过失，就必须依靠忠臣。假如君主自以为圣明，臣下又不去纠正国君的过失，要想国家没有覆亡的危机怎么可能办得到呢？所以说君主丧失了他的国家，他的臣下也不可能独自保全自己的家。至于像隋炀帝那样残暴淫虐，臣下都把嘴闭起来不敢讲话，最终使他因为听不到自己的过失而导致灭亡，虞世基等人不久也被诛杀。前事不远，诸位以后每当看到事情有不利于百姓的，必须直言规劝谏诤。"

贞观元年，太宗对身边的大臣们说："正直的君主任用了奸臣，就不可能治理好国家；忠直的臣子侍奉昏庸的君主，也不可能治理好国家。只有正直的君主和忠直的大臣在一起，如鱼得水，那么天下就可以平安无事了。我虽然称不上贤明，幸亏有你们多次匡正补救过失，希望凭借你们的直言鲠议，使天下达到太平。"谏议大夫王珪回答道："臣听说加工木材有了准绳的标线才能锯得正直，君主能够听从臣子的规谏就会变得圣明。所以古代圣明的君主，都设有诤臣七人，如果谏言不被采纳，就会相继以死谏诤。如今陛下广开思路，采纳臣民的建议，我处在这个无须忌讳的开明圣朝，真心愿意把愚昧之见都讲出来。"太宗听后很赞赏王珪的话。下令从今以后宰相进宫筹商国家大事，一定要让谏官跟随进去，让他们参与，预先了解国家大事，如果有所规谏一定虚心采纳。

赏析与点评

"木从绳则正，后从谏则圣。"——任何人与事，皆有其先天不足之处，须借助外物或别人加以提醒和纠正。惟仍需要当事人能有克己与宽宏之心，否则，纵有谏臣，亦难成事。太宗深明"主欲知过，必借忠臣"的道理，朝廷上下"君臣相遇，有同鱼水"，贞观之治，就是在这种政治环境下孕育出来的。

贞观二年，太宗谓侍臣曰：『明主思短而益善，暗主护短而永愚。隋炀帝好自矜夸，护短拒谏，诚亦实难犯忤。虞世基不敢直言，或恐未为深罪。昔箕子佯狂自全[1]，孔子亦称其仁。及炀帝被杀，世基合同死否？』杜如晦对曰：『天子有诤臣，虽无道不失其天下。仲尼称：「直哉史鱼[2]，邦有道如矢，邦无道如矢。」世基岂得以炀帝无道，不纳谏诤，遂杜口无言？偷安重位，又不能辞职请退，则与箕子佯狂而去，事理不同……虞世基位居宰辅，在得言之地，竟无一言谏诤，诚亦合死。』太宗曰：『公言是也。人君必须忠良辅弼，乃得身安国宁。炀帝岂不以下无忠臣，身不闻过，恶积祸盈，灭亡斯及。若人主所行不当，臣下又无匡谏，苟在阿顺，事皆称美，则君为暗主，臣为谀臣，君暗臣谀，危亡不远。朕今志在君臣上下，各尽至公，共相切磋，以成治道。公等各宜务尽忠说，匡救朕恶，终不以直言忤意，辄相责怒。』

注释

1 箕子：商纣王的叔父，因纣王无道，劝谏不听，便佯装发狂来避免灾祸。孔子曾把箕子、微子、比干称为殷之“三仁”。

2 史鱼：字子鱼。春秋末卫国史官，以正直著称。文中所引孔子的话见《论语·卫灵公》。

译文

贞观二年，唐太宗对侍从大臣说：“英明的君主因为想到自己的缺点而更加完美，昏庸的君主因为掩饰自己的短处而永远愚昧。隋炀帝喜欢妄自尊大，掩饰短处而拒绝劝谏，也确实很难去触犯他。虞世基不敢直言进谏，恐怕不必过于深责。过去箕子假装疯狂来保全自己，孔子仍然称赞他的品德。那么隋炀帝被杀时，虞世基是否也该死呢？”杜如晦回答说：“天子有敢于谏诤的大臣，虽然昏庸无道却不一定失去他的江山。孔子说过：‘史鱼真是个正直的人，邦国有道时是如此正直，邦国无道时仍然如此正直。’虞世基怎么可以因为隋炀帝无道，不采纳劝谏，就闭口不言呢！他在重要的职位上苟且偷安，又不能辞职引退，所以与箕子装疯而去的性质是完全不同的……虞世基身居宰辅要职，处于能够进言的地位，竟然没有一句谏诤的忠言，也实在是该死。”太宗说：“你讲得很对。君王必须有忠良大臣辅助，才能身安国宁。隋炀帝还不是因为手下没有忠臣，自己不知道过错，罪恶累积祸害满溢，灭亡才降临到他头上。假如帝王的作为不妥当，臣下又不规劝纠正，一味阿谀奉承，事事称赞颂扬，那么帝王就是昏君，臣子就是谀臣。君主昏庸、臣下阿谀，国家的危亡就不远了。我今天有志于君臣上下各尽公心，互相探讨，实现太平治世。诸位卿家定要各自忠于职守，纠正补救我的错误，我决不会因为你们直言冒犯，就发怒和责罚你们。”

赏析与点评

“明主思短而益善，暗主护短而永愚。”——人贵于能反思，省察自己的不足，最终改过迁善，所谓“过非过，过而不改是过也”。反之，处处为自己的过失解释，不但拒绝承认错误，甚至把错误行为合理化，最终，只会令自己永远陷于迷失不悟的境地，沉沦下去。太宗希望能成为明主，故而事事以隋炀帝为鉴，不护短，纳谏言，终成就了贞观盛世。

贞观六年，太宗以御史大夫韦挺、中书侍郎杜正伦、秘书少监虞世南、著作郎姚思廉等上封事称旨[1]，召而谓曰：『朕历观自古人臣立忠之事，若值明主，便宜尽诚规谏，至如龙逄、比干[2]，不免孥戮[3]。为君不易，为臣极难。朕又闻龙可扰而驯，然喉下有逆鳞[4]。卿等遂不避犯触，各进封事。常能如此，朕岂虑宗社之倾败！每思卿等此意，不能暂忘，故设宴为乐。』仍赐绢有差。

注释

1 御史大夫：御史台长官，掌刑法典章，纠查百官罪恶。韦挺：京兆人，少与隐太子相友善，后为太子宫臣。武德七年，流放到巂州。贞观初，经王珪多次推荐，起用为御史大夫，后兼魏王府事，又改为太常卿，后因得罪太子而被废为民。杜正伦：相州人，隋代秀才。贞观初，经魏征推荐，升任兵部员外郎，逐渐升到中书侍郎。承乾太子被废，受牵连流放到驩州，显庆初，起用为中书令，不久被贬为横州刺史。秘书少监：唐时为秘书省副长官，掌典图书古今文字，考古异同。著作郎：秘书省属官，掌修撰碑志、祝文、祭文，与佐郎分判局事。姚思廉：名简（五五七至六三七），吴兴武康（今浙江德清）人，仕隋为河间郡司法、代王侍郎。唐军入长安，受任秦王府文学。李世民即位，改弘文馆学士，又为著作郎。

2 龙逄：同“龙逢”，即关龙逄。传说为夏代贤臣，桀做酒池糟丘，为长夜饮；龙逄常苦谏被杀。比干：殷末纣王叔伯父（一说纣庶兄），因为犯颜强谏，被纣王剖心而死。两人都是古代有名的诤臣。

3 孥（nú）戮：孥为子，戮为杀。孥戮指连儿子一起杀死。

4 “龙可扰而驯”两句：龙性柔顺，可以与之狎戏，骑在它的背上。但是它的喉下有逆鳞，如果触及逆鳞，龙一定会杀人。此以龙之逆鳞比喻皇帝的威严。见《韩非子·说难》。

译文

贞观六年，唐太宗因为对御史大夫韦挺、中书侍郎杜正伦、秘书少监虞世南、著作郎姚思廉等人所上的奏而感到满意，于是召集他们来，说："我曾考察从古以来臣子所立下的尽忠为国的事迹，假若遇到圣明的君主，当然能够竭尽忠诚规谏；至于像关龙逄、比干，则逃脱不了全家遭受杀戮的厄运。所以当皇帝的固然不容易，做臣子的也是极为艰难的。我又听说龙这种动物性情温良可被驯服，但它喉下的逆鳞是碰不得的。你们诸位就好像不怕去触动龙的逆鳞那样，敢于各进封事，直言谏劝。你们常能如此，我难道还怕大唐江山会倾覆或衰败吗？每当想到你们的这种心意，我是一刻也不会忘怀的，所以特设此宴共享快乐。"然后还每人分别赏赐了数量不等的绢。

太常卿韦挺尝上疏陈得失[1]，太宗赐书曰：『所上意见，极是谠言，辞理可观，甚以为慰。昔齐境之难，夷吾有射钩之罪[2]；蒲城之役，勃鞮为斩袂之仇[3]。而小白不以为疑，重耳待之若旧。岂非各吠非主[4]，志在无二。卿之深诚，见于斯矣。若能克全此节，则永保令名。如其怠之，可不惜也。勉励终始，垂范将来，当使后之视今，亦犹今之视古，不亦美乎？朕比不闻其过，未睹其阙，赖竭忠恳，数进嘉言，用沃朕怀，一何可道！』

注释

1 太常卿：九卿之一，专掌祭祀礼乐。

2 “昔齐境之难”二句：公元前六八五年，齐襄公被杀，国中大乱。当时公子小白在莒，公子纠在鲁，两人闻讯，起兵回国争夺王位。管仲助公子纠拦截小白，弯弓射中小白带钩。后来小白继位，是为齐桓公。管仲因公子纠党而被囚，他的好友鲍叔牙在桓公面前竭力保荐他，桓公也不因射钩之罪而忌恨他，任命他为大夫，大加重用。管仲相齐，遂成霸业。

3 “蒲城之役”二句：晋献公宠信骊姬，欲立其子奚齐。骊姬设计陷害太子申生，逼其自杀，又在献公面前进谗言，欲置公子夷吾与重耳于死地。夷吾奔屈，重耳奔蒲城。献公又派贾华伐屈，使勃鞮（又名寺人披）刺杀公子重耳。重耳越墙而逃，勃鞮追杀不及仅斩去他的衣袂。重耳奔狄，过了很长一段流亡生活后，重新回到晋国即位，是为晋文公。文公不以勃鞮当年刺杀他未遂一事为意，待之如故旧。

4 各吠非主：即各为其主的意思。《汉书》曰：“桀犬吠尧，尧非不仁，特吠非其主耳。”

译文

太常卿韦挺曾经上疏谏陈为政得失，唐太宗读后赐书说："你上疏中所说的意见，是一些非常正直的言论，讲得很有道理，我看了以后觉得很满意。历史上齐国境内大乱时，夷吾对于后来的齐桓公小白曾有过射钩之罪；在蒲城之役中，勃鞮对于后来的晋文公重耳也曾有过斩袂之仇。然而小白即位后并没有因此而疑忌管仲；重耳在执政之后，也能待勃鞮如旧部下。这岂不是各吠非主、各为其主，忠心事君、志在无二。你的忠心和诚意，也就在这里。假如能够坚持保全这样的气节，就永远可以保持你的美名，假如有所懈怠，那就很可惜了。不断勉励，始终如一，为后来者树立良好的榜样，使后来的人看我们今天，也像我们看古人一样，这不是很美好的事吗？我近来不大听到有人议论我的过失，不大看到为政的缺点，需要依靠你们竭尽忠诚，不断提出好的意见，使我能够得到帮助，这些话一下子怎么说得完呢！"

贞观八年，太宗谓侍臣曰：『朕每闲居静坐，则自内省。恒恐上不称天心，下为百姓所怨。但思正人匡谏，欲令耳目外通，下无怨滞。又比见人来奏事者，多有怖慑[1]，言语致失次第。寻常奏事，情犹如此，况欲谏诤，必当畏犯逆鳞。所以每有谏者，纵不合朕心，朕亦不以为忤。若即嗔责，深恐人怀战惧，岂肯更言！』

注释

1 怖慑（shè）：同“慑”，害怕的样子。

译文

贞观八年，唐太宗对侍从的大臣说：“每当我空闲静坐的时候，要自己反省一下所做的各种事情，常常害怕上不能合天意，下为百姓所怨恨。只想得到正直的人匡救劝谏，好让我能够了解外面的情况，使老百姓没有积怨。此外我近来见到有些人来奏事的时候，常显出恐惧不安的样子，连讲话也会变得颠三倒四。平常奏事，尚且会出现如此情形，更何况要他们来谏诤我的过失，必定会害怕触犯逆鳞。所以每当有人谏诤时，纵然不合我的心意，我也不以为是冒犯自己。如果立刻发怒斥责，深怕人人心怀恐惧，怎敢再说话！”

赏析与点评

“恐上不称天心，下为百姓所怨。”——古人敬天畏天，生怕触怒苍天，必遭谴咎。太宗虽贵为天子，仍恐怕为政治国不合天意，同时更担心百姓对朝廷有所怨怼。“敬天畏民”这四字，可说是成就“贞观之治”的关键所在。

贞观十五年，太宗问魏征曰：『比来朝臣都不论事，何也？』征对曰：『陛下虚心采纳，诚宜有言者。然古人云：「未信而谏，则以为谤己；信而不谏，则谓之尸禄[1]。」但人之才器[2]，各有不同。懦弱之人，怀忠直而不能言；疏远之人，恐不信而不得言；怀禄之人[3]，虑不便身而不敢言。所以相与缄默，俯仰过日[4]。』太宗曰：『诚如卿言。朕每思之，人臣欲谏，辄惧死亡之祸，与夫赴鼎镬、冒白刃[5]，亦何异哉？故忠贞之臣，非不欲竭诚，乃是极难。所以禹拜昌言[6]，岂不为此也！朕今开怀抱，纳谏诤，卿等无劳怖惧[7]，遂不极言。』

注释

1 尸禄：指空食俸禄而不尽其职，无所事事。

2 才器：个人的才能与器度。

3 怀禄之人：心中只考虑个人利益，贪恋爵禄、官位的人。

4 俯仰：本指低头和抬头。引申为随便应付，左右周旋。

5 赴鼎镬：鼎，远古社会用以煮东西的炊具，三足两耳。镬，大锅。此处指用鼎镬烹人的酷刑。白刃：利剑。

6 禹拜昌言：谓当年大禹只要听到善言，就向人拜谢的故事。语出《尚书·皋陶谟》。

7 劳：过度。

译文

贞观十五年，太宗问魏征说："近来朝臣都不议论政事，这是为什么呢？"魏征回答说："陛下一向虚心采纳臣下的意见，本来应当有进谏的人。然而古人曾说过：'不被信任的人进谏，会被认为是毁谤自己；信任的人而不进谏，就叫作空食俸禄而不尽其职。'但是人的才能气度，各有不同。胆小怕事的人，心存忠直而不能进谏；被疏远的人，怕不被信任而无法进谏；贪恋禄位的人，怕不利于自身而不敢进谏。所以大家缄默不言，应付着混日子。"太宗说："的确像你说的一样。我经常想这件事，臣下虽想进谏，动辄畏惧死亡的祸患，这与那赴鼎镬被烹杀、冒利剑遭砍杀有什么不同啊！所以忠诚贞节的臣子，不是不想竭尽忠诚，而是非常为难。所以大禹听到善言就拜谢，难道不是为这个缘故吗？我现在敞开胸怀，采纳直言规劝，你们不要因为过分恐惧，就不敢极力进言。"

赏析与点评

"未信而谏，则以为谤己；信而不谏，则谓之尸禄。"——贞观之治屡为后世美谈者，莫过于"君主纳谏，臣下敢谏"的政治风气。然而君臣互相信任与尊重，亦至为最要，两者皆缺一不可。否则，君主认为臣下进谏是出言不逊，诋谤自己；反之臣下若无所进言，则被视为尸位素餐。我们可从魏征先后二百余次的进谏，而太宗竟无所怒愤，看出君臣二人间的信任与尊重。

纳谏第五

本篇导读

本篇列举了一些太宗虚怀纳谏的具体事迹，说明至高无上的皇帝，能够接受谏诤、改进政务的难能可贵。大臣们从忠君爱君的立场出发，希望唐太宗“须以欲从人，不可以人从欲”，而太宗也基本做到了这点。

贞观初，太宗与黄门侍郎王珪宴语[1]，时有美人侍侧[2]，本庐江王瑗之姬也[3]，瑗败，籍没入宫[4]。太宗指示珪曰：『庐江不道，贼杀其夫而纳其室[5]。暴虐之甚，何有不亡者乎！』珪避席曰[6]：『陛下以庐江取之为是邪，为非邪？』太宗曰：『安有杀人而取其妻，卿乃问朕是非，何也？』珪对曰：『臣闻于《管子》曰[7]：齐桓公之郭国[8]，问其父老曰：「郭何故亡？」父老曰：「以其善善而恶恶也[9]」。桓公曰：「若子之言，乃贤君也，何至于亡？」父老曰：「不然，郭君善善而不能用，恶恶而不能去，所以亡也。」今此妇人尚在左右，臣窃以为圣心是之，陛下若以为非，所谓知恶而不去也。』太宗大悦，称为至善，遽令以美人还其亲族[10]。

注释

1 宴语：在宴席上交谈。

2 美人：宫中女官名称，正四品。

3 庐江王瑗（yuàn）：唐太宗的本族叔父李瑗，封庐江王后，因谋反罪被杀。

4 籍没：官府把罪犯家人和财产登记没收。

5 贼杀：贼亦为“杀”之意。

6 避席：古人席地而坐，离座而起，以示尊敬，谓之避席。

7 管子：书名，凡二十四卷。旧本题管仲撰，但书中多言管仲身后事，当多是后人附益者。

8 之：去、到之意。郭国：春秋时小国，为齐所灭，其后以国为氏，一说即古虢氏。

9 善善而恶恶也：谓喜欢善良，讨厌邪恶。句中前一个善字与前一个恶字皆用为动词。

10 遽：立即、立刻。

译文

贞观初年，唐太宗与黄门侍郎王珪闲坐聊天，当时有一个美人在旁边服侍，她原来是庐江王李瑗的姬妾，庐江王谋反败露后，她被籍没入宫。唐太宗指着她对王珪说："庐江王无道，残杀了她的丈夫而把她占为己有。他暴虐到如此程度，怎么会不灭亡呢？"王珪离座而起，说："陛下以为庐江王李瑗这样占有她是对呢，还是不对呢？"唐太宗说："哪里有杀了人而夺取他的妻子的道理，你还问我这种事是对还是不对，究竟是为什么啊？"王珪回答说："我读《管子》之书，其中说：当年齐桓公到郭国去，问那里的父老长者道：'郭国为什么会被我国所灭亡？'父老回答说：'因为郭国的国君喜欢善人而厌恶恶人。'齐桓公说：'照你这么说来，他倒是一位贤君啊，怎么会灭亡呢？'父老回答说：'并不是这样，郭国国君虽然喜欢善人但是并不能任用为善之人，虽然厌恶恶人又不能去除作恶之徒，所以亡国。'现在这个妇人还在陛下身边，所以我怀疑陛下的心意，认为庐江王占有这位美人是对的，陛下如果以为这件事是错的，那就是所谓知道邪恶而不能去除了。"唐太宗听了后非常高兴，称赞他讲得好极了，马上命令把这个美人归还给她的亲族。

赏析与点评

"善善而不能用，恶恶而不能去，所以亡也。"——"善其善，恶其恶"往往是古代明主贤君的典范，然而民间智慧，则从实际角度出发，要求更高一些，所谓"善善而能用，恶恶而能去"，讲求实际效果，不流于理想，脱离现实，否则终会导致亡国丧邦，此即"善善而不能用，恶恶而不能去，所以亡也"的由来。

贞观四年，诏发卒修洛阳之乾元殿以备巡狩[1]。给事中张玄素上书谏曰[2]：『陛下智周万物[3]，囊括四海。令之所行，何往不应？志之所欲，何事不从？微臣窃思秦始皇之为君也[4]，借周室之余，因六国之盛[5]，将贻之万叶，及其子而亡，谅由逞嗜奔欲[6]，逆天害人者也。是知天下不可以力胜，神祇不可以亲恃[7]。惟当弘俭约，薄赋敛，慎终始，可以永固。』

注释

1 乾元殿：洛阳宫中主要大殿，隋时所建。巡狩：即巡守，指天子巡行视察各地。

2 给事中：门下省官名，正五品。掌侍奉皇帝，襄助侍中、侍郎处理省事，审察弘文馆缮写、雠校的情况，对诏令奏议不便者封驳，与御史、中书舍人审理天下冤狱或拖欠未办之案，提出处理意见。张玄素：蒲州人，隋时为景城县户曹。贞观初，任太子詹事、右庶子。因太子被废，而削职为民。不久，又起用为刺史。

3 智周万物：谓智慧高超，遍及万物。语出《周易·系辞上》。

4 秦始皇：姓嬴名政（前二五九至前二一〇）。秦庄襄王之子，并吞六国，建立了中国历史上第一个统一的中央集权王朝。

5 六国：指战国时期的齐、楚、燕、赵、韩、魏等六国。

6 逞嗜奔欲：放纵嗜欲。指秦始皇盛营宫阙，生活奢侈，迷信方士，求神仙等。

7 神祇（qí）：神，天神。祇，地神。此处泛指一切神灵。

译文

贞观四年，唐太宗下诏征发士卒修缮洛阳的乾元殿，以备出巡时使用。给事中张玄素上书劝谏说：“陛下所考虑的遍及万事万物，包括天下四海统统在内。凡是命令下去要做的，什么地方不回应？心里所希望要干的，什么事情不顺当？然而我暗暗地在想：秦始皇统一天下做皇帝，凭借周王朝的余威，继承六国的盛业，要把江山传至万世，哪里知道到他的儿子就国破身亡了，实在是因为放纵自己的贪欲，干了许多逆天害人的坏事啊。由此可知天下不可以单凭武力征服，神灵不可以依赖。只应当弘扬勤俭节约精神，减轻赋税杂役，始终谨慎如一，江山社稷才可以永远牢固。”

赏析与点评

“令之所行，何往不应？志之所欲，何事不从？”——在以皇帝为核心的古代社会内，皇权是无所制约的。可以说，皇令的颁行，无论到什么地方，都必须服从响应；皇帝所做的事，没有什么是做不到的。可见皇权的绝对性、强制性。其实这与儒家思想所提倡的“普天之下，莫非王土，率土之滨，莫非王臣”的帝皇天下观是同出一辙的。

贞观三年，李大亮为凉州都督[1]，尝有台使至州境[2]，见有名鹰，讽大亮献之[3]。大亮密表曰：『陛下久绝畋猎，而使者求鹰。若是陛下之意，深乖昔旨；如其自擅，便是使非其人。』太宗下书曰：『以卿兼资文武，志怀贞确[4]，故委藩牧[5]，当兹重寄。比在州镇，声绩远彰，念此忠勤，岂忘寤寐？使遣献鹰，遂不曲顺，论今引古，远献直言。披露腹心，非常恳到，览用嘉叹，不能已已。有臣若此，朕复何忧！宜守此诚，终始若一。《诗》云：「靖共尔位，好是正直。神之听之，介尔景福[6]。」古人称一言之重，侔于千金，卿之所言，深足贵矣。今赐卿金壶瓶、金碗各一枚，虽无千镒之重[7]，是朕自用之物。卿立志方直，竭节至公，处职当官，每副所委，方大任使，以申重寄。公事之闲，宜观典籍。兼赐卿荀悦《汉纪》一部[8]，此书叙致简要，论议深博，极为政之体，尽君臣之义，今以赐卿，宜加寻阅。』

注释

1 李大亮：泾阳（今陕西泾阳县）人。有文武才略。唐高祖入关时归唐，任土门令。贞观八年，讨伐吐谷浑有功，进封武阳公。为人刚直不阿。凉州：州名。治所在今甘肃武威县。

2 台使：朝廷的使者。

3 讽：婉言劝说。

4 贞确：坚定。

5 藩牧：藩镇长官。藩，指藩镇。

6 “靖共尔位”四句：见《诗经·小雅·小明》。意为：安于你的职位，亲近正直的人。神明听到，赐你大福。

7 镒（yì）：古代重量单位。相当于二十两，一说为二十四两。

8 荀悦《汉纪》：荀悦（一四八至二〇九），字仲豫，东汉颍川颍阴（今河南许昌）人。汉献帝时，曾任黄门侍郎、秘书监、侍中等职。《汉纪》：荀悦撰。共三十卷，编年体。

译文

贞观三年，李大亮任凉州都督，曾有一位朝廷的使者到达凉州，看见当地有极好的猎鹰，就委婉地示意李大亮进献朝廷。李大亮秘密地向唐太宗上表说：“陛下已经很久没有打猎了，而使者却来索要猎鹰。如果这是陛下的意思，就大大违背了昔日的旨意；如果是使者自作主张，那就是使者用非其人了。”太宗回信说：“因你兼有文武才略，胸怀坚定的志向，所以委任你为重要地方的长官，担当重任。近来，你在凉州镇守，声名业绩远远传扬，想到你的忠诚勤政，睡梦中也难忘。使者让你献鹰，你终究没有曲意顺从，而且援引古事论述今事，从遥远的地方进献忠直之言，展示至诚之心，非常恳切周到。我看了你的奏章，赞许感叹之情，难以抑止。有这样的臣子，我还有什么忧虑！你应该坚守这样的忠诚，始终如一。《诗经》说：‘安于你的职位，喜好正直的人，神明听到这些，必定赐你大福。’古人说，一句良言的价值，等于千镒黄金。你所说的话，非常可贵。现赐你金壶瓶、金碗各一个，虽然没有千镒黄金那么重，但都是我自己用的东西。你立志正直，竭尽臣节，完全为公，担任官职，总很称职，如今以大任相委，表明我的重托。你在办完公事的闲暇时间，应多看一些古代典籍。现在同时赐给你一部荀悦写的《汉纪》，这部书叙事简明扼要，议论深刻广博，全面阐述了治国的根本和君臣的大义。现在把它赐给你，你要加以阅读研究。”

赏析与点评

“靖共尔位，好是正直。神之听之，介尔景福。”——俚语云“人在做，天在看”，《诗经》这句话亦有此味道。民间智慧认为只要我们恪尽职守，从正途做好自己分内之事，皇天是听到、看到的，最终定赐你大福。这种劝善观念，正是中华文化的重要底蕴和内容之一。

贞观八年，陕县丞皇甫德参上书忤旨[1]，太宗以为讪谤[2]。侍中魏征进言曰：『昔贾谊当汉文帝上书云云[3]：「可为痛哭者一，可为长叹息者六」。自古上书，率多激切。若不激切，则不能起人主之心。激切即似讪谤，惟陛下详其可否。』太宗曰：『非公无能道此者。』令赐德参帛二十段。

注释

1 陕县：今河南省陕县。丞：县丞，县令的主要佐吏。皇甫德参：唐初大臣，官至监察御史。上书忤旨：指皇甫曾上书批评太宗修洛阳宫、劳人、收地租、厚敛、俗好高髻，盖宫中所化。因而触怒太宗，几遭治罪。

2 讪（shàn）谤：即诽谤、抨击。

3 贾谊：世称贾生（前二〇〇至前一六八），洛阳人，西汉政论家、文学家。以文才著称，文帝召为博士，主张改革政治，遭到勋旧周勃等人反对，被贬为长沙王太傅。上书陈事，多纠偏补弊，切直可用。后为梁王太傅，梁王堕马而死，贾谊亦悲伤抑郁而终。汉文帝：名恒（前二〇二至前一五七），汉高祖子。周勃等平定诸吕之乱，迎立为帝。在位期间，推行轻徭薄赋、与民休息的政策，劝奖农桑，兴修水利，使农业生产迅速发展，政治趋向安定。文帝死后，景帝继续推行其治国方针，出现了“文景之治”的盛况。

译文

贞观八年，陕县县丞皇甫德参上书触怒了唐太宗，太宗认为他有意毁谤。侍中魏征进言道：“过去贾谊在汉文帝时上书，曾说‘可以为之痛哭流涕的事有一件，可以为之叹息不休的事有六件’。从古以来上书言事，往往言辞激切动人。如果讲得不激切，就不能打动皇帝的心；言辞激切就有点儿像讪谤了，希望陛下能仔细考虑他的建议是否可行。”唐太宗说：“不是你就不能讲出这样的一番道理。”于是下令赏赐皇甫德参布帛二十段。

赏析与点评

“激切即似讪谤”——言辞激昂真切，容易令听者误以为是诽谤、恶意攻击。所以，两者仅一线之差，往往视乎言者与听者的态度来决定。所谓“言者无心，听者有意”就是这个意思。所以，魏征提醒太宗，要细心听取，不要意气先行，否则谁人敢进谏呢？

贞观十八年，太宗谓长孙无忌等曰：『夫人臣之对帝王，多顺从而不逆，甘言以取容。朕今发问，不得有隐，宜以次言朕过失。』长孙无忌、唐俭等皆曰[1]：『陛下圣化道致太平，以臣观之，不见其失。』黄门侍郎刘洎对曰[2]：『陛下拨乱创业，实功高万古，诚如无忌等言。然顷有人上书，辞理不称者，或对面穷诘，无不惭退。恐非奖进言者。』太宗曰：『此言是也，当为卿改之。』

注释

1 唐俭：字茂系，晋阳人。性格豪爽不拘小节，是位出名的孝子。年少时与唐太宗交游，见隋朝政治昏乱，于是辅佐太宗平定天下，为天策府长史，封莒国公。曾出使突厥，后任民部尚书，因事受牵连被贬。

2 刘洎（jì）：字思道，荆州人。贞观年间为治书侍御史，后升迁为侍中。太宗征辽东时，令他辅佐太子监国，他说：“希望不要出什么事，如果大臣犯法，一定依法惩办他。”唐太宗认为他狂言妄语，曾加以告诫，后遭褚遂良诬陷而被杀。

译文

贞观十八年，唐太宗对长孙无忌等人说：“臣子对于帝王，往往都是顺从而不愿提出相反的意见，用甜言蜜语来博得君王的欢心。我现在提出问题，你们不得隐讳己见，要依次指出我的过失来。”长孙无忌、唐俭等人都说：“陛下圣治教化导致天下太平，我们看不出有什么过失。”黄门侍郎刘洎回答说：“陛下拨乱创业，确实功高万古，真像长孙无忌等人所说的那样。然而近来有人上书言事时，遇到言辞不当的人，往往会当面责问不休，使得上书言事的人羞愧而退。这样恐怕不是在奖励进言者吧。”唐太宗说：“这话讲得对啊，应当听你的话改正。”

赏析与点评

“顺从而不逆，甘言以取容。”——就如注释所言，为人臣子者若只识做“应声虫”，从不提相反意见，更以美好动听的言辞来逢迎、取悦君主。这便是贞观君臣所痛斥的群小、佞臣。其实这就是今天西方俚语所云的“Yes Man”（好好先生）。而太宗亦明白此道，故而主动要求臣下进谏、发言、提意见，不要为求博取自己欢心，而以花言巧语取悦君主。

直谏（附）[1]

贞观二年，隋通事舍人郑仁基女[2]，年十六七，容色绝姝[3]，当时莫及。文德皇后访求得之[4]，请备嫔御。太宗乃聘为充华[5]。诏书已出，策使未发[6]。魏征闻其已许嫁陆氏，方遽进而言曰：『陛下为人父母，抚爱百姓，当忧其所忧，乐其所乐。自古有道之主，以百姓之心为心，故君处台榭，则欲民有栋宇之安；食膏粱，则欲民无饥寒之患；顾嫔御，则欲民有室家之欢。此人主之常道也。今郑氏之女，久已许人，陛下取之不疑，无所顾问，播之四海，岂为民父母之道乎？臣传闻虽或未的[7]，然恐亏损圣德，情不敢隐。君举必书[8]，所愿特留神虑。』太宗闻之大惊，手诏答之，深自克责[9]。遂停策使，乃令女还旧夫。

注释

1 直谏：部分版本不设直谏，只把直谏各节分移《忠义第十四》、《杜谗邪第二十三》、《辩兴亡第三十四》、《行幸第三十七》、《畋猎第三十八》等篇。

2 通事舍人：官名。掌诏命及呈奏案章等事。

3 绝姝：绝妙佳人。姝，美好之意。

4 文德皇后：即长孙皇后（六〇一至六三六）。长安（今陕西西安）人，出生于官宦之家。从小爱好诗书，通达礼仪。十三岁嫁李世民为妻。唐朝建立后，被册封为秦王妃，李世民升储登基以后，被立为皇后。

5 充华：妃嫔称号。晋武帝置，为九嫔之末。

6 策使：古代帝王对臣下或后妃授爵，记其语于册简，谓之“册封”，派遣去宣读“册封”的使者谓之册使。“策”通“册”。

7 未的：不准确。

8 君举必书：举，举动，行动。《礼记》：“动则左史书之，言则右史书之。”隋唐时设有起居舍人，侍从皇帝，掌记录皇帝言行，故称“君举必书”。

9 克责：“克”通“刻”。谓铭刻在心，责备自己。

译文

贞观二年，隋朝的通事舍人郑仁基的女儿，年方十六七岁，是个容貌极为美丽的绝代佳人，当时没有谁能比得上她。文德皇后寻访后，请求太宗留她在后宫作为嫔妃。于是太宗便聘她为充华。诏书已经发出，但册封的使者尚未动身。魏征听说这名女子早已许配给陆家，就急忙进谏说："陛下身为百姓的父母，爱抚百姓，就应该忧百姓所忧的事，乐百姓所乐的事。自古以来有道的君主，都是以百姓的心愿为自己的心愿的。所以君主身居楼台馆阁，就要让百姓也有房屋可以安身；君主食肥美的食物，就要让百姓不受饥饿的威胁；君主看到妃嫔宫女，就要想到百姓也有婚配成家的欢乐。这才是做君主的正常道理。如今郑家的女儿早已许配别人，陛下聘娶她时，竟不加考虑，也不曾询问。这件事如果传遍天下，哪里是君主为民父母的作为？虽然我听到的只是传闻，不一定确实，但唯恐损害陛下的名誉和圣德，所以不敢隐瞒。君主的一举一动都有史官记录，希望陛下要特别留心考虑。"太宗听了魏征的话，非常吃惊，亲自写诏书答复他，深深地自我责备，于是停止派遣册封的使者，下令将郑氏女送还给她的旧夫。

赏析与点评

"君处台榭，则欲民有栋宇之安；食膏粱，则欲民无饥寒之患；顾嫔御，则欲民有室家之欢。"——孔子云"己欲立而立于人，己欲达而达于人"，近世则称之为"同理心"。君主享用丰富物资的同时，须确保百姓亦有安稳的生活，不虞匮乏。这亦是体现传统儒家"民本"思想的具体例子。

贞观三年，诏关中免二年租税，关东给复一年[1]。寻有敕：已役已纳，并遣输了[2]，明年总为准折[3]。给事中魏征上书谏曰：『臣伏见八月九日诏书，率土皆给复一年。老幼相欢，或歌且舞。又闻有敕，丁已配役，即令役满折造[4]，余物亦遣输了，待至明年总为准折。道路之人，咸失所望。此诚平分万姓，均同己子。但下民难与图始，日用不知，皆以国家追悔前言，二三其德[5]。臣窃闻，天之所辅者仁，人之所助者信。今陛下初膺大宝[6]，亿兆观德。始发大号[7]，便有二言。生八表之疑心，失四时之大信。纵国家有倒悬急，犹必不可。况以泰山之安，而辄行此事！为陛下为此计者，于财利小益，于德义大损。臣诚智识浅短，窃为陛下惜之。伏愿少览臣言，详释利害。冒昧之罪，臣所甘心。』

注释

1 关东给复一年：谓关东免除一年丁赋徭役。关东指潼关以东。而根据下文“率土皆给复一年”，则此处“关东”用以指全国。给复，免除赋役之意。

2 输了：交纳完毕。

3 准折：做准折算。

4 折造：折算租税。造，农作物收成的次数，文中指租税。

5 二三其德：谓变幻无常，三番两次地改变主意。语出《诗经·卫风·氓》。

6 大宝：帝位之意。

7 大号：诏书。

译文

贞观三年，太宗下诏：关中免除两年租税，关东免除一年赋税徭役。不久又有文书说：已抽调服役的壮士仍遣发服役，已缴纳的租税，仍献纳完毕，明年再合计作为依据折算。给事中魏征上书说：“我看到八月九日的诏书，全国都免除赋税徭役一年，老人幼童相互欢庆，全都载歌载舞。现在又听到有文书说，成年男子已调配服役的，就令他们服役期满后折算租税，其余物资也交纳完毕，等到明年合计起来作为依据折算。百姓之中，有的感到失望。这种做法实在百姓看成一样，都和自己的儿子相同。但愚昧的人很难在开头与他们商量事情，他们每天用度不够，都认为是国家追悔前言、反复无常造成的。我私下听说这样的话，上天辅佐的是仁慈的人，百姓帮助的是守信义的人。现在陛下刚刚继承帝位，亿万百姓在观望你的德行。才发出庄重的圣旨，就又变圣旨的话，这会使全国上下产生疑心，认为陛下像春夏秋冬失去秩序那样不守信义。纵使国家有亟须解救的危难，也一定不能这样做，何况凭着泰山一般安稳的局面而随便做出这种事！替陛下想出这办法的人，在财利上有一些好处，在德义上却大大有限。我的确智慧浅薄、才识短缺，但私自为陛下惋惜。但愿陛下稍微浏览一下我的奏章，仔细选择有益的事去做。冒昧上书的罪，我甘心承受。”

赏析与点评

“天之所辅者仁，人之所助者信。”——“天道无亲，常与善人”，这是传统民间敬天、畏天思想的反映。而善人的准则，又似乎可以从这两句中找到答案。善者，仁与信。所以，“天道无亲，常与善人”的最佳解释，便是“天之所辅者仁，人之所助者信”。

贞观六年，匈奴克平[1]，远夷入贡，符瑞日至[2]，年谷频登[3]。岳牧等屡请封禅[4]，群臣等又称述功德，以为『时不可失，天不可违，今行之，臣等犹谓其晚。』惟魏征以为不可。太宗曰：『朕欲得卿直言之，勿有所隐。朕功不高耶？』曰：『功高矣。』『德不厚耶？』曰：『德厚矣。』『华夏未理耶？』曰：『理矣。』『年谷不登耶？』曰：『登矣。』『然则何为不可？』对曰：『陛下功高矣，民未怀惠。德厚矣，泽未旁流。华夏安矣，未足以供事[5]。远夷慕矣，无以供其求。符瑞虽臻[6]，而罻罗犹密[7]。积岁丰稔，仓廪尚虚。此臣所以窃谓未可……』太宗称善，于是乃止。

注释

1 克平：战胜、平定。

2 符瑞：即符祥，祥瑞。古时以所谓“祥瑞”的征兆，附会为君王得到天命的凭据。

3 频登：多次丰收。

4 岳牧：古代传说中的四岳和十二州牧的合称。后来用以指地方行政长官，以至一方封疆大吏。封禅：是古代帝王祭天地的一种大典。古人认为五岳中的泰山最高，帝王应到泰山祭告天地，以显示其丰功伟绩。登泰山筑坛祭天称为“封”，在泰山南面的梁父山辟基祭地称为“禅”。

5 供事：指负担举行封禅典礼的费用、支出。

6 臻（zhēn）：至、达到。

7 罻（wèi）罗犹密：谓大大小小的刑狱还是很多。罻，捕鸟的小网。罗，亦是网的意思。罻罗合用泛指刑狱的意思。

译文

贞观六年，战胜平定了匈奴，远方的异族来朝贡称臣，吉祥征兆一天天的出现，五谷连年丰收，地方州府长官多次请求太宗封禅，群臣等又称颂太宗的功德，认为“时机不可错过，上天的旨意不可违抗，现在举行封禅大典，我们还认为已经太晚了” 。只有魏征认为不行。太宗说：“我希望你直接切实地说出自己的意见，不要有所隐讳、保留。我的功绩不够高吗？”魏征回应说：“功绩高。”太宗说：“德行不厚吗？”魏征回应说：“德行厚。”太宗说：“华夏还没有治理好吗？”魏征回应说：“治理好了。”太宗说：“每年五谷不丰收吗？”魏征回应说：“丰收了。”太宗说：“那么，为何不能封禅？”魏征回答说：“陛下的功绩虽高，但百姓心中还未记住你的恩惠。陛下的德行虽厚，恩泽还没有遍施于人。华夏虽然安定，还不足以负担起举行祭告天地大礼的费用支出。遥远的外族虽仰慕，还没有更多的东西来满足要求。吉祥征兆虽然出现，但大小刑网还满布天下。连续几年虽获丰收，但粮仓还是空虚。这就是我暗自认为不可举行封禅的原因……”太宗称道这话说得好，于是停止封禅。

赏析与点评

“功高矣，民未怀惠。德厚矣，泽未旁流。”——君主的功高德厚与否，应取决于百姓心中有没有记挂着君主的恩惠，百姓有没有实际感受到君主的福泽。而不是以君主的丰硕政绩、个人品德等来衡量的。所以，个人的成就与修养，不是自己说了便是，是需要别人以至社会整体所认同的。太宗是否功高、是否德厚，就交由历史来做判断罢。

贞观七年，蜀王妃父杨誉在省竞婢[1]，都官郎中薛仁方留身勘问[2]，未及与夺。其子为千牛[3]，于殿庭陈诉，云：『五品以上非反逆不合留身，以是国亲，故生节目[4]，不肯决断，淹历岁年。』太宗闻之，大怒曰：『知是我之亲戚，故作如此艰难。』即令杖仁方一百，解所任官。魏征进曰：『城狐社鼠皆微物[5]，为其有所凭恃，故除之犹不易。况世家贵戚，旧号难理。汉、晋以来，不能禁御[6]；武德之中[7]，已多骄纵；陛下登极，方始萧然。仁方既是职司，能为国家守法，岂可枉加刑罚，以成外戚之私乎！此源一开，万端争起，后必悔之，将无所及。自古能禁断此事，惟陛下一人。备豫不虞[8]，为国常道。岂可以水未横流，便欲自毁堤防？臣窃思度，未见其可。』太宗曰：『诚如公言，向者不思[9]。然仁方辄禁不言，颇是专擅，虽不合重罪，宜少加惩肃。』乃令杖二十而赦之。

注释

1 蜀王：即李愔（？至六六七），唐太宗第六子，吴王李恪同母弟，贞观十年（六三六），封蜀王。

2 都官郎中：掌配没徒隶、簿录俘囚、公私良贱诉竞雪冤。留身：拘留人身。

3 千牛：即“千牛备身”的简称，禁卫武官。唐设置左右千牛卫，为禁军之一。

4 节目：本指树木枝干相接的地方或纹理纠结不顺的地方。这里比喻为枝节。

5 城狐社鼠：本指城墙上的狐狸，社庙里的老鼠。这里比喻依仗权势作恶，一时难以驱除的小人。

6 “汉、晋以来”二句：指东汉末年与西晋后期，外戚与宦官专权，导致祸乱。东汉发生“党锢之祸”，西晋发生“八王之乱”，都与外戚、宦官专权有关。

7 武德：唐高祖的年号（六一八至六二六），也是唐朝的第一个年号。

8 备豫不虞：防备意外。

9 向者：以往，从前。

译文

贞观七年，蜀王李愔妃子的父亲杨誉在皇宫禁地追逐婢女，都官郎中薛仁方将他拘留并审问，还没来得及处理。杨誉的儿子是千牛卫武官，在殿廷上诉述说："五品以上的官员，不是犯反叛罪的不应拘留，因为我父亲是皇亲国戚，薛仁方就故意节外生枝，不肯决断，拖延时日。"太宗听了很生气地说："明知是我的亲戚，还故意如此刁难！"当即下令打薛仁方一百杖，并免去他所担任的官职。魏征进谏说："城墙下的狐狸和神社中的老鼠，都是些微不足道的小动物，因为它们有所依仗，要除掉它们还真不容易。何况世家贵戚历来就号称难以管理。汉、晋以来就不能控制禁止；武德年间很多皇亲国戚骄横放纵；陛下登基后他们才开始有所收敛。薛仁方既然担当主管官员，能为国家执法，怎能对他随便施加刑罚，以达到外戚挟私报复的目的呢？如果这个先例一开，以后各种事端都会接踵而来，到时后悔也来不及了。自古以来能禁止外戚骄纵的只有陛下一人。防备意外，是治国的常识。怎么能在河水尚未泛滥的时候，就想自己毁掉堤防呢？我私下认为，这种做法是不对的。"太宗说："确实如你所说，先前我没有仔细考虑。但是薛仁方妄自拘留人而不申报，也很是专权，虽算不上是重罪，也应稍加惩罚。"于是下令打了薛仁方二十杖，免予解职处分。

赏析与点评

"城狐社鼠皆微物，为其有所凭恃，故除之犹不易。"——社会上鼠窃狗偷之辈，本该容易清除，然而其背后往往有权贵恶势力的荫庇，鼠窃们仗势凌人，要肃清这些小人物就变得困难复杂了。为政者亦然，魏征指出要打击真正为恶者，是一件绝不轻省的事情，尤以皇亲国戚、官僚权贵，则更难上加难。希望太宗能以身作则，从他做起，惩处违法犯罪的皇亲国戚。

贞观九年，北蕃归朝人奏[1]：『突厥内大雪，人饥，羊马并死。中国人在彼者，皆入山作贼，人情大恶[2]。』太宗谓侍臣曰：『观古人君，行仁义，任贤良则理；行暴乱，任小人则败。突厥所信任者，并共公等见之，略无忠正可取者。颉利复不忧百姓，恣情所为。朕以人事观之，亦何可久矣？』魏征进曰：『昔魏文侯问李克[3]，诸侯谁先亡？克曰：「吴先亡。」文侯曰：「何故？」克曰：「数战数胜，数胜则主骄，数战则民疲。不亡何待？」颉利逢隋末中国丧乱，遂恃众内侵，今尚不息，此其必亡之道。』太宗深然之。

注释

1 北蕃：蕃，古代对外族的通称。这里指突厥。

2 人情大恶：人心混乱，情势极坏。

3 魏文侯：战国时魏国国君，名斯。任用李悝为相，吴起为将，西门豹为邺令，奖励耕战，进行改革，国势日强。李克：子夏弟子。曾任中山相。建议魏文侯“食有劳、禄有功、使有能、赏必行、罚必当。”一说李克即李悝。

译文

贞观九年（六三五），从北蕃回来的人向朝廷报告：“突厥境内下大雪，人民饥饿，羊马一并死亡。那里的唐人，都逃进山林当强盗，人心混乱，形势险恶。”太宗对侍臣说：“观察古代国君，推行仁义，任用贤良，就天下大治；推行暴政，任用奸邪，就失败。突厥信任的人，我和你们都是看到的，大概没有忠良正直可取的人。颉利又不关心百姓，为所欲为。我从人情事理来看他，又怎么能长久呢？”魏征陈述说：“过去魏文侯问李克，诸侯中谁先灭亡？李克回答说：‘吴国先亡。’魏文侯说：‘什么原因？’李克说：“吴国几战几胜。几胜之后，君主必然骄傲，几战之后，百姓必然疲乏困苦，不灭亡还等什么？’颉利适逢隋朝末年中原丧乱，就依仗他人马多，侵入内地，至今尚未停止，这就是他必然灭亡的原因。”太宗认为这话很对。

赏析与点评

“数战数胜。数胜则主骄，数战则民疲。不亡何待？”——表面上，军事强国往往屡战屡胜，所向无敌，何等风光。然而仔细一想，这正是其步向灭亡的原因，战场上多番得利，会令国君变得自满轻敌，而频繁地发动战争，更会使国民疲乏丧命，国力自然折损。国君轻敌，国力折损，亡国已经是指日可待了。放诸现今世界，两千多年前李克的判断仍然相当有见地，第二次世界大战时的纳粹德军和日军的败亡，正是走上了这条不归路所致。

贞观十年[1]，太宗谓侍臣曰：『太子保傅[2]，古难其选。成王幼小，以周、召为保傅，左右皆贤，足以长仁，政理太平，称为圣主。及秦之胡亥，始皇所爱，赵高作傅，教以刑法。及其篡也，诛功臣，杀亲戚，酷烈不已，旋踵亦亡[3]。以此而言，人之善恶，诚由近习。朕弱冠交游[4]，惟柴绍、窦诞[5]，为人既非三益[6]。及朕居兹宝位，经理天下，虽不及尧、舜之明，庶免乎孙皓、高纬之暴[7]。以此而言，复不由染，何也？』魏征曰：『中人可与为善[8]，可与为恶，然上智之人自无所染。陛下受命自天，平定寇乱，救万民之命，理致升平，岂绍、诞之徒能累圣德？但经云：「放郑声，远佞人[9]。」近习之间，尤宜深慎。』太宗曰：『善。』

注释

1 贞观十年：此篇明“洪武本”原置于“贞观二年”后，“贞观三年”前，今按年代顺序，移至此。

2 保傅：即太保、太傅，辅导太子的官。

3 旋踵：转动脚跟，比喻时间很快。

4 弱冠：古代男子到二十岁要行冠礼，以表示成年，故常以弱冠指代二十岁左右的男子。

5 柴绍：字嗣昌，唐晋州临汾人。隋时曾为元德太子千牛备身。唐高祖微时，妻之以女，即平阳公主。唐王朝创业时，累次征战有功，封霍国公，转右骁卫大将军。窦诞：唐初大臣，娶高祖女襄阳公主，曾从太宗征薛举，为元帅府司马，后曾任太常卿、梁州都督等职，封莘国公。

6 三益：三种长处。《论语》：“益者三友，友直、友谅、友多闻。”指正直、诚信、博学。

7 孙皓：三国吴亡国之主，淫虐不理国政。晋兵南下，攻陷建业，皓出降，晋废为归命侯，吴国遂亡。高纬：北齐后主，性骄纵，乱政害人，后被北周所掳。

8 中人：中等智能的人，即平常人。

9 “放郑声”二句：谓抛弃淫靡的音乐，远离奸邪小人。郑声，指春秋时期郑国的乐歌，古代认为郑声淫，故亦将“郑声”指代淫靡音乐。

译文

贞观十年（六三六），太宗对侍臣说："太子的辅导老师，自古以来就难于选取。周成王幼年继位，用周公旦、召公奭为太保、太傅，左右都是贤人，足够用来增长仁义，政治达到太平，被称为圣明君主。到秦朝的胡亥，始皇宠爱他，赵高做他的老师。赵高教以刑法。到胡亥篡位为帝后，就诛功臣、杀亲戚，残酷暴烈不止，很快就灭亡了。由此说来，人的善恶的确由亲近的人那里学来。我二十岁时交游的人，只有柴绍、窦诞等，他们不是有三种长处的人。到后来我居此帝位，治理天下，虽然赶不上尧、舜的圣明，大约也避免了孙皓、高纬的残暴。从这说来，又不是由亲近的人那里学来，是什么原因呢？"魏征说："中等智慧的人，可以与他做善事，可以与他做恶事。然而上等智慧的人，自然不会受其影响。陛下从上天那儿接受使命，平定盗贼制造的大乱，拯救万民的性命，治国达到太平，难道柴绍、窦诞这些人能够贬损陛下的德行？但经典上说：'抛弃淫靡的音乐，疏远奸邪的人。'亲信的人之间，尤其应该特别谨慎。"太宗说："好。"

赏析与点评

"人之善恶，诚由近习。"——孔子云"近朱者赤，近墨者黑"、"物以类聚"等，正是"人之善恶，诚由近习"的最佳注脚。人的为善为恶，往往受教导者、同侪、友辈的影响最深。年幼的周成王与秦二世的性格表现，估计相距不会太远，然而两人善恶、成败的最终差距如斯之远，不能不谓受到周公、赵高的诱导和影响所致。

贞观十一年，太宗谓魏征曰：『比来所行得失政化，何如往前？』对曰：『若恩威所加，远夷朝贡，比于贞观之始，不可等级而言。若德义潜通，民心悦服，比于贞观之初，相去又亦甚远。』太宗曰：『远夷来服，应由德义所加，往前功业，何因益大？』征曰：『昔者四方未定，常以德义为心，旋以海内无虞，渐加骄奢自溢。所以功业虽盛，终不如往初。』太宗又曰：『所行比往前何为异？』征曰：『贞观之初，恐人不言，导之使谏。三年已后，见人谏，悦而从之。一二年来，不悦人谏，虽僶勉听受[1]，而意终不平，谅有难色[2]。』

注释

1 僶（mǐn）勉：勤勉，努力。

2 谅：诚，确实。

译文

贞观十一年，太宗对魏征说："近来我所做的事的得失及政治教化，比以前如何？"魏征回答说："如果就恩泽声威所能达到，远处的外族前来朝贡的情况来说，与贞观初年相比是不能相提并论的。如果从德义与百姓心灵相通，民心高兴诚服来说，比贞观初年又相差很远。"太宗说："远方外族来归服，应当是由于施与德义，过去的功业为什么反而更大？"魏征说："过去天下未安定，常把德义铭记在心，不久，因国内平安无事，逐渐增加骄奢自满的情绪。所以，功业虽然盛大，德义始终赶不上贞观初年。"太宗又说："所做的事比以前有哪些不同？"魏征说："贞观初年，担心别人不进言，引导大家规谏。三年以后，见有人进谏，能高兴采纳听从。最近一两年来，不喜欢别人劝谏，虽然努力听取和接受，而内心始终不高兴，确实有为难的样子。"

赏析与点评

“德义潜通，民心悦服。”——在上位者，若能与百姓同心同德，道德行为上不必要强求一致，不搞形式主义，平民百姓自然会心悦诚服，治世亦自然出现。魏征认为贞观初年的成就，正是建基于此。

君臣鉴戒第六

本篇导读

《君臣鉴戒》篇的重点是以历史为镜子，引用历史上的经验教训，说明“君臣本同治乱，共安危，若主纳忠谏，臣进直言，斯故君臣合契，古来所重”的道理。太宗要臣僚懂得“君失其国，臣亦不能独全其家”的利害关系，又从多方面引用历史故事，提醒臣下注意竭尽为臣之道。魏征等大臣也以历史为鉴戒，要唐太宗做一位善始善终的有道明君，要他看清“首虽尊高，必资手足以成体。君虽明哲，必借股肱以致治”的道理。

贞观三年，太宗谓侍臣曰：『君臣本同治乱，共安危，若主纳忠谏，臣进直言，斯故君臣合契[1]，古来所重。若君自贤，臣不匡正，欲不危亡，不可得也。君失其国，臣亦不能独全其家。至如隋炀帝暴虐，臣下钳口，卒令不闻其过，遂至灭亡。虞世基等，寻亦诛死。前事不远，朕与卿等可得不慎，无为后所嗤！』

注释

1 合契：对合符契。古代早期的兵符、债券、契约多以竹木或金石制成，刻字后中剖为二，双方各执其一，两半对合则生效。这里引申为符合、投合。

译文

贞观三年，太宗对身边的大臣们说："君臣之间本应该同治乱，共安危，如果君主能够接纳忠诚的规谏，臣子敢于直言不讳，那就是君臣情投意合，这个是自古以来很受推重的。如果君主自以为是，臣子又不去进谏匡正，要想国家不危亡是不可能的。君主丧失了国家，臣子也不能单独保全自己的家庭。至于像隋炀帝那样暴虐，臣子都闭口不言，终于使他听不到自己的过失，最后导致国破身亡。虞世基等人不久也被诛杀。此事距今不远，我与大家不能不谨慎行事，千万不要让后人讥笑啊！"

赏析与点评

“君臣本同治乱，共安危。”——所谓“一荣俱荣，一辱俱辱”，太宗提出贞观君臣“同治乱，共安危”的思想。实际上，是建立一种崭新的君臣关系，摆脱了传统“君为臣纲”的政治关系，主动放下君主的尊贵身段，与大臣荣辱与共，在讲究“三纲五常”、“尊卑贵贱”等级秩序的古代社会，是非常难能可贵的事情。

贞观四年，太宗论隋日禁囚。魏征对曰：『臣往在隋朝，曾闻有盗发，炀帝令于士澄捕逐[1]，但有疑似，苦加拷掠，枉承贼者二千余人[2]，并令同日斩决。大理丞张元济怪之[3]，试寻其状，乃有六七人，盗发之日，先禁他所，被放才出，亦遭推勘[4]，不胜苦痛，自诬行盗。元济因此更究寻，二千人内惟九人逗遛不明。官人有谙识者，就九人内四人非贼。有司以炀帝已令斩决，遂不执奏，并杀之。』太宗曰：『非是炀帝无道，臣下亦不尽心。须相匡谏，不避诛戮，岂得惟行谄佞，苟求悦誉。君臣如此，何能不败？朕赖公等共相辅佐，遂令囹圄空虚[5]，愿公等善始克终，恒如今日！』

注释

1 于士澄：姓于名士澄。原为隋将，后率河北魏郡归降唐朝。

2 枉承：含着冤屈，被迫承认过犯。

3 大理丞：即大理寺的属官。大理寺是隋唐两朝负责判案刑狱的司法机构。

4 推勘：推究勘问案情。

5 囹圄（língyǔ）空虚：囹圄，监狱。牢狱中监禁的人很少，谓无冤案、错案的出现。

译文

贞观四年，太宗谈论隋朝囚牢问题时，魏征对曰：“我以往在隋朝时，曾听说发生了一件强盗案件，隋炀帝下令让将领于士澄去追捕罪犯。于士澄只要怀疑谁像贼，就马上拿下并严加拷打，被屈打而招认自己是贼的达二千多人，隋炀帝便下令将这二千多人在同一天斩首处决。负责刑狱的大理寺丞张元济感到奇怪，就试着查阅有关此案的文书档案，发现其中有六七人，在这件强盗案发生当天，已经被关押在狱中，此案发生后才获释，可是他们也被抓起来审讯，由于忍受不了酷刑的痛苦，自己供认参与了盗窃案。张元济更加认真地追究询问，结果发现两千人中，只有九个人在案发当天行踪不清。官吏中有了解案件的，知道九人中有四人根本不是盗贼。负责行刑的官署因为炀帝已下令处决，于是便不再以实情上奏，将二千人全部斩决。”太宗说：“不仅隋炀帝无道，他的臣子也不尽心办事，一定要匡正规谏，不怕诛杀，怎能专干谄媚奉承，苟且讨得国君欢心与称赞。君臣如是这样，哪能不失败？我仰仗你们共同辅佐，从而使牢狱空虚，希望你们善始善终，常像今天一样！”

赏析与点评

“囹圄空虚”——简简单单的四个字，其背后是蕴含着一幅“国泰民安，天下太平”的盛世滋生图。要国家达致“囹圄空虚”是殊不容易的事情，若非经济繁荣，教化昌盛，百姓服膺于朝廷管治。所谓“本立而道生”，“衣食足，知荣辱”，这些都是“囹圄空虚”的先决条件。

贞观六年，太宗谓侍臣曰：『朕闻周、秦初得天下，其事不异。然周则惟善是务，积功累德，所以能保八百之基。秦乃恣其奢淫，好行刑罚，不过二世而灭。岂非为善者福祚延长，为恶者降年不永[1]？朕又闻，桀、纣，帝王也，以匹夫比之，则以为辱。颜、闵[2]，匹夫也，以帝王比之，则以为荣。此亦帝王深耻也。朕每将此事以为鉴戒，常恐不逮，为人所笑。』魏征对曰：『臣闻鲁哀公谓孔子曰[3]：「有人好忘者，移宅乃忘其妻。」孔子曰：「又有好忘甚于此者，丘见桀、纣之君乃忘其身。」愿陛下每以此为虑，庶免后人笑尔！』

注释

1 降年不永：谓上天赐予人的寿命，不能长久。

2 颜：即颜回（前五二三至前四九〇），春秋末鲁国（今山东曲阜）人。字子渊，一作颜渊，孔子的得意门人，以德行著称。闵：即闵损（前五三六至前四八七），字子骞，春秋末期鲁国人。孔子七十二弟子之一，以德行修养而著称，在这方面和颜渊齐名。

3 鲁哀公：即姬将，春秋诸侯国鲁国第二十六任君主。他是鲁定公的儿子，承袭鲁定公担任该国君主，在位二十七年。

译文

贞观六年（六三二），太宗对身边的大臣们说：“我听说周朝、秦朝当初取得天下时，他们采取的方法并没有什么不同。然而周朝建国后只做好事，积累功德，所以能保持八百多年的基业。而秦朝却肆意骄奢淫逸，滥施刑罚，所以没超过两代就灭亡了。这难道不正是做善事的福禄长久，而作恶的年寿不长吗？我又听说夏桀、商纣虽是帝王，但以普通百姓与他们相比，百姓也觉得是一种耻辱。颜回、闵子骞是普通百姓，用帝王与他们相比，帝王也会引以为荣。这也是帝王深感羞惭的事。我经常把这些事引以为鉴，常担心自己的德行赶不上颜回、闵子骞而被人耻笑。”魏征说：“臣曾听说鲁哀公对孔子说：‘有一个健忘的人，在搬家时把他的妻子给忘了。’孔子说：‘还有比这个人更健忘的，我看像夏桀、商纣这样的国君就把自己也给忘了！’希望陛下常想到这些事情，以免被后人耻笑。”

赏析与点评

“桀、纣之君乃忘其身”——夏桀、殷纣贵为天子，富有四海，却意犹未尽，贪恋酒色，穷兵黩武，不知做天子所为何事，终趋于败亡。孔子认为桀、纣二人是忘却其本身的位置所在，完全没有履行天子的分内之事，结果成为后世的笑柄，绝对是咎由自取的，与人无尤。

贞观十四年，太宗以高昌平[1]，召侍臣赐宴于两仪殿，谓房玄龄曰：『高昌若不失臣礼，岂至灭亡？朕平此一国，甚怀危惧，惟当戒骄逸以自防，纳忠謇以自正。黜邪佞，用贤良，不以小人之言而议君子。以此慎守，庶几于获安也[2]。』魏征进曰：『臣观古来帝王拨乱创业，必自戒惧，采刍荛之议，从忠谠之言。天下既安，则恣情肆欲，甘乐谄谀，恶闻正谏。张子房[3]，汉王计画之臣[4]，及高祖为天子[5]，将废嫡立庶[6]，曰：「今日之事，非口舌所能争也。」终不敢复有开说。况陛下功德之盛，以汉祖方之，彼不足准。即位十有五年，圣德光被[7]，今又平殄高昌，屡以安危系意[8]，方欲纳用忠良，开直言之路，天下幸甚。昔齐桓公与管仲、鲍叔牙、宁戚四人饮[9]，桓公谓叔牙曰：「盍起寡人寿乎[10]？」叔牙奉觞而起曰[11]：「愿公无忘出在莒时[12]，使管仲无忘束缚于鲁时[13]，使宁戚无忘饭牛车下时。」桓公避席再拜曰：「寡人与二大夫能无忘夫子之言，则社稷不危矣！」』太宗谓征曰：『朕必不敢忘布衣时，公不得忘叔牙之为人也。』

注释

1 高昌：古城国名。国都昌城，在今新疆吐鲁番市东二十余公里哈拉和卓堡。公元六四〇年，唐太宗派侯君集远征高昌，灭其国，以其地为西州。

2 庶几：也许可以的意思。

3 张子房：即张良（？至前一八六），字子房。汉初大臣。相传为城父（今安徽省亳州）人。辅助刘邦灭项羽，平定天下，封为留侯。

4 汉王：即刘邦，项羽灭秦后，获封为汉王。

5 高祖：即汉高祖刘邦，字季。秦沛县（今属江苏）人，曾任泗水亭长。秦末群雄并起，沛人推刘邦起兵反秦，得谋士萧何、张良、陈平，大将韩信，以及原楚将彭越、英布等协助，最终击败项羽，建立汉王朝。

6 废嫡立庶：汉高祖刘邦原已立他和吕后所生的嫡子刘盈为太子。后因宠爱戚夫人，而以刘盈仁弱，欲废刘盈改立戚夫人之子刘如意为太子。吕后向张良求计，张良使刘盈以卑辞安车，迎取商山“四皓”（素为刘邦所景仰，四位隐居于商山甚具名望的长者）为辅。刘邦见此，便打消废立之意。嫡，嫡子，正妻、原配所生的儿子。庶，庶子，非正室所生的儿子，一般指妾之子。

7 圣德光被：谓皇帝的美德像光辉照耀天下。被，即披，照盖、照耀意。

8 系意：记挂内心之中。

9 鲍叔牙：春秋时齐国大夫。以知人称著。曾向齐桓公推荐管仲，齐国因而大治，开春秋霸业之先。宁（níng）戚：春秋时卫国人。家贫无资，为人挽车为生。至齐国后，一次喂牛时唱歌，提及尧、舜禅让之事。桓公听后觉得惊异，于是命管仲迎接宁戚，更拜之为上卿，后任相国。

10 盍：疑问副词，用与“何”同。实为“为何”之意。寡人：寡德之人，古代国君或诸侯自谦之词。寿：祝福。

11 奉觞：即举起酒杯。觞，古时盛酒器。

12 愿公无忘出在莒时：指希望齐桓公不要忘记被父王齐献公放逐而出奔于莒的艰辛日子。事见《史记·齐太公世家》。

13 使管仲无忘束缚于鲁时：请管仲不要忘记当年在鲁国被捆绑时的情景。事见《史记·齐太公世家》。

译文

贞观十四年（六四〇），太宗平定高昌国后，召见侍臣，在两仪殿设宴招待，太宗对房玄龄说：“高昌的国君如果不是失掉臣下的礼仪，怎会走到灭亡的地步！我平定了这样一个国家，心中更加感到危惧，只有力戒骄奢淫逸来自我提防，采纳忠直之言来匡正自己。罢黜奸佞，选用贤良，不拿小人的话来议论君子，用这种办法来谨慎守业，也许可以让国家获得安宁吧。”魏征进言说：“我看自古以来的帝王，他们在拨乱创业的时候，必定很谨慎，随时警戒自我，善于采纳平民百姓的意见，听从忠诚正直的建议。天下已安，他们就恣意放纵欲望，喜欢听谄媚阿谀的奉承话，厌恶刚正的规谏。张良是给汉王刘邦出谋划策的大臣，到刘邦做了皇帝时，打算废掉嫡子刘盈而立庶子如意为太子，张良说：‘今天的事，不是凭口舌可以争辩的’，始终不敢再以话语去开导高祖。何况陛下的功业、德义盛大，用汉高祖来相比，他是比不上的。陛下即位至今已有十五年，圣明的德泽像灿烂的光芒照耀四海，如今又消灭高昌，还多次将国家的安危记挂在心里，刚才又说想进用忠直贤良的人，大开直言规谏之路，这是天下的最大幸运。过去齐桓公曾与他的大臣管仲、鲍叔牙、宁戚一起饮酒，桓公对鲍叔牙说：‘为何不向我祝福呢？’叔牙举起酒杯站起来说：‘但愿君王不要忘记当年出奔莒国时的情景，管仲不要忘记在鲁国被捆绑时的状况，宁戚不要忘记于车下喂牛的境遇。’齐桓公听完叔牙的话，离开座席感谢叔牙说：‘我与两位大夫都不会忘记先生的话，那么，国家不会有什么危险了！’”太宗对魏征说：“我一定不敢忘记当老百姓时候的情景，你也不要忘记叔牙的为人啊！”

赏析与点评

“戒骄逸以自防，纳忠謇以自正。”——志骄意满、好逸恶劳是走向败亡的开始，所以太宗时刻以此为戒，警惕自己，丝毫不能落入此中，所谓“防微杜渐”是也。同时，更应察纳忠言，表扬耿直，以正己身，臻于至善。

贞观十四年，特进魏征上疏曰：『臣闻君为元首，臣作股肱，齐契同心，合而成体。体或不备，未有成人。然则首虽尊高，必资手足以成体。君虽明哲，必借股肱以致治。故《礼》云[1]：「民以君为心，君以民为体，心庄则体舒，心肃则容敬。」《书》云[2]：「元首明哉，股肱良哉，庶事康哉。」「元首丛脞哉，股肱惰哉，万事堕哉。」然则委弃股肱，独任胸臆，具体成理，非所闻也。』

『夫君臣相遇，自古为难。以石投水，千载一合，以水投石，无时不有[3]。其能开至公之道，申天下之用，内尽心膂[4]，外竭股肱，和若盐梅[5]，固同金石者，非惟高位厚秩，在于礼之而已。昔周文王游于凤皇之墟，袜系解，顾左右莫可使者，乃自结之。岂周文之朝尽为俊乂，圣明之代独无君子者哉？但知与不知，礼与不礼耳！……《礼记》称：鲁穆公问于子思曰[6]：「为旧君反服，古欤？」子思曰：「古之君子，进人以礼，退人以礼，故有旧君反服之礼也。今之君子，进人若将加诸膝，退人若将坠诸渊。毋为戎首，不亦善乎，又何反服之礼之有？」……孟子曰：「君视臣如手足，臣视君如腹心；君视臣如犬马，臣视君如国人；君视臣如粪土，臣视君如寇雠。」虽臣之事君无二志，至于去就之节，当缘恩之厚薄。然则为人主者，安可以无礼于下哉！』

注释

1《礼》：即《礼记》，是中国古代一部重要的典章制度书籍，是战国至秦汉年间儒家学者解释说明经书《仪礼》的文章选集，可说是关于中国古代礼乐文化的论著汇编。下文所引为《礼记·缁衣》篇里的内容。

2《书》：也称为《尚书》，是我国第一部上古历史文件和部分追述古代事迹著作的汇编，书中保存了商周特别是西周初期的一些重要史料。下文所引为《尚书·益稷》篇里的内容。

3“以石投水”四句：语出《文选·运命论》。意谓使石头顺从流水，千年才能偶然遇上一次；而让流水顺从石头，则时刻都在发生。比喻君臣之间的关系：“以石投水”比喻君臣互相投契，“以水投石”比喻臣言不为君主所听。

4心膂（lǚ）：心思与精力。

5和若盐梅：比喻君臣之间互相投契。语本《尚书·说命》“若作和羹，尔惟盐梅”。“盐”、“梅”都是古代的调味品。

6鲁穆公：即姬显，为春秋诸侯国鲁国的第二十九任君主。子思：名孔伋，字子思，孔子之孙。春秋战国时期著名的思想家。

译文

贞观十四年，特进魏征上书说：“臣听说君主就好像是人的头脑，臣子就好像是人的四肢，头脑和四肢协调一致，才能成为一个完整的人体。身体器官不完备，就不能成为一个完整的人。头脑虽然高贵重要，但必须借助四肢的配合，才能成为一个完整的人体。君主虽然英明，也必须借助大臣才能达到治理国家的目的。所以《礼记》中说：‘百姓把君主看成是自己的心，君主把百姓看成是自己的躯体。内心庄重，身体才会舒坦；内心严肃，面容才会恭敬。’《尚书》中说：‘君主英明，大臣贤良，诸事康宁！’又说：‘君主琐碎，大臣懒惰，万事不成！’那么，把作为四肢的大臣抛开，只凭君主的独断专行，能治理好国家的，我从来没有听说过。”

“君臣互相知遇，自古以来就是很难得的。就像是要让石头顺从流水，千年才能遇上一次；而让流水顺从石头，则无时不有。君臣能够秉持大公无私的道义，尽展天下人才的作用，君主在内尽心尽力，大臣在外竭力辅佐，二者融洽得就像羹里的盐和梅，坚固得如同金石，达到这样的境界，不是仅靠高官厚禄，而是在于以礼相待。以前周文王巡游于凤凰之墟，袜子带开了，看看左右，没有一个可供使唤的人，就自己将袜带系上。难道周文王的朝代全是有贤德的人，而今圣明的时代就偏偏缺少君子吗？只是君臣间知遇或不知遇、待之有礼或无礼罢了！……《礼记》上记载，鲁穆公询问子思说：'被斥退的臣子为他原来的君主服丧服，符合古制吗？'子思说：'古代有德的君主，用人的时候以礼相待，斥退人的时候也是以礼相待，所以有被斥退的臣子为旧君服丧的礼制。现在的君主，用人的时候就好像要把人抱在膝盖上，斥退人的时候就好像把人推入深渊。所以，被斥退的臣子不当戎首率兵来讨伐就不错了，哪里还有为旧君主服丧的礼节呢？'……孟子说：'君主看待臣子如同手足，臣子就把君主视为腹心；君主看待臣子如同犬马，臣子就把君主视同路人；君主看待臣子如同粪土，臣子就把君主视为仇敌。'虽然臣子侍奉君主不能有二心，至于在决定去留的原则上，应当根据君主对自己恩德的厚薄来定。那么做君主的，怎么可以对待臣下无礼呢？"

赏析与点评

"民以君为心，君以民为体。"——这是古书中所寄寓的君民典范。心与体，是表与里的关系。换句话说，古人认为最理想的君民关系是：百姓把君主视为自己的心目，将之常存于心中，而君主则视国民为自己的身体，是不可分割的部分。此段寄寓着民君相互依存，不可或缺。在某程度上，亦是"民本思想"的反映。

贞观十七年，太宗谓侍臣曰：『自古草创之主，至于子孙多乱，何也？』司空房玄龄曰：『此为幼主生长深宫，少居富贵，未尝识人间情伪[1]，理国安危，所以为政多乱。』太宗曰：『公意推过于主，朕则归咎于臣。夫功臣子弟多无才行，借父祖资荫[2]，遂处大官，德义不修，奢纵是好。主既幼弱，臣又不才，颠而不扶，岂能无乱？隋炀帝录宇文述在藩之功[3]，擢化及于高位[4]，不思报效，翻行弑逆，此岂非臣下之过欤？朕发此言，欲公等戒勖子弟[5]，使无愆犯，即国家之庆也。』太宗又曰：『化及与玄感[6]，即隋大臣受恩深者子孙，皆反，其故何也？』岑文本对曰：『君子乃能怀德荷恩，玄感、化及之徒，并小人也。古人所以贵君子而贱小人。』太宗曰：『然。』

注释

1 情伪：真情与虚伪，这里为人情世故之意。

2 资荫：因先代的功勋而授官封爵的称为资荫。

3 宇文述：字伯通，隋朝代郡武川（今内蒙古自治区）人。本姓破野头氏，投属鲜卑，后从其主姓宇文氏。入隋朝，因平陈有功，升任安州总管。后协助杨广谋太子之位。炀帝即位后，任宇文述为左卫大将军，封许国公，权倾朝野。

4 化及：宇文化及，即宇文述之子，宇文述临终前曾请炀帝照顾他的儿子。炀帝遂于述死后任化及为右屯卫将军。大业十四年（六一八）宇文化及与司马德勘于江都发动兵变，缢杀炀帝，立秦王杨浩为帝，自称大丞相。后又杀杨浩，自立为帝，国号许，年号天寿。次年为窦建德所擒杀。

5 戒勖（xù）：警戒勉励。

6 玄感：杨玄感，隋朝重臣杨素的儿子。袭父爵封楚国公。官至礼部尚书。大业九年（六一三），乘炀帝长驻江都，于关中起兵叛隋，后为隋军所杀。

译文

贞观十七年，太宗对侍臣说："自古以来，开创基业的君主，传位到子孙时，多发生祸乱，这是什么原因？"司空房玄龄说："这是因为幼主生长于深宫之中，从小就享受荣华富贵，不了解人世间人情真伪，不懂得治理国家的安危，所以执政后多发生祸乱。"太宗说："你的意见是把过错推给国君。我的意见是要归过于臣子。功臣的子弟多数没有才能德行，他们靠祖父、父亲功勋的荫庇当上大官，不培养道德礼义，奢侈放纵是其所好。国君既已幼弱，臣子又缺乏才能，国家倾危而不扶助，怎么能不发生祸乱呢？隋炀帝记下宇文述在他未任储君时辅佐他的功劳，提拔宇文化及任将军，宇文化及不思量报效，相反去做叛逆弑君的事，这不是臣子的罪过吗？我说这些话，是希望你们警戒勉励自己的子弟，使他们不要违背教导而犯罪，就是国家的庆幸了。"太宗又说："宇文化及与杨玄感是受国恩最深的大臣的子弟，后来都反隋。这其中的原因是什么呢？"岑文本回答说："君子才能感恩戴德，杨玄感、宇文化及这样的人都是小人，这便是古人尊重君子而鄙视小人的缘故。"太宗说："对。"

赏析与点评

"未尝认人间情伪，理国安危，所以为政多乱。"——年轻君主生于深宫之中，含着金锁匙出生，脱离民情，未曾经历民生疾苦，无实际生活体验，自然不知民之所需，不知民之所急，实难以掌握治国治民之道。他们执政掌权后，自然容易发生祸乱。正如，今天人们经常要求执政者必须跑到民间，体察民情，切忌在办公室内治国理政，道理是一样的。

择官第七

本篇导读

《择官》篇进一步阐述了唐太宗“致安之本，惟在得人”的思想和具体办法，记录了唐初“任官惟贤才”，知人善任，重视地方官选举等情况。一是要求主管大臣要把择官用人作为大事来处理。“公为仆射，当助朕忧劳，广闻耳目，求访贤哲”。一是要妥善办理从中央到地方的各级官吏的选拔和管理。“朝廷必不可独重内官，外刺史、县令，遂轻其选。”任人唯贤是“贞观之治”的一项重要内容，也是“贞观之治”赖以实现的基本保证。

贞观元年，太宗谓房玄龄等曰：『致治之本，惟在于审[1]。量才授职，务省官员。故《书》称：「任官惟贤才[2]。」又云：「官不必备，惟其人[3]。」若得其善者，虽少亦足矣；其不善者，纵多亦奚为？古人亦以官不得其才，比于画地作饼，不可食也[4]。《诗》曰：「谋夫孔多，是用不就[5]。」又孔子曰：「官事不摄，焉得俭[6]？」且「千羊之皮，不如一狐之腋[7]。」此皆载在经典，不能具道[8]。当须更并省官员，使得各当所任，则无为而治矣[9]。卿宜详思此理，量定庶官员位。』玄龄等由是所置文武总六百四十员。太宗从之，因谓玄龄曰：『自此倘有乐工杂类，假使术逾侪辈者，只可特赐钱帛以赏其能，必不可超授官爵，与夫朝贤君子比肩而立，同坐而食，遗诸衣冠以为耻累[10]。』

注释

1 审：明悉、审细。文中意为精简。

2 任官惟贤才：语出《尚书. 咸有一德》。

3“官不必备”二句：语见《尚书·周官》。意思是官员不一定要齐备，得到有德的人任官便可。

4 “古人亦以官不得其才”三句：语出《三国志·魏志·卢毓传》。

5 “谋夫孔多”二句：谓参加谋划事情的官员虽多，但不是贤能之士，所以事情办不成功。语出《诗经·小雅·小旻》。

6 “官事不摄”二句：语出《论语·八佾》。意思是每个官员都专职而不兼任其他职务，怎能谈得上节俭呢！

7 “千羊之皮”二句：语出《史记·商君列传》。意谓一千张羊皮的价值都比不上一只狐狸腋下的毛皮，比喻选官贵在得人。

8 具：通“俱”。

9 无为而治：指避免烦琐政治，不打扰百姓，便达到天下大治。

10 衣冠：士大夫、官员。

译文

贞观元年，太宗对房玄龄等大臣说："治国的根本，关键在于审察官吏。根据才能授予适当的官职，务必精简官员。所以《尚书》中说：'任官惟贤才。'又说：'官员不一定要齐备，只要任人得当。'如果得到好的官员，人数虽少也足够用了；如果得到不好的官员，人数再多又有什么用呢？古人也把没有选到适当的人才，比作在地上画饼，那是不能吃的。《诗经》中说：'谋划者中庸人多，所以事情办不成。'孔子又说：'做官的人一身不能兼二职，怎能谈得上节俭？'况且，'一千张羊皮的价值，不如一只狐狸腋下的皮毛昂贵。'这些话都记载在经典上，不能都讲出来。应当精简机构，减少官员，使各自担负起所任之职，这样就能做到无为而治了。你应认真考虑这其中的道理，衡量决定众官人数的多少。"房玄龄等因此设置文武官员总共六百四十人。太宗同意这一方案，便对房玄龄说："从此以后，倘若有乐工及从事其他杂务的人，技艺超过同行的，只能格外多给钱帛，以奖赏他们的技能，一定不能授给他们官爵，使他们与朝廷中的贤良君子并肩而立，同坐吃饭，给朝廷士大夫留下耻辱。"

赏析与点评

"致治之本，惟在于审。"——太宗明白地指出国家达到治世的本源，关键在于审察官吏。没有称职的官员队伍，只凭君主一人，根本不可能把国家治理得妥善。所以，拣选擢拔官员，是重中之重，甚至是国家治乱的根源。太宗重视官员队伍的组成，无疑是成就"贞观之治"的重要环节，亦是直接把致治之功，归因到官员队伍身上，肯定他们的成就贡献。

贞观二年，太宗谓房玄龄、杜如晦曰：『公为仆射，当助朕忧劳，广开耳目，求访贤哲。比闻公等听受辞讼，日有数百。此则读符牒不暇[1]，安能助朕求贤哉？』因敕尚书省，细碎务皆付左右丞[2]，惟冤滞大事合闻奏者，关于仆射。

注释

1 符牒（dié）：泛指公文凭证。符，古代朝廷命令或征调兵将用的凭证。

2 *左右丞*：官名。唐制，尚书省设左右丞各一人，协助尚书省长官——左右仆射，处理省内具体事务。对御史推选及要弹劾的不当之事，予以驳回。左丞分管吏、户、礼三部之事。右丞分管兵、刑、工三部之事。

译文

贞观二年，太宗对房玄龄、杜如晦说："你们身为仆射，应当为我分忧，协助我操劳国家大事，要耳听得远，眼看得宽，寻求察访贤明有智慧的人。近来听说你们听取和接受诉讼的状子，一天之内竟达数百件。这就是阅读公文已经没有空闲，哪里还能帮助我寻求贤士呢？"于是下了一道诏书命令尚书省，凡是细碎的事务，都交付左右丞处理，只有冤屈疑难的案件应该上奏的，才交付仆射。

贞观二年，太宗谓侍臣曰：『朕每夜恒思百姓间事，或至夜半不寐。惟恐都督、刺史堪养百姓以否[1]。故于屏风上录其姓名，坐卧恒看，在官有善事，亦具列于名下。朕居深宫之中，视听不能及远，所委者惟都督、刺史，此辈实治乱所系，尤须得人。』

注释

1 都督：唐制，高祖武德七年，改总管为都督，掌督府属诸州兵马、甲械、城隍、镇戍、粮廪，总判府事。

译文

贞观二年，太宗对身边的侍臣说："我每天夜里常想百姓当中的事情，有时到深夜还不能入睡。最担心的是地方州府的都督与刺史是否能好好地安抚、养育百姓。所以在屏风上记录下他们的名字，坐着和躺着都经常看看，官吏如果做了好事，也全写在他们的名字下边。我居住在深宫之中，所能看到和听到的不可能达到很远的地方，所依靠的就是各地的都督和刺史这些地方官员，这些人是关系到国家治乱的关键人物，所以特别要选择得当。"

贞观三年，太宗谓吏部尚书杜如晦曰：『比见吏部择人，惟取其言词刀笔，不悉其景行[1]。数年之后，恶迹始彰，虽加刑戮，而百姓已受其弊。如何可获善人？』如晦对曰：『两汉取人，皆行著乡闾[2]，州郡贡之，然后入用，故当时号为多士。今每年选集[3]，向数千人，厚貌饰词[4]，不可知悉，选司但配其阶品而已[5]。铨简之理[6]，实所未精，所以不能得才。』上乃将依汉时法，令本州岛郡辟召[7]，会功臣等将行世封。其事遂止。

注释

1 景行：崇高的德行。语出《诗经·小雅·车辖》。

2 行著：德行受到称著。汉代选拔官员有“贤良方正”、“孝廉”等科，由郡国官员举荐所属吏民授予郎官。乡闾：古以二十五家为闾，一万二千五百家为乡，因以“乡闾”泛指民众聚居之处。

3 选集：唐制吏部一年三次召集述职官人进行考核。

4 厚貌饰词：伪装忠厚。

5 选司：旧时主管铨选官吏的机构。

6 铨简：考虑选拔。

7 辟召：征召。

译文

贞观三年，太宗对吏部尚书杜如晦说："近来见吏部选拔官员，只按他的口才文笔来录取，而不全面考察其德行。数年之后，有些人的劣迹才开始暴露，就算是对他们加以刑杀，但百姓已深受其害。如何才能挑选出好的人才呢？"杜如晦回答说："两汉时选拔的人才，都是德行称著于乡间和闾里的人，由州郡将他们举荐给朝廷，然后才录用，所以当时号称人才济济。现在每年选拔官员，候选者云集，多达数千人，这些人伪装忠厚，用文辞掩饰，不可能完全地了解他们，主管铨选官吏的机构只能做到授予他们一定的等级品位而已。考虑选拔的方法实在不够精密，所以得不到真正的人才。"太宗于是打算依照汉代选拔官吏的办法，命令各州郡征召举荐，适遇功臣等将进行世袭封爵，这事就停下来了。

贞观六年，太宗谓魏征曰：『古人云，王者须为官择人，不可造次即用[1]。朕今行一事，则为天下所观；出一言，则为天下所听。用得正人，为善者皆劝；误用恶人，不善者竞进。赏当其劳，无功者自退；罚当其罪，为恶者戒惧。故知赏罚不可轻行，用人弥须慎择。』征对曰：『知人之事，自古为难，故考绩黜陟[2]，察其善恶。今欲求人，必须审访其行。若知其善，然后用之。设令此人不能济事，只是才力不及，不为大害。误用恶人，假令强干，为患极多。但乱代惟求其才，不顾其行。太平之时，必须才行俱兼，始可任用。』

注释

1 造次：仓促，匆忙。

2 黜陟（chùzhì）：指人才的进退，官吏的升降。

译文

贞观六年，太宗对魏征说："古人说，君主必须根据官职来选择合适的人才，决不可匆忙任用。我现在每做一件事，就被天下人看得到；每说一句话，就被天下人听得到。任用了正直的人，干好事的人就会得到劝勉；任用了坏人，不干好事的人就会竞相钻营。奖赏要与功绩相当，没有功绩的人就会自动退避；惩罚要与罪过相称，作恶的人就会有所戒惧。由此可知赏罚不可随便使用，用人更应该慎重选择。"魏征回答说："真正了解一个人，自古以来就是很难的，所以用考察政绩的办法来决定官职的升降，来观察人的善恶。现在要访求人才，必须慎重地考察他的品行。如果了解到他品行好，然后才可任用。即使他办的事并不成功，那也只是因为他的才干和能力达不到，不会造成大的危害。如果误用了品行恶劣的人，即使他精明能干，危害也极大。但在天下混乱时，往往只要求他的才能，顾不上他的品行。天下太平时，必须是德才兼备的人方才可以任用。"

赏析与点评

“行一事，则为天下所观；出一言，为天下所听。”——古代社会，天子言行举止，为天下表率，至为重要。所谓“上行下效”，太宗深明此道，了解自己一切的表现都为天下百官万民所仰视，影响至为深远，尤须慎思、慎言、慎行。

贞观十一年，侍御史马周上疏曰：『理天下者，以人为本。欲令百姓安乐，惟在刺史、县令。县令既众，不能皆贤，若每州得良刺史，则合境苏息[1]。天下刺史悉称圣意，则陛下可端拱岩廊之上[2]，百姓不虑不安。自古郡守、县令皆妙选贤德，欲有迁擢为将相，必先试以临人[3]，或从二千石入为丞相及司徒、太尉者[4]。朝廷必不可独重内官，外刺史、县令，遂轻其选。所以百姓未安，殆由于此。』太宗因谓侍臣曰：『刺史，朕当自简拣；县令，诏京官五品以上，各举一人。』

注释

1 苏息：休养生息。

2 岩廊：高峻的廊庑。借指朝廷。

3 临人：治民。这里指地方官员。

4 二千石：汉制。郡守俸禄为二千石，即月俸百二十斛。世因称郡守为“二千石”。丞相：官名。负责统领百官，辅佐皇帝治理国政。唐、宋以后尚书省或中书省有时设左、右丞相，相当于原来的尚书左右仆射，位居尚书令或中书令之次，握有实权。司徒：上古官名，职位相当于宰相。太尉：官名。秦代始设，为全国军政首脑。汉武帝时改称大司马。历代多沿置，但渐成加官，无实权。后成为对武官的尊称。

译文

贞观十一年，侍御史马周上书说："治理天下的人必须以人为本。要想让百姓安居乐业，关键在于选用好刺史和县令。县令的人数太多，不可能都贤能，如果每州能选得一个贤能的刺史，那么整个州郡内的百姓就都可休养生息。全国的刺史如果都能使陛下称心如意，那么陛下就可以拱手端坐在朝廷之上，不用担心百姓不能安居乐业。自古以来，郡守和县令都要精心选拔那些有贤德的人来担任，打算提升做大将或宰相的人，必定先让他们试做地方官，或者就从郡守中选拔入朝担任丞相及司徒、太尉。朝廷不能只重视内臣的选拔，而把刺史和县令置之度外，就轻易决定刺史和县令的人选。百姓之所以不能够安居乐业，原因大概就在这里。"太宗因此对侍臣说："刺史的人选，我应亲自选拔，县令的人选，责令在京任职的五品以上官员各自推荐一人。"

封建第八

本篇导读

“封建”是我国古代的一种政治制度，即“封土建国”或“封爵建藩”。君主把土地分给宗室和功臣，让他们在这土地上永享福禄。太宗曾认为封建亲贤，当是子孙长久之道；然而群臣却引用周、秦、汉、隋的历史教训上书，从各个角度说明了分封制的弊端，极力谏阻唐太宗推行这种制度。他们认为得失成败，各有由焉。政或兴衰，有关于人事。设官分职，任贤使能，以循良之才，膺共治之寄，才是治世之道。反而“封君列国，借其门资”，或忘其先业之艰难，或令受封者轻其自然之崇贵，以致世增淫虐，代益骄侈，最后国破人亡。

贞观元年，封中书令房玄龄为邢国公，兵部尚书杜如晦为蔡国公，吏尚书长孙无忌为齐国公，并为第一，食邑实封三千三百户[1]。皇从父淮安王神通上言[2]：『义旗初起，臣率兵先至，今房玄龄等人刀笔之人，功居第一，臣窃不服。』太宗曰：『国家大事，惟赏与罚。赏当其劳，无功者自退。罚当其罪，为恶者戒惧。则知赏罚不可轻行也。今计勋行赏，玄龄等有筹谋帷幄[3]，画定社稷之功。所以汉之萧何，虽无汗马，指踪推毂，故得功居第一[4]。叔父于国至亲，诚无爱惜，但以不可缘私滥与勋臣同赏矣！』由是诸功臣相谓曰：『陛下以至公，赏不私其亲，吾属何可妄诉。』初，高祖举宗正籍[5]，第侄、再从、三从童孤已上封王者数十人[6]。至是，太宗谓群臣曰：『自两汉已降，惟封子及兄弟，其疏远者，非有大功，如汉之贾、泽[7]，并不得受封。若一初封王，多给力役，乃至劳苦万姓，以养己之亲属。』于是宗室先封郡王其间无功者，皆降为县公[8]。

注释

1 食邑实封：唐太宗即位后，为了革除武德封赏过度的弊病，始定功臣实封差第，按其功之大小，以定实封户数多少，当时得实封的功臣有四十三人。

2 淮安王神通：神通即高祖李渊的从兄弟李神通。高祖起兵太原时，李神通自长安潜入鄠县，举兵响应，跟从李渊平定长安。武德元年，任右翊卫大将军，封淮安王。太宗即位后，授开府仪同三司，赐实封五百户。

3 筹谋帷幄：即运筹帷幄，在军营帐幕中筹划计谋。筹，本指古代记数和计算的用具。语出《汉书·五行志》：“筹所以记数。”

4 “汉之萧何”四句：汉高祖刘邦称帝后，对功臣论功行赏，群臣争功不决。高祖以萧何功最高，封其为酂侯，食邑八千户。其他功臣不服，都说：“（萧何）未有汗马之劳，徒持文墨议论，不战，顾居臣等上，何也？”高祖说：“夫猎，追杀兽者狗也，而发纵指示兽处者人也。今诸君徒能走得兽耳，功狗也；至如萧何，发纵指示，功人也。”群臣莫敢言。

5 宗正籍：宗室名籍。

6 再从、三从：即二传、三传的后代子孙。

7 贾、泽：即刘贾、刘泽。二人皆刘邦的从父兄。刘邦征项羽，使将二万人入楚，烧其积聚。刘邦平定天下后，封刘贾为荆王，后英布反，刘贾为英布所杀。刘泽，封为营陵侯，吕后当政时封为琅琊王，吕后死后，刘泽与齐王合谋，起兵至长安，诛除诸吕迎立代王刘恒为帝。因而刘泽获封燕王。

8 县公：唐制封分九等。县公第五等封爵，食邑一千五百户。

译文

贞观元年，封中书令房玄龄为邢国公，兵部尚书杜如晦为蔡国公，吏部尚书长孙无忌为齐国公，并列为第一等功臣，实际封给食邑三千三百户。太宗的叔父淮安王李神通上奏说："高祖起义的旗帜举起，我就率兵响应，现在房玄龄等都是舞文弄墨的文人，功勋列在第一等，我心里暗自不服。"太宗说："处理国家大事，要做好赏与罚。赏赐的要与功劳相当，无功之人就会自动退避。惩罚要与过错相当，作恶的人就会感到畏惧。由此可知，赏与罚是不可以轻易施行的。现在按照功勋大小行赏，房玄龄等人有运筹帷幄、用计谋安定国家的大功。所以汉朝的萧何，虽然没有在战场杀敌的功劳，但起了发布指示，定夺天下的重要作用，以他功居第一。叔父是朝廷至亲，我实在不是吝啬封赏，只是因为不能徇私，就随便与勋功卓著的臣子同样封赏！"于是各个功臣都说："陛下以最公正的态度对待臣下，赏赐不偏袒自己的亲属，我们还有什么可以妄自申说的。"起初，高祖建置宗室名籍，兄弟、子侄以至再传、三传子孙，孙童以上封为王的达几十人。至此，太宗对群臣说："自两汉以来，只是封儿子及兄弟为王，其他疏远的亲属，不是有大功，如汉朝的刘贾、刘泽那样，都不能受封。如果所有的亲属都封为王，多给他们从事苦力的人数，就是加重百姓的辛劳困苦，用来养活自己的亲属。"于是，宗室当中过去已为郡王而其中又没有功劳的，都降为县公。

赏析与点评

"赏当其劳，无功者自退。罚当其罪，为恶者戒惧。"——赏罚制度历来都是统治者用以维持国家稳定的工具。前者在于鼓励效忠，后者在于震慑罪恶，这是太宗口中的国家大事。因此赏罚必须公允，令无功者知所进退，令为恶者有所畏惧。

贞观十一年……中书舍人马周又上疏曰：『伏见诏书令宗室勋贤作镇藩部[1]，贻厥子孙，嗣守其政，非有大故，无或黜免。臣窃惟陛下封植之者[2]，诚爱之重之，欲其胤裔承守[3]，与国无疆，何则？以尧、舜之父，犹有朱、均之子[4]，况下此以还，而欲以父取儿[5]，恐失之远矣。傥有孩童嗣职，万一骄逸，则兆庶被其殃，而国家受其败。政欲绝之也，则子文之理犹在[6]；政欲留之也，而栾黡之恶已彰[7]。与其毒害于见存之百姓，则宁使割恩于已亡之一臣，明矣。然则向之所谓爱之者，乃适所以伤之也。臣谓宜赋以茅土[8]，畴其户邑[9]，必有材行，随器方授，则虽其翰翮非强[10]，亦可以获免尤累[11]。昔汉光武不任功臣以吏事，所以终全其世者，良由得其术也。愿陛下深思其宜，使夫得奉大恩，而子孙终其福禄也。』太宗并嘉纳其言。于是竟罢子弟及功臣世袭刺史。

注释

1 作镇藩部：即镇守藩部。指分封宗室及勋臣，让他们分别建立和镇守邦国，作为京师的藩篱。

2 封植：扶植栽培。

3 胤裔承守：后代承袭职守。胤裔，指子孙后代。

4 朱、均：指丹朱和商均。丹朱，唐尧之子，名朱。因封于丹水，故曰丹朱。因傲慢荒淫，尧禅位于舜。商均，舜之子。相传舜以商均不肖，乃使伯禹继位。在文献记载中常把商均与丹朱并用为不肖子之典型。

5 以父取儿：根据父亲的才能、德行来推荐儿子。

6 子文：楚国令尹，是一代贤相。他曾辅佐楚成王执掌国政。在治理国家、外交和军事方面，具有杰出的才能。这里的“子文之理”泛指先人的功劳。

7 栾黡（yǎn）之恶：指晋国大夫栾武子之子栾黡的劣迹。栾黡，栾书嫡子。栾书在悼公即位的事上起了决定性作用，一直得到悼公的优容。栾书死后栾黡担任晋国下军主将，作风强悍霸道，几乎得罪了当时的所有家族。栾黡死后不久，其子栾盈就被范氏驱逐。

8 茅土：指王、侯的封爵。古天子分封王、侯时，用代表方位的五色土筑坛，按封地所在方向取一色土，包以白茅而授之，作为受封者得以有国立社的表征。

9 畴其户邑：畴，相等。谓使他们的户口与食邑相等。

10 翰翮（hé）：羽翼。这里指才能、能力。

11 尤累：过失。

译文

贞观十一年……中书舍人马周又上书说："臣见到诏书命令宗室子弟和有功之臣到封地做刺史，并传位给他们的子孙，使其世代保守政权，没有大的原因，不得罢免。臣私下认为陛下对所封的人，确实是爱惜和器重他们，希望他们世袭承守职位，与国家一样万年无疆，为什么要这么做呢？像尧、舜这样的父亲，尚且有丹朱、商均这样的不肖子孙，何况尧、舜以下的人，要根据父亲的功德来推断儿子，恐怕相差得太远了。倘若有人在孩童时就承袭了父亲的职位，万一长大以后变得骄横淫逸起来，那么不但百姓遭殃，国家也会受其败坏。若要断绝他们的官职和封地，其先人的功劳尚在；若要保留他们的官职和封地，但其本人的过错已明显暴露。与其让这些人去毒害活着的老百姓，还不如断恩于一个已故的功臣，这是很明显的道理。这样一来，原来认为是对他们的爱护，其实恰恰是对他们的伤害。臣下认为，最好是给他们封一些土地，作为食邑，他们的子孙中确有才能者，可根据他们的才能授予官职，对那些能力不强的人，也可以免去过失和罪咎。过去东汉光武帝不让功臣担任政事，所以才能保全他们的一生，确实是由于他处理的方法得当啊。希望陛下深思有关事宜，使宗室和功臣能蒙受陛下的大恩，而他们的子孙也能终享福禄。"太宗非常赞赏马周的意见，并加以采纳。于是停止了分封宗室弟子和功臣世袭刺史的做法。

太子诸王定分第九

本篇导读

传统政治中，太子身为储君，将来必定会君临天下，统治万民。因此应预先确立名分，否则政争不已。历史上皇帝的兄弟、子孙为争夺皇位而发生刀兵相见、骨肉相残的悲剧多不胜数，因此早日确立太子和诸王的名分，确立太子的崇高地位，可杜绝其他人的非分之想，避免发生兄弟阋墙的惨剧，也是让国家长治久安的良策。贞观朝官员多认为应当尽早给诸王确定不同的名分，并严格遵循礼仪制度，做到厚薄有差，以绝非分之想，断绝祸患之源。

贞观七年，授吴王恪齐州都督[1]。太宗谓侍臣曰：『父子之情，岂不欲常相见邪？但家国事殊，须出作藩屏[2]。且令其早有定分，绝觊觎之心，我百年后[3]，使其兄弟无危亡之患。』

注释

1 吴王恪：即太宗第三子吴王李恪。出身显贵，其母乃隋炀帝的公主。甚得太宗宠爱，又言吴王类己。后来太子承乾与魏王泰因谋夺太子之位而遭贬黜，太宗一度欲立李恪为太子，因长孙无忌的反对，最后以长孙所力主的李治为太子，即日后的高宗。齐州：唐代齐州辖境在今山东省济南市、历城、章丘、禹城、齐河、临邑等县。州治所在历城，即今济南市。

2 出作藩屏：此谓到州郡任职，以屏藩京城。

3 百年：此为死亡身故的讳称。

译文

贞观七年，太宗任命儿子吴王李恪为齐州都督。太宗对侍臣说：“从父子的感情来说，岂有不希望时常互相见面的？但是家事和国事，事体轻重不同，他必须出任地方长官以屏藩京师。而且让他早有确定的名分，断绝非分之想，我死以后，使他们兄弟没有危亡的后患。”

赏析与点评

“早有定分，绝觊觎之心。”——所谓“名正言顺”，名分是古代社会定尊卑高低，以至种种政治、社会、伦理秩序的准则。当这种关系秩序确定下来，所有持份者必须无条件服从，不得有非分之想，否则会被视为破坏社会稳定和国家安宁，轻者受罚，重者伏诛。所以，早定名分，既可杜绝人们萌生篡夺的恶念，又可发挥稳定家国的作用。

贞观十一年，侍御史马周上疏曰：『自汉晋以来，诸王皆为树置失宜[1]，不预立定分，以至于灭亡。人主熟知其然，但溺于私爱，故使前车既覆而后车不改辙也。今诸王承宠遇之恩有过厚者，臣之愚虑，不惟虑其恃恩骄矜也。昔魏武帝宠树陈思[2]，及文帝即位[3]，防守禁闭，有同狱囚，以先帝加恩太多，故嗣王疑而畏之也[4]。此则武帝之宠陈思，适所以苦之也。且帝子何患不富贵？身食大国[5]，封户不少[6]，好衣美食之外，更何所须？而每年别加优赐，曾无纪极。俚语曰：「贫不学俭，富不学奢。」言自然也[7]。今陛下以大圣创业，岂惟处置见在子弟而已？当须制长久之法，使万代遵行。』疏奏，太宗甚嘉之，赐物百段[8]。

注释

1 树置：树立。这里指封授爵位或职务。

2 魏武帝：即曹操（一五五至二二〇），三国时政治家、军事家、诗人。字孟德，小名阿瞒，沛国谯县（今安徽亳州）人。东汉末年“挟天子以令诸侯”，控制东汉王朝。陈思：即曹植（一九二至二三二），为曹操第三子，文帝之弟，字子建，谥号思，故称陈思王。

3 文帝：即魏文帝曹丕（一八七至二二六）。

4 嗣王：继位的皇帝，这里指魏文帝曹丕。

5 身食大国：指分封的食邑很大。

6 封户：封赏的食户，供奉租税徭役。

7 自然：自己会形成那种情况。然，那样的意思。

8 物：财物。段：品类。

译文

贞观十一年，侍御史马周上书说：“自汉晋以来，分封诸王都因为封授的位置不当，没有预先确立名分，因而导致灭亡。国君们对这些事是很清楚的，但因为溺于个人感情，所以没有吸取前车之鉴而改变做法。现在诸王当中有过于受宠的，臣所忧虑的，不仅仅是他们倚仗宠爱而骄奢自大。从前魏武帝宠爱陈思王曹植，后来魏文帝曹丕即位，便对曹植防范禁制，使他就像在狱中的囚犯一样，这是因为先帝对他的恩宠太多，所以继位的君主对他就有所疑虑和惧怕了。魏武帝宠爱曹植，恰恰是害了他。况且，帝王的儿子还用得着担心没有富贵可享受，他们分封的食邑很大，封赐的食户也不少，穿好的衣服，吃好的食物，还有什么需要呢？何况每年还得到不计其数的额外优厚赏赐而没有限制。俗话说：‘贫不学俭，富不学奢。’意思是说，这些习性自然就会那样。现在陛下以圣明的德行开创帝业，难道仅仅是安顿好现在的子弟就算成功了吗？应当制定长远的制度，让万代子孙遵照执行。”奏章呈上后，太宗很赞许，赏赐他许多财物。

赏析与点评

“贫不学俭，富不学奢。”——贫穷人家，生活本来已捉襟见肘，何来有条件讲究节俭。富裕人家，生活已经丰足无缺，实不必再讲究奢侈享受。意思是任何事物顺其自然便可以，刻意强求，未必是好事。

贞观十三年，谏议大夫褚遂良以每月特给魏王泰府料物，有逾于皇太子，上疏谏曰：『昔圣人制礼，尊嫡卑庶。谓之储君，道亚霄极[1]，甚为崇重，用物不计，泉货财帛[2]，与王者共之。庶子体卑，不得为例，所以塞嫌疑之渐，除祸乱之源。而先王必本于人情，然后制法，知有国家，必有嫡庶。然庶子虽爱，不得超越嫡子，正体特须尊崇[3]。如不能明立定分，遂使当亲者疏，当尊者卑，则佞巧之徒承机而动，私恩害公，或至乱国。伏惟陛下功超万古，道冠百王，发施号令，为世作法。一日万机，或未尽美，臣职谏诤，无容静默。伏见储君料物，翻少魏王[4]，朝野见闻，不以为是。臣闻《传》曰：「爱子，教以义方[5]。」忠、孝、恭、俭，义方之谓。昔汉窦太后及景帝并不识义方之理[6]，遂骄恣梁孝王[7]，封四十余城，苑方三百里。大营宫室，复道弥望[8]，积财镪巨万计[9]，出警入跸[10]，小不得意，发病而死[11]。宣帝亦骄恣淮阳王[12]，几至于败，赖其辅以退让之臣，仅乃获免。且魏王既新出阁[13]，伏愿恒存礼训，妙择师傅，示其成败；既敦之以节俭，又劝之以文学。惟忠惟孝，因而奖之；道德齐礼，乃为良器。此所谓「圣人之教，不肃而成」者也[14]。』太宗深纳其言。

注释

1 道亚霄极：德行仅次于国君。道，名分。霄极，天空的最高处，这里指喻朝廷君王。

2 泉：古代钱币的名称之一。

3 正体：旧指承宗的嫡长子。

4 翻：通“反”，反而。

5 “爱子”二句：语出《左传·隐公三年》。意谓爱护子女，就要教育他们懂得道理规矩。义方，做事应该遵守的规范和道理。

6 汉窦太后：名漪房（前二〇五至前一三五），清河郡（今河北清河）人。出身于良家子女，吕后时，窦姬被选中去了代国。到了代国，代王刘恒非常喜欢她，先与她生了个女儿刘嫖，后又生了两个儿子：刘启和刘武。代王成为汉文帝后，于公元前一八〇年三月封窦姬为皇后，长子刘启立为太子，刘嫖封为馆陶长公主，幼子刘武先封为代王，后封为梁孝王。文帝去世后，景帝刘启即位，窦后成了皇太后。死后与文帝合葬霸陵。景帝：即汉景帝刘启（前一八八至前一四一），汉文帝刘恒长子。

7 梁孝王：汉文帝刘恒幼子刘武，先封为代王，后封为梁孝王。

8 复道弥望：复道，亦称辇道或阁道，是古代宫殿建筑中的一种类似长廊的木构建筑物，上下皆有行路。弥望，满目都是的意思。

9 财镪：钱财。镪，穿钱的绳子。引申为成串的铜钱，也泛指钱币。

10 出警入跸（bì）：古代帝王进出时所经之地都要戒备、清道，断绝行人。这里指梁孝王进出时的警戒和清道仪式都如同帝王。

11 "小不得意"两句：据《史记》记载，景帝时，栗太子被废，梁孝王入朝，欲代废太子为嗣，未获接纳，甚为不满，回到封国后便发病而死。

12 宣帝：即刘询（前九一至前四九），本名病已，字次卿。戾太子（刘据）孙，史皇孙刘进子，汉武帝的曾孙。继汉昭帝后即位。汉武帝晚年，太子刘据与其子都因巫蛊之祸而死，当时刘询年幼，流落民间，深知民间疾苦和吏治得失。元平元年（前七四）昌邑王被废后，霍光等大臣将他从民间迎入宫中，先封为阳武侯，于同年七月继位，时年十八岁。亲政后，励精图治，任用贤能，儒法并用；在经济上采取的重要措施是招抚游民，恢复和发展农业生产。淮阳王：淮阳王族开基始祖刘钦，是汉宣帝的二子，元康三年（前六五）受封为淮阳王，公元前四十八年就国，建都于陈（今河南淮阳）。刘钦在位三十六年去世，传位给儿子淮阳文王刘去。王莽篡位后，淮阳王国灭亡。

13 出阁：皇子出就藩封称"出阁"。

14 不肃而成：《孝经》引孔子语。意谓不须用严肃的态度来教化就有所成就。

译文

贞观十三年（六三九），谏议大夫褚遂良因为每月特别供给魏王李泰府里的物品超过了皇太子，而上书进谏说："从前圣人制定的礼制，尊重嫡子，抑制庶子。皇太子称之为储君，德行仅次于国君，极为高贵尊崇，所用的物资用不着限制，钱财货物，可以和国君共同享用。庶子的地位较低，不得拿嫡子来比较，以此来杜绝嫌疑，清除祸源。先王一定是根据人之常情来制定礼法的，明白有国有家，就必须有嫡有庶，这样才能安定有序。庶子即使被宠爱，也不得超过嫡子，因为嫡子的地位必须要特别尊崇。如果不能明确地确立他们的名分，就会使应当亲近的人反而疏远，应当尊崇的人反而卑贱，那些佞巧奸邪之徒就会乘机活动，因私宠而损害公道，惑乱人心，扰乱国家。陛下的功业超越了万古，德行冠于百王，发出的政策诏令亦是后世的楷模。陛下日理万机，有时未必妥善，但臣子的职责就是谏诤，不容许沉默不言。为臣的看到供应太子的物资，反而比魏王少，朝野或民间听到后都认为这样做不对。臣听说《左传》上说：‘爱护子女，就要教育他们懂得道理规矩。’忠、孝、恭、俭，就是做人的正道。以前汉朝的窦太后和汉景帝都不懂得这个道理，于是娇惯梁孝王，赐给他四十多座城，其苑囿方圆达三百里。梁孝王大肆修建宫室，建造的楼阁复道举目相望，积聚的钱财数以万计，进出时的警戒和清道仪式都如同帝王，但后来稍有不如意，就病发死了。汉宣帝放纵娇惯淮阳王，几乎导致国家败亡，幸亏有谦逊的大臣辅佐，才使他免于灾难。魏王是新近出藩到封地就任的，臣希望陛下要常用礼义教导他，好好为他选择师傅，用国家成败的道理来启示他；既要他勤俭节约，又要用文章学问来劝勉他。尽忠尽孝，就予以奖励；用道德来引导他，用礼仪来约束他，这样才能使他成为有用的人才。这就是所谓‘圣人的教化，不用疾言厉色就能使人成器’的道理。”太宗完全接受他的意见。

赏析与点评

“爱子，教以义方。”——古人认为爱护子女，不仅仅给予物质需要，最重要的是教育下一代懂规矩，明礼仪。其实，放诸今天，以这样的态度来栽培子女，亦绝不过时。现代社会以小家庭为主，小朋友往往万千宠爱在一身，成为家庭，以至家族的焦点，物质不至缺少，所欠者，反而是规矩与礼仪。

尊敬师傅第十

本篇导读

太宗认为“不学则不明古道，而能政致太平者未之有也。”凡是圣明的帝王，都有道德高尚的师傅。太子与诸王地位高贵，尽享荣华，教育不当便会变得骄奢淫逸，自取灭亡。贞观君臣对于约束皇子、尊师重学的重要性有十分深刻的认识，其所规定的具体做法确实有助于限制皇子的骄纵情绪，从而提高他们的个人素质。

贞观三年，太子少师李纲有脚疾[1]，不堪践履[2]，太宗赐与步舆入东宫[3]，诏皇太子引上殿亲拜之[4]，大见崇重[5]。纲为太子陈君臣父子之道，问寝视膳之方，理顺辞直，听者忘倦。太子尝商略古来君臣名教、竭忠尽节之事，纲懔然曰[6]：『托六尺之孤，寄百里之命[7]，古人以为难，纲以为易。』每吐论发言，皆辞色慷慨，有不可夺之志[8]。太子未尝不耸然礼敬[9]。

注释

1 李纲：字文纪，观州蓚（今河北景县）人。贞观初任太子少师，五年卒。

2 践履：穿鞋走路。

3 步舆：一种皮塾的木制便轿。东宫：即太子府。

4 引：即牵引，此为搀扶的意思。

5 大见崇重：显得非常尊重。“见”同“现”，显示。

6 懔然：态度严肃的样子。

7 “托六尺之孤”二句：语出《论语·泰伯》中曾子的话。谓臣下受嘱托辅佐幼君。六尺之孤，指年龄在十五岁以下的孤儿。百里之命，指方圆百里的公侯国的政令。

8 不可夺之志：语出《论语·子罕》“匹夫不可夺志也。”即不能迫使改变的志向、原则。

9 耸然：很尊敬的样子。“耸”通“竦”。

译文

贞观三年，太子的老师李纲的脚部有病，不能穿鞋走路。太宗赐他乘坐步舆进入东宫太子府，诏令皇太子搀扶他上殿亲自拜见，显得十分尊重。李纲给太子讲述君臣父子的伦理，以及问寝视膳的礼节，道理中肯，言辞恳切，使听讲的人忘记了疲倦。太子曾经讨论自古以来君臣必须遵循的原则，以及尽忠尽节的事，李纲严正地说："接受托孤，辅佐幼君，代理国政，古人认为困难，我认为容易。"他每逢发表言论，言辞态度都慷慨激昂，有不可迫使改变的意志。太子从来没有不肃然起敬的。

赏析与点评

"辞色慷慨，有不可夺之志。"——当我们说话时感情洋溢，言辞慷慨激昂，往往会给别人一种意志坚定、不能动摇的感觉，因而较容易获得别人的敬佩与尊重。从老师李纲面对李承乾这个太子学生时，所表现出的从容态度，慷慨言辞，后人便知道什么是"辞色慷慨，有不可夺之志"。

贞观六年，诏曰：『朕比寻讨经史[1]，明王圣帝，曷尝无师傅哉[2]？前所进令，遂不睹三师之位[3]，意将未可。何以然？黄帝学大颠，颛顼学录图，尧学尹寿，舜学务成昭，禹学西王国，汤学威子伯，文王学子期，武王学虢叔。前代圣王，未遭此师，则功业不著乎天下，名誉不传乎载籍。况朕接百王之末，智不同圣人，其无师傅，安可以临兆民者哉？《诗》不云乎：「不愆不忘，率由旧章[4]。」夫不学则不明古道，而能政致太平者未之有也！可即著令，置三师之位。』

注释

1 比：近来，指时间。寻讨：探讨、研究。

2 曷（hé）尝：何尝、未尝。

3 “前所进令”二句：据《隋书》所载，隋废三师之位，至贞观十一年复置，与三公皆不设属官。三师，北魏以后以太师、太傅、太保为三师，都是古代与天子坐而论道和辅导太子的官员。

4 “不愆不忘”二句：语出《诗经·大雅·假乐》，意思是要按照前代规矩办事，不要失误，不要忘记。愆，过失，差错，罪过。率，遵循。旧章，老法规。

译文

贞观六年，太宗下诏说：“我近来研讨经史，凡是圣明的帝王，哪一个没有师傅呢？先前所呈上来的官职的法令中竟不见有三师的职位，想来不妥。为什么呢？黄帝曾向大颠学习，颛顼曾向录图学习，尧曾向尹寿学习，舜曾向务成昭学习，禹曾向西王国学习，汤曾向威子伯学习，文王曾向子期学习，武王曾向虢叔学习。前代的圣明君主，如果不曾受这些老师的教育，他们的功业就不会显扬天下，他们的声名也不会在史籍中记载流传。何况我位居历代帝王之后，智慧比不上圣人，如果没有师傅的指教，怎么能够统率亿万百姓呢？《诗经》上说：‘不犯过失不忘本，一切按照老规矩办事。’如果不学习，就不明白古人的治国之道，不这样而能使天下太平的是从来没有过的！应当立即拟定法令，设立三师的职位。”

赏析与点评

“不学则不明古道”——这里所谓的古道，是指儒家思想所推崇的上古美政。儒家提倡，法先王，恢复三代美政，以尧、舜、禹、汤、文、武、成王、周公等明主贤君和先贤先圣为学习对象，希望重建“王者仁政”的新盛世。

贞观八年，太宗谓侍臣曰：『上智之人，自无所染，但中智之人无恒，从教而变。况太子师保[1]，古难其选。成王幼小，周、召为保傅[2]。左右皆贤，日闻雅训，足以长仁益德，使为圣君。秦之胡亥[3]，用赵高作傅。教以刑法，及其嗣位，诛功臣，杀亲族，酷暴不已，旋踵而亡。故知人之善恶，诚由近习。朕今为太子、诸王精选师傅，令其式瞻礼度[4]，有所裨益。公等可访正直忠信者，各三两人。』

注释

1 太子师保：即指太师、太保。古人教育太子有师有保，统称“师保”。

2 周、召：周公旦（武王弟）和召公。保傅：古代保育、教导太子等贵族子弟及未成年帝王、诸侯的男女官员，统称为保傅。

3 胡亥：即秦二世。

4 式瞻：瞻仰效法的意思。

译文

贞观八年，太宗对身边的大臣们说：“智慧高明的人，自然不会受周围环境的熏染，但智慧中等的人就不稳定了，会随着所受的教育而改变。况且太子的师保人选，自古以来就很难选择。周成王年幼的时候，周公和召公担任太傅、太保。左右都是贤明之人，他天天接受有益的教导，足以增长仁义道德，于是成为了圣明的国君。秦朝的胡亥，起用赵高做他的太师。赵高用苛刑峻法来教育他，等到秦二世继位之后，就诛戮功臣，屠杀宗族，残暴酷毒，很快就灭亡了。因此可知，人的善恶确实可以受到周遭环境和左右亲近的习染和影响。我如今为太子、诸王精心挑选师傅，让他们瞻仰效法礼节制度，得到补益。你们可以寻访正直忠诚信义的人，各推荐三两个人。”

赏析与点评

“中智之人无恒，从教而变。”——社会上，智虑一般的平凡人往往是占大多数的。日常生活中，我们这些平凡人总会出现各种各样的不足与缺陷，唯有透过教育，不断地学习，才能让我们纠正错误，改过迁善。

教戒太子诸王第十一

本篇导读

自古以来，国君王侯能保全自己的，为数很少。他们自幼富贵，不知稼穑艰难，骄傲懒惰，贪图享受，以致违法乱纪，不免自取灭亡。太宗总结历史的教训，对子弟严加教导和训戒，力图使他们自守分际，谨慎修身，以期常保富贵。他认识到“舟所以比人君，水所以比黎庶，水能载舟，亦能覆舟。尔方为人主，可不畏惧”的深刻道理。他考察了前代的历史教训，认为凡是拥有一方土地的诸侯，其兴盛必定是由于积善，其败亡必定是由于积恶。其核心思想就是要求诸王戒骄奢、知礼度，因此太宗对他们的严格约束不失为防微杜渐的明智之举。

贞观七年，上谓太子左庶子于志宁、杜正伦曰[1]：『卿等辅导太子，常须为说百姓间利害事[2]。朕年十八，犹在人间[3]，百姓艰难，无不谙练[4]。及居帝位，每商量处置，或时有乖疏，得人谏诤，方始觉悟。若无忠谏者为说，何由行得好事？况太子生长深宫，百姓艰难，都不闻见乎？且人主安危所系，不可辄为骄纵[5]。但出敕云「有谏者即斩」，必知天下士庶无敢更发直言。故克己励精，容纳谏诤，卿等常须以此意共其谈说。每见有不是事，宜极言切谏，令有所补益也。』

注释

1 于志宁：唐京兆高陵（今属陕西）人。字仲谧。贞观三年任中书侍郎、太子左庶子。曾上《谏苑》二十卷劝谏太子。

2 利害事：指生活困苦的情况。

3 人间：即民间。“民”作“人”，避唐太宗讳。

4 谙练：熟悉。

5 辄：专擅，倚恃妄为。

译文

贞观七年，太宗对太子左庶子于志宁、右庶子杜正伦说：“你们辅导太子，应该经常给他讲百姓中生活困苦的事情。我十八岁还在民间，百姓的艰难困苦，没有不熟悉的。到了登上帝位，每逢考虑处理事情，有时还有错误疏漏的地方，得到别人直言劝谏，才能够领悟。如果没有忠心规谏的人劝说，怎能做出好事？何况太子在深宫中成长，百姓的艰难，都不能听到见到呢？而且国君是关系到国家安危的人，不能仗势骄淫放纵。只要下诏令说‘规谏的人要杀头’，就必然知道天下的百姓和读书人不敢再说真话了。所以，要克制自己的私欲，振奋精神，容许采纳直言规劝，你们应该经常拿这个道理和太子谈论。每当见到有不对的事情，应该极力规劝，使他得到帮助。”

赏析与点评

“犹在人间，百姓艰难，无不谙练。”——太宗指出自己十八岁之时，依然在民间生活，所以深切体会、了解到百姓的疾苦与需要。正由于太宗早年的历练，为后来太宗“以民为本”思想的提出，积累了经验，为“贞观之治”的出现，做出铺垫。

贞观十八年，太宗谓侍臣曰：『古有胎教世子[1]，朕则不暇。但近自建立太子，遇物必有诲谕。见其临食将饭，谓曰：「汝知饭乎？」对曰：「不知。」曰：「凡稼穑艰难[2]，皆出人力，不夺其时[3]，常有此饭。」见其乘马，又谓曰：「汝知马乎？」对曰：「不知。」曰：「能代人劳苦者也，以时消息，不尽其力，则可以常有马也。」见其乘舟，又谓曰：「汝知舟乎？」对曰：「不知。」曰：「舟所以比人君，水所以比黎庶，水能载舟，亦能覆舟。尔方为人主，可不畏惧？」见其休于曲木之下，又谓曰：「汝知此树乎？」对曰：「不知。」曰：「此木虽曲，得绳则正。为人君虽无道，受谏则圣。此傅说所言[4]，可以自鉴。」』

注释

1 胎教：一种对胎儿施行教育的方法。孕妇谨言慎行，心情舒畅，给胎儿以良好影响，谓之“胎教”。传说周文王的母亲怀孕的时候，眼睛不看邪恶的东西，耳朵不听不健康的音乐，嘴里不说恶语脏话。她晚上就命乐官朗诵诗歌及演奏高雅的音乐给她听，因此周文王一生下来就很聪明。

2 稼穑（sè）：谓农事。稼，耕种。穑，收获。

3 不夺其时：指征集劳役不占用农事季节。

4 傅说所言：事载《尚书·商书》。商王武丁的辅佐大臣傅说对他说：“惟木从绳则正，后（帝）从谏则圣。”

译文

贞观十八年，唐太宗对侍从的大臣们说：“古时候曾有胎教世子的传说，我却没有时间考虑这事。但最近自册立太子以来，遇到事物都要对他教诲晓谕。见他对着饭菜准备吃饭时，我便问他：‘你知道饭是怎样来吗？’他回答说：‘不知道。’我说：‘凡是种庄稼的农事都很艰难辛苦，全靠农民出力，不要违背农业时令，才常有这样的饭吃。’看到他骑马，又问他：‘你对马了解吗？’他回答说：‘不知道。’我说：‘马能够代替人做许多劳苦的工作，要让它按时休息，不耗尽它的气力，这样就可以常有马骑。’看到他乘船，又问他：‘你对船了解吗？’他回答说：‘不知道。’我说：‘船好比是君主，水好比是百姓，水能浮载船，也能掀翻船。你不久将做君主了，对这个道理怎能不感到畏惧呢？’看到他靠在弯曲的树下休息，又问他：‘你对这棵树了解吗？’他回答说：‘不知道。’我说：‘这树虽然长得弯曲，但用墨绳校正就可加工成平正的木材。做君主的虽然有时德行不高，但只要能够接纳规谏，也会成为圣明之君。这是傅说讲的道理，可以对照自己作为鉴戒。’”

赏析与点评

“稼穑艰难，皆出人力，不夺其时，常有此饭。”——所谓“谁知盘中物，粒粒皆辛苦”，农作物的收成，是农民的血汗成果。所以，古代天子特别重视农业生产，常有“劝农”之举。国家政策的推行，亦会配合农闲之时，好让农民完成农事之后，才报效朝廷，即所谓“不夺农时”，这样才能保证“常有此饭”。

贞观七年，太宗谓侍中魏征曰：『自古侯王能自保全者甚少，皆由生长富贵，好尚骄逸，多不解亲君子远小人故尔。朕所有子弟，欲使见前言往行，冀其以为规范。』因命征录古来帝王子弟成败事，名为《自古诸侯王善恶录》，以赐诸王。其序曰：『观夫膺期受命[1]，握图御宇[2]，咸建懿亲[3]，藩屏王室，布在方策[4]，可得而言……凡为藩为翰[5]，有国有家者，其兴也必由于积善，其亡也皆在于积恶。故知善不积不足以成名，恶不积不足以灭身。然则祸福无门，吉凶由己，惟人所召，岂徒言哉！今录自古诸王行事得失，分其善恶，各为一篇，名曰《诸王善恶录》，欲使见善思齐，足以扬名不朽；闻恶能改，庶得免乎大过。从善则有誉，改过则无咎。兴亡是系，可不勉欤？』太宗览而称善，谓诸王曰：『此宜置于座右，用为立身之本。』

注释

1 膺期受命：受命登基。膺期，承受期运。指受天命为帝王。

2 握图御宇：掌握版图，治理天下。

3 懿亲：至亲。特指皇室宗亲、外戚。

4 方策：同“方册”，典籍。

5 藩：篱笆，藩篱。这里指封建王朝的属国或属地。翰：通“干”，草木的茎秆。这里引申为骨干，指受分封、保国家的王子或皇室宗族。

译文

贞观七年，太宗对侍中魏征说：“自古以来的王侯，能够自我保全的很少，都是因为生长在富贵的环境中，喜欢骄奢淫逸，多数人不懂得亲近君子、远离小人的缘故。我想让所有的子弟都能知道前代王侯的言行，希望他们以此作为行为的规范。”于是命令魏征辑录自古以来帝王子弟的成败事迹，取名为《诸王善恶录》，分别赐给诸王。此书的序言说：“历来受命登基的帝王，掌握版图，治理天下，都分封自己的皇室宗亲、外戚做诸侯，让他们做王室的屏藩，这都记载在史册中，历历可考……凡是拥有一方土地的诸侯，有国有家的，其兴盛必定是由于积善，其败亡必定是由于积恶。由此可知，不积善不足以成就功名，不积恶不至于败国亡身。然而祸福不是注定的，吉凶全在于自己，由人招致，这难道是空话！现辑录自古以来诸王行事得失的事例，把善恶分为两类，各为一篇，取名为《诸王善恶录》，希望能够使太子诸王效法美善的德行，得以扬名不朽；闻恶能改，避免犯下大错。从善就一定会受到赞誉，改过就会无灾。这是关系到国家兴亡的事，怎能不以此自勉呢？”太宗阅读后称好，对诸王说：“这应当放在你们座右，用作立身的原则。”

赏析与点评

“善不积不足以成名，恶不积不足以灭身。”——庄子云“为善无近名，为恶无近刑”，人们行善之时，哪会想到赚取名声，否则就失去行善的意义；人们作恶之时，也不会想到刑罚的苦果，否则便不会做坏事。然而民间智慧则认为，不积善不足以成就功名，不积恶不至于败国亡身。前者，放任自然；后者，积极进取。两者各有胜长，或可相互补充。

贞观十年，太宗谓荆王元景、汉王元昌、吴王恪、魏王泰等曰[1]：『自汉已来，帝弟帝子，受茅土、居荣贵者甚众，惟东平及河间王最有令名[2]，得保其禄位。如楚王玮之徒[3]，覆亡非一，并为生长富贵，好自骄逸所致。汝等鉴诫，宜熟思之。拣择贤才，为汝师友，须受其谏诤，勿得自专。我闻以德服物，信非虚说。比尝梦中见一人云虞、舜，我不觉竦然敬异，岂不为仰其德也？向若梦见桀、纣，必应斫之[4]。桀、纣虽是天子，今若相唤作桀、纣，人必大怒。颜回、闵子骞、郭林宗、黄叔度虽是布衣[5]，今若相称赞，道类此四贤，必当大喜。故知人之立身，所贵者惟在德行，何必要论荣贵。汝等位列藩王，家食实封，更能克修德行，岂不具美也？且君子、小人本无常，行善事则为君子，行恶事则为小人，当须自克励，使善事日闻，勿纵欲肆情，自陷刑戮。』

注释

1 荆王元景：指太宗弟李元景（？至六五三），唐高祖李渊第六子。武德三年（六二〇）封为赵王。汉王元昌：即李元昌，唐高祖庶七子，武德三年封鲁王，贞观十年封汉王。

2 东平：即东汉东平王刘苍。刘苍是东汉开国皇帝刘秀的儿子，建武十五年（三十九）封东平公，十七年（四十一）晋爵为王。刘苍博学多才，东汉明帝刘庄对他很器重，每次外出巡视，都把京城交给他管理。刘苍虽然地位很高，却毫无骄奢淫逸的贵族习气，而且很关心百姓的生活，为东汉初年的太平盛世做出了重要贡献。河间王：即西汉河间王刘德，汉景帝的儿子，武帝异母兄。以皇子的身份受封为河间王。他喜好儒学，不曾卷入诸王争权的政治旋涡，他将毕生精力投入于收集及整理中国古籍，一时之间刘德贤名传遍天下。后刘德遭武帝猜疑，终忧悒成疾而死。汉武帝念其功劳，遂赐谥为“献王”。

3 楚王玮：指西晋楚王司马玮，字彦度。晋武帝第五子。初封始平王，后徙封于楚，都督荆州诸军事。武帝死，入朝为卫将军，与贾后合谋除杨骏。汝南王司马亮辅政，司马玮又与贾后合计捕杀汝南王司马亮。贾皇后恶亮又忌玮，于是使惠帝为诏，言楚王矫诏害亮，且欲诛朝臣，图谋不轨，司马玮被下廷尉，遂斩之。

4 斫（zhuó）：砍杀。

5 郭林宗：即东汉郭泰（一二八至一六九），字林宗，太原郡介休（今山西介休）人。郭泰素有大志，就读于成皋屈伯彦门下。三年之后，竟博通“三坟五典”。有弟子千人，名震京师，士林以为典范。黄叔度：名宪，字叔度。东汉汝南慎阳（今河南正阳）人。叔度家世代贫居，自幼苦读经书，遂成饱学之士。他德才非凡，为天下名士所敬服。

译文

贞观十年，太宗对荆王李元景、汉王李元昌、吴王李恪、魏王李泰等人说：“自汉朝以来，皇帝的兄弟和儿子受封王爵、享受荣华富贵的人非常多，只有汉朝的东平王、河间王名声最好，能保守自己的俸禄和地位。像晋朝的楚王司马玮之类，国灭身亡的不止一例，都是因为生长在富贵当中，喜好骄纵淫逸所造成的。你们应该以此作为鉴戒，好好想一想。选择贤良的人做你们的师傅和朋友，你们必须接受他们的谏诤，不得自以为是、独断专行。我听说以德服人，确实不是虚妄的说法。最近我曾梦见一个人，他自称是虞舜，便不禁对他肃然起敬，这难道不是因为崇慕他的德行吗？如果当时梦见的是桀、纣，我一定会拿刀去砍他们。桀、纣虽然是天子，现在如果将某人称作桀、纣，此人必定会大怒。颜回、闵子骞、郭林宗、黄叔度虽然都是普通百姓，现在如果称赞某人与这四位贤人相似，此人必定会非常高兴。由此可知人立身处世，最可贵的是德行，何必要讲荣华富贵。你们位列藩王，衣食有封地食邑做保障，要是能勤修德行，岂不是更完善了吗？况且君子和小人本来就不是固定不变的，做善事就是君子，做恶事就是小人。你们应当自己克制私欲，刻苦自励，使人每天都能听到你们的善事，不要放纵情欲，使自己陷入刑罚之中。”

赏析与点评

“人之立身，所贵者惟在德行，何必要论荣贵。”——人立身处世，最重要、最可贵的是对道德行为的修养，而无必要斤斤计较于荣华富贵、功名利禄的追求。故而儒家亦以“立德”为人生的终极理想。

规谏太子第十二

本篇导读

武德九年（六二六）十月，太宗刚刚即位，便将年仅八岁的李承乾立为太子，并选择德高望重的大臣做他的老师，严格教导。初时，李承乾积极上进，能识大体，颇得太宗和朝廷大臣的好评。但由于李承乾生于深宫之中，渐渐变得养尊处优，喜好声色，溺于畋猎，生活日益荒唐颓废。大臣们虽恪尽职守，用历史上许多经验和教训屡屡直言规劝太子，可惜这些规谏不为太子李承乾所采纳。太宗的期望变成了失望，太子李承乾渐被疏远，最终酿成政变阴谋，被废黜至死。李承乾虽遭废黜，但贞观君臣对教诫太子的高度重视还是值得称道的。

贞观五年，李百药为太子右庶子。时太子承乾颇留意《典》、《坟》[1]，然闲宴之后，嬉戏过度。百药作《赞道赋》以讽焉，其词曰：『下臣侧闻先圣之格言，尝览载籍之遗则。伊天地之玄造[2]，洎皇王之建国，曰人纪与人纲[3]，资立言与立德。履之则率性成道，违之则罔念作忒[4]。望兴废如从钧[5]，视吉凶如纠纆[6]。至乃受图膺箓[7]，握镜君临[8]。因万物之思化，以百姓而为心。体大仪之潜运[9]，阅往古于来今。尽为善于乙夜，惜勤劳于寸阴。故能释层冰于瀚海[10]，变寒谷于蹛林[11]。总人灵以胥悦，极穹壤而怀音。』

注释

1《典》、《坟》：是《五典》、《三坟》的简称，夏商之前的古文献资料，已失传。这里借指各种古代文籍。

2 伊：用在某些词语前面，表示加强语气。玄造：犹造化。

3 人纪、人纲：人之纲纪。指立身处世的道德规范。

4 罔念：谓不思为善。忒：差错。这里指走向邪路。

5 从钧：顺从天意。钧，上天。

6 纠纆（mò）：绳索。这里引申为缠绕联结。

7 受图膺箓（lù）：承受天命。图，河图。膺，受。箓，符命。图、箓都是古代天子将兴的符应。

8 握镜：执持明镜。喻帝王受天命，怀明道。

9 大仪：太极。指形成天地万物的混沌之气。潜运：悄悄运转。

10 瀚海：蒙古大沙漠的古称。

11 蹛（dài）林：匈奴秋社之处。匈奴土俗，秋社绕林木而会祭，故称。这里借指匈奴。

译文

贞观五年，李百药任太子右庶子。当时，太子李承乾对《五典》、《三坟》等古代典籍兴趣浓厚，然而在悠闲的时候，却嬉游过度。于是，李百药就写了一篇《赞道赋》来劝喻太子。赋中说：“下臣听说过前代圣贤的格言，浏览过古代典籍的遗训。自天地开辟，皇王建立国家，就有人伦纲纪，用来帮助树立言论和德行。实行它就能成就道德，违背它就可能走向邪路。看国家的兴废如同顺从天意，观人事的吉凶如同缠绕联结。现今我大唐国君承受天命，胸怀明道，君临天下。必须按照万物的规律办事，要以百姓的利益作为根本。体察天地运行的规律，纵览古今的历史经验。要孜孜不倦地日夜做善事，勤劳治政，珍惜光阴。因此能让瀚海中的冰雪融化，让边远寒冷的蹛林变为阳春。让海内百姓都欢欣喜悦，让天下都传颂皇帝的美好名声。”

贞观十三年，太子右庶子张玄素以承乾颇以游畋废学，上书谏曰：『臣闻皇天无亲，惟德是辅[1]，苟违天道，人神同弃。然古三驱之礼[2]，非欲教杀，将为百姓除害。故汤罗一面，天下归仁[3]。今苑内娱猎，虽名异游畋，若行之无恒[4]，终亏雅度。且傅说曰：「学不师古，匪说攸闻[5]。」然则弘道在于学古，学古必资师训。既奉恩诏，令孔颖达侍讲[6]，望数存顾问，以补万一。仍博选有名行学士[7]，兼朝夕侍奉。览圣人之遗教，察既往之行事，日知其所不足，月无忘其所能，此则尽善尽美。夏启、周诵焉足言哉！夫为人上者，未有不求其善，但以性不胜情[8]，耽惑成乱。耽惑既甚，忠言尽塞，所以臣下苟顺，君道渐亏。古人有言：「勿以小恶而不去，小善而不为[9]。」故知祸福之来，皆起于渐。殿下地居储贰，当须广树嘉猷[10]。既有好畋之淫[11]，何以主斯匕鬯[12]？慎终如始，犹恐渐衰，始尚不慎，终将安保！』

注释

1 “皇天无亲”二句：语出《论语·蔡仲之命》。意思是苍天对人不分亲疏，只保佑有德行的人。

2 三驱：古王者田猎之制。谓田猎时须让开一面，三面驱赶，以示好生之德。一说，田猎一年以三次为度。

3 “汤罗一面”二句：意谓张布罗网仅止一面，天下都归服于他的仁义。据《史记》记载，商汤出猎时，见四面张网，恐禽兽被杀绝，于是就命令撤去三面之网，并祷告说：“想往左就往左，想往右就往右，不听话的就进入罗网。”商汤因仁慈而赢得天下之心。

4 行之无恒：无常。这里指没有节制。

5 “学不师古”二句：意谓在学习上不师法古代圣贤，我还不曾听说过。语出《尚书·商书·说命》。原文为：“学于古训乃有获。事不师古，以克永世，匪说攸闻。”匪，通“非”。攸，所。

6 侍讲：给太子讲授经学的官员。

7 学士：学识渊博的人。

8 性不胜情：理性不能克制感情。性，此指理性。

9 “勿以小恶而不去”二句：语出《三国志·蜀志·先主传》，原文是：“勿以恶小而为之，勿以善小而不为。”意思是不要因为小小的坏事就不改正，不要因为小小的好事就不做。

10 嘉猷（yóu）：治国的好规划。这里指好的德行。

11 好畋之淫：嗜好打猎的恶习。淫，既多且坏。

12 主斯匕鬯（chàng）：主持那些国家的事务。匕鬯，这里指国家的事务。

译文

贞观十三年，太子李承乾因为常常打猎荒废学业，太子右庶子张玄素上书规谏说：“臣听说，苍天对人不分亲疏，只佑助有德之人，如果有人违背天意，人和神都要抛弃他。古代对打猎所规定的‘三驱’之礼，不是教人嗜杀，而是要为百姓除害。所以商汤打猎时，张布罗网仅止一面，天下都归服于他的仁义。如今殿下在宫苑里打猎玩乐，名义上虽然和出外游猎有所区别，但是如果没有节制，终究有伤您儒雅的气度。况且傅说曾经说过：‘在学习上不师法古代圣贤，我还不曾听说过。’既然如此，弘扬道德就应该学习古礼，而学古必须依靠师傅的训导。既然已经奉圣上恩诏，令孔颖达为太子讲解经书，就希望殿下常常能以事咨询，万一有所不足也可以弥补。还应该广泛选择一些有德行的饱学之士，早晚侍读。可以多学习圣人的遗教，经常审查自己以往的言行，每天都能知道自己的不足之处，每个月不忘自己学会的东西，这样就会尽善尽美了。夏启、周诵又有什么值得称道的！作为君主，没有不愿意追求美德的，只是因为有时理智不能克制情欲，沉溺迷惑才造成昏乱。如果沉溺迷惑得厉害了，就会听不进忠言，因此臣下随意附和，国君之道就会逐渐亏损。古人曾说过：‘不要因为过错很小就不去改正，也不要因为善事很小就不屑去做。’因此要知道祸福的发生，都是从小事慢慢地开始的。殿下身居太子的地位，应当广泛建树好的德行。已经养成嗜好游猎的毛病，将来如何担起主持朝政的重任？谨慎从事，至终如始，尚且担心有时会慢慢地懈怠，如果一开始就不慎重，又怎能保持到最后！”

赏析与点评

“皇天无亲，惟德是辅，苟违天道，人神同弃。”——首两句，前文已论及，今详论后两句。天道是什么？其实不言而喻，就是公平无私，天只会眷顾德善之人。反之，若违天道，罔顾德善，结果不仅为世人所唾弃，更会遭天谴，有报应。

仁义第十三

本篇导读

唐太宗主张“以仁义诚信为治”的治国主张。他认为，自古以来用仁义治国的，国家气运就会长久。强调“为国之道，必须抚之以仁义，示之以威信，因人之心，去其苛刻，不作异端，自然安静”，“行仁义则灾害不生”。太宗的“君道”学说，核心内容是传统儒家的仁政和仁义思想，这也是他当政后推行让步政策、宽简刑罚、轻徭薄赋的理论基础。本篇和下面的《崇儒学》等篇，都反映了唐初统治者尊崇儒学、重视道德教化、主张省刑慎罚、以仁义治天下的思想。

贞观元年，太宗曰：『朕看古来帝王，以仁义为治者，国祚延长；任法御人者[1]，虽救一时，败亡亦促。既见前王成事，足是元龟。今欲专以仁义诚信为治，望革近代之浇薄也[2]。』黄门侍郎王珪对曰：『天下凋丧日久，陛下承其余弊，弘道移风，万代之福，但非贤不理，惟在得人。』太宗曰：『朕思贤之情，岂舍梦寐[3]！』给事中杜正伦进曰：『世必有才，随时所用，岂待梦傅说，逢吕尚，然后为治乎？』太宗深纳其言。

注释

1 任法御人：谓用法令治理百姓。

2 浇薄：指人情轻薄，风气虚浮。

3 岂舍梦寐：即“梦寐岂舍”，在梦中也不忘记之意。

译文

贞观元年，太宗说：“我看自古以来的帝王，以仁义治理国家的，国运长久；用刑法治理百姓的，即使能够暂时纠正弊病，国家败亡也很迅速。既已见到前代帝王的往事，足可以作为借鉴。如今打算专拿仁义诚信治理国家，希望革除近来人情轻薄虚浮的风气。”黄门侍郎王珪回答说：“天下德行仁义损伤丧亡很久了，陛下承接它留下来的弊病，发扬道德仁义，改变风气，这是万代的福分。但是没有贤人不能治理国家，关键在于得贤人。”太宗说：“我思念贤人的心情，在梦中也没有忘记！”给事中杜正伦进言说：“世上必有人才，随时可供任用，岂有等待梦见傅说，遇到吕尚，然后才治理国家的呢？”太宗很同意他的话。

赏析与点评

“任法御人者，虽救一时，败亡亦促。”——秦任法而速亡，发人深省。是故自汉以来，为政者俱崇尚“德主刑辅”的理念，提倡先以德育教化百姓，即导之以礼，若无效，才齐之以刑。所以，太宗深信单靠刑法来治理天下，虽能收一时之效，但最终只会加快国家败亡的速度。

贞观二年，太宗谓侍臣曰：『朕谓乱离之后，风俗难移。比观百姓渐知廉耻[1]，官人奉法，盗贼日稀，故知人无常俗，但政有治乱耳。是以为国之道，必须抚之以仁义，示之以威信，因人之心，去其苛刻，不作异端[2]，自然安静。公等宜共行斯事也！』

注释

1 廉耻：廉洁和羞耻。

2 异端：指违背正道的事情。

译文

贞观二年，太宗对身边的大臣们说："我认为在国家乱离之后，社会风气很难在短时间内变好。近来看到百姓都逐渐懂得了廉耻，官吏百姓都能奉公守法，盗贼日渐减少，从而知道没有一成不变的风俗，只是施政有治乱好坏的区别。所以，治国之道，必须用仁义来安抚百姓，向他们展示威严和诚信，要顺应民心，废除严刑酷法，不做违背正道的事情，天下自然会安定平静。你们应当共同努力做好这件事！"

贞观四年，房玄龄奏言：『今阅武库甲仗[1]，胜隋日远矣。』太宗曰：『饬兵备寇虽是要事[2]，然朕惟欲卿等存心治道，务尽忠贞，使百姓安乐，便是朕之甲仗。隋炀帝岂无甲仗不足，以至灭亡，正由仁义不修，而群下怨叛故也。宜识此心，当以德义相辅。』

注释

1 甲仗：兵器。

2 饬兵：修整兵器。

译文

贞观四年，房玄龄奏言说："最近检查武库兵器，看见所藏的兵器远比隋代充足。"太宗说："修整兵器防备寇贼虽然是要紧事，但是我只希望你们留心治理国家的策略，务必竭尽忠诚，使百姓安居乐业，那便是我的兵器。隋炀帝难道没有兵器？恰恰足以导致他灭亡的，正是由于他不修仁义，百姓怨恨背叛的缘故啊。你们要理解我这个心意，应当以德行仁义来辅助我。"

贞观十三年，太宗谓侍臣曰：『林深则鸟栖，水广则鱼游，仁义积则物自归之。人皆知畏避灾害，不知行仁义则灾害不生。夫仁义之道，当思之在心，常令相继，若斯须懈怠，去之已远。犹如饮食资身，恒令腹饱，乃可存其性命。』王珪顿首曰：『陛下能知此言，天下幸甚！』

译文

贞观十三年，太宗对身边的大臣们说：“树林茂密了鸟儿就会来栖息，江湖广阔了群鱼就会来游弋，仁义积累得深厚了百姓就自然会来归顺。人们都知道躲避灾害，但不知道施行仁义就能使灾害不发生。仁义之道应该牢记在心，经常让它持续不断，如果有片刻懈怠，就会远离仁义。这就好像人饮食是为了保养身子，经常使肚子吃饱，才可以维持生命。”王珪叩头说：“陛下能知道这些话，天下百姓太幸运了。”

赏析与点评

“仁义积则物自归之”——太宗认为统治者若有高尚崇厚的仁义道德修养，则天下百姓自然心悦诚服地接受其管治。“以德服人，天下归心”，就是这样的意思。

忠义第十四

本篇导读

太宗一再下令表彰历代那些“固守忠义，克终臣节”的官吏及其子孙，以此鼓励当代和后世臣民誓死效忠君王。而魏征等臣僚则认为忠义应是君臣双方面的事，他以当年豫让之语回应说：“臣昔事范、中行，范、中行以众人遇我，我以众人报之。智伯以国士遇我，我以国士报之。”所以“在君礼之而已，亦何谓无人焉”。这是魏征替唐太宗设计的培育忠臣的途径。

贞观元年，太宗尝从容言及隋亡之事[1]，慨然叹曰：『姚思廉不惧兵刃[2]，以明大节。求诸古人，亦何以加也！』思廉时在洛阳。因寄物三百段[3]，并遗其书曰：『想卿忠义之风，故有斯赠。』初，大业末，思廉为隋代王侑侍读[4]，及义旗克京城时，代王府僚多骇散，惟思廉侍王，不离其侧。兵士将升殿[5]，思廉厉声谓曰：『唐公举义兵[6]，本匡王室。卿等不宜无礼于王！』众服其言，于是稍却，布列阶下。须臾，高祖至，闻而义之，许其扶侑至顺阳阁下。思廉泣拜而去。见者咸叹曰：『仁者有勇，此之谓乎[7]！』

注释

1 从容：此谓闲暇时候便谈论。

2 姚思廉：原为隋代王杨侑的侍读学士。唐高祖时，任秦王文学，贞观初，任著作郎、弘文学馆士。曾撰《梁书》和《陈书》两正史。

3 物：此指布帛之类。段：古时布帛的长度单位。

4 代王侑（yòu）：隋炀帝元德太子的儿子，即炀帝孙，封为代王。炀帝十三年南巡，命杨侑留守大兴。李渊攻克大兴后，立杨侑为皇帝。

5 升殿：登上宫殿。

6 唐公：即李渊，太原起义时，李渊的爵位是为唐国公。

7 "仁者有勇"二句：意思是：古人说仁人有勇气，说的是这种人吧。语出《论语·宪问》。

译文

贞观元年，太宗曾在闲暇时谈到隋朝灭亡的故事，感慨地叹息说："姚思廉不惧怕杀戮，因而表现了崇高的节操。考察古人，也没有什么人超过他的！"姚思廉这时在洛阳。太宗于是寄送布帛三百段，并写信给他："怀念你的忠义风格，所以赠送这些东西。"起先，隋大业末年，姚思廉任代王杨侑的侍读学士，到了起义的军队攻克京城时，代王府的下属大多害怕得四处逃散，只有姚思廉侍候代王，不离开他的身边。义军的兵士准备登上宫殿，姚思廉声音严厉地说："唐公举兵起义，本来是为了匡救皇室。你们不能对代王无礼！"兵士们信服他的话，于是稍微退却，分布在台阶下。一会儿，唐高祖来到，听说此事，认为姚思廉忠义，允许他扶代王杨侑到顺阳阁下。姚思廉哭泣下拜，然后离去。看见的人都叹说："仁义的人有勇气，说的就是这种人吧！"

贞观六年，授左光禄大夫陈叔达礼部尚书[1]，因谓曰：『武德中，公曾进直言于太上皇，明朕有克定大功，不可黜退云。朕本性刚烈，若有抑挫，恐不胜忧愤，以致疾毙之危。今赏公忠謇，有此迁授。』叔达对曰：『臣以隋氏父子自相诛戮，以致灭亡。岂容目睹覆车不改前辙？臣所以竭诚进谏。太宗曰：『朕知公非独为朕一人，实为社稷之计。』

注释

1 光禄大夫：唐朝时为文职官员，从二品，掌议论及顾问应对诏命。陈叔达：字子聪，陈宣帝第十六子，少以才学知名。唐高祖时，封江国公。贞观初加授光禄大夫，贞观九年去世。

译文

贞观六年，任命光禄大夫陈叔达为礼部尚书。太宗就此事对他说："武德年间，你曾经向太上皇如实报告，说明我有攻克天下的大功劳，不能贬斥降职等。我生性刚烈，如果受到压抑挫折，恐怕承受不住忧愤，以致造成生病死亡的危险。现在奖赏你忠诚正直，给予这次提拔任命。"陈叔达回答说："臣因为隋朝父子自相残杀，导致败亡，哪能容许自己眼看前人失败，后人却不吸取经验教训？臣因此竭尽忠诚进谏。"太宗说："我知道你不光是为我一人，实在是为国家打算。"

萧瑀，贞观中为尚书左仆射。尝因宴集[1]，太宗谓房玄龄曰：『武德六年已后，太上皇有废立之心[2]。我当此日，不为兄弟所容，实有功高不赏之惧[3]。萧瑀不可以厚利诱之，不可以刑戮惧之，真社稷臣也。』乃赐瑀诗曰：『疾风知劲草，板荡识诚臣[4]。』瑀拜谢曰：『臣特蒙诫训，许臣以忠谅，虽死之日，犹生之年[5]。』寻进拜太子太保。

注释

1 因：于，意为在某一时。

2 废立之心：即太宗自谓，当年唐高祖因为他功业日盛，曾私许立改他为太子。后被李建成、李元吉及妃嫔进谮，高祖才放弃这想法。

3 功高不赏之惧：功劳太大，无法奖赏，反而担心被妒忌受迫害。

4 “疾风知劲草”二句：比喻在危难时才显出人的意志坚强、忠诚正直。板荡，乱世的代称。语出《诗经・大雅》有《板》、《荡》篇，都是说周厉王无道的乱世故事。

5 “虽死之日”二句：意思是实现了自己的最大愿望，即使死去也如同活着一样。后世常省作“虽死犹生”，用于为正义而献身的行为。

译文

萧瑀，贞观年间任尚书左仆射，太宗曾在设宴招待群臣时，对房玄龄说：“武德六年以后，太上皇曾有废弃原来太子，而许诺立我为太子的打算。我在那个时候，得不到兄弟的容纳，实在是担心功劳大无法赏赐，反而遭到妒忌迫害。萧瑀不受厚利诱惑，不怕刑戮威胁，真是国家的栋梁。”于是赐诗给萧瑀云：“疾风知劲草，板荡识诚臣。”萧瑀拜谢说：“臣这样特殊受到陛下的训诫，称许我忠实诚信，臣即使死去也如同活着一样。”不久，晋升萧瑀为太子太保。

赏析与点评

“疾风知劲草，板荡识诚臣。”——只有经历疾风、狂风的吹袭而屹立不倒的，才是充满生命力的劲草。同样，天下动荡，家国濒危之际，便越发显示出哪些才是竭尽忠诚的忠臣。这与孔子说的“岁寒然后知松柏之后凋也”是同一道理，都是说明任何人与事，必须经历危难考验，方可突显其坚毅不屈的意志。

孝友第十五

本篇导读

忠、孝在不同的时代有着不同的含义。在古代，即指忠于国君，孝于父母，是古人看重的两条最高道德标准。“孝子之门，忠义存焉”，这是儒家的观点，也是历代推崇孝道的原因。本篇列举了若干行孝、友悌的故事，以及唐太宗对他们的赞扬和赏赐，反映出太宗对儒家伦理道德始终持赞许和提倡的态度，其目的就是要臣下对封建君主必须忠心不二，以维护其对人民的统治。这同时是“贞观之治”中尊崇儒学、重视教化的具体体现。

司空房玄龄事继母，能以色养[1]，恭谨过人。其母病，请医人至门，必迎拜垂泣。及居丧，尤甚柴毁[2]。太宗命散骑常侍刘洎就加宽譬[3]，遗寝床、粥食、盐醋。

注释

1 色养：谓承顺父母颜色。后因称人子和颜悦色奉养父母或承顺父母颜色为“色养”。

2 柴毁：谓居丧悲伤过度，损害了健康，骨瘦如柴。

3 宽譬：宽慰劝解。

译文

司空房玄龄侍奉继母，能够承顺父母和颜悦色，恭谨的态度超过常人。他继母生病，请来的医生到了门前，一定流泪迎拜。到了办丧事的时候，房玄龄十分悲伤，以致骨瘦如柴。太宗派散骑常侍刘洎前去宽慰劝解，并赠给他寝床、粥食和盐醋。

虞世南，初仕隋，历起居舍人。宇文化及弑逆之际，其兄世基时为内史侍郎[1]。将被诛。世南抱持号泣，请以身代死。化及竟不纳。世南自此哀毁骨立者数载[2]，时人称重焉。

注释

1 内史侍郎：隋朝内史省下设侍郎、舍人，都是要职，协同掌管全国政令构思和草拟。

2 哀毁骨立：居丧哀伤过度，损害健康，瘦得像皮包骨。

译文

虞世南，起初在隋朝任职，历任起居舍人。宇文化及弑君叛逆的时候，他的兄长虞世基当时任内史侍郎的职位，将被诛杀。虞世南抱着兄长大声哭泣，请求以自身代替兄长受刑。宇文化及竟然不同意。虞世南从此哀伤度日，骨瘦如柴好几年，当时的人都称赞推许他。

韩王元嘉[1]，贞观初为潞州刺史。时年十五，闻太妃有疾[2]，便涕泣不食。及至京师发丧，哀毁过度。太宗嗟其至性[3]，屡慰勉之。元嘉闺门修整[4]，有类寒素士大夫[5]。与弟鲁哀王灵夔甚相友爱[6]，兄弟集见，如布衣之礼。其修身洁己，当代诸王莫能及者。

注释

1 韩王元嘉：唐高祖第十一子，李元嘉。少好学，藏书达万卷，并用古文校定同异，得到当时人的称赞。

2 太妃：指韩王之母。隋大将军宇文述的女儿，为唐高祖昭仪，很受宠爱。

3 至性：即天性。谓其诚挚。

4 修整：指修身持家而有教养。

5 寒素士大夫：谓家境贫寒的读书人。

6 鲁哀王灵夔（kuí）：唐高祖第十九子，李灵夔。是韩王元嘉的同母弟。好学，工草书，善音律。

译文

韩王元嘉，贞观初年任潞州刺史，当时十五岁。听说太妃生病，就哭泣不吃饭。等到来京师送丧，哀伤毁瘠超过礼节要求。太宗赞叹他天性诚挚，屡次安慰勉励他。元嘉全家修身持家有教养，跟贫寒家境的读书人家相类似。他和同母弟鲁哀王灵夔互相非常友爱，兄弟聚会，按照普通百姓的礼节。他修养自身保持纯洁，当时各位王公贵族没有谁及得上他们。

贞观中，有突厥史行昌直玄武门[1]，食而舍肉，人问其故，曰：『归以奉母。』太宗闻而叹曰：『仁孝之性，岂隔华夷？』赐尚乘马一匹[2]，诏令给其母肉料。

注释

1 史行昌：人名。姓史名行昌。突厥族人本姓“阿史那”，进入中原后改汉姓“史”。

2 尚乘：即指尚乘局，官署名。管理皇家马匹的官署。隋炀帝置，为殿内省六尚局之一。唐因其制。

译文

贞观年间，有个名叫史行昌的突厥人在玄武门值班，吃饭时挑出菜里的肉不吃，有人问他是什么缘故，他回答说：“拿回家侍奉母亲。”太宗听了以后感叹地说：“仁孝的品性，哪里会有华夏与四夷的区别呢？”于是赐他尚乘局的马一匹，并诏令给他母亲供应肉食。

赏析与点评

“仁孝之性，岂隔华夷？”——太宗强调仁孝是人的共同品性，不会有华夏与蛮夷的区别。循此可以证明太宗信服华夷一家，心中并无“贵中华而贱夷戎”的汉文化本位主义。

公平第十六

本篇导读

本篇以“公平”命名，主要是阐述君王处理政事，贵在公正平允。太宗强调官员处事不公，奸邪之徒就有机可乘，正直的人难免受冤枉；然而官员处事公平，钻营的人就没有得逞的机会。所以“圣君任法不任智，任公不任私”。而要达到公正平允，就必须提高人们的道德修养。所以“上君抚世，先其本而后其末，顺其心而履其行。心情苟正则奸慝无所生，邪意无所载矣。”可以说政治教化是推行至公之道的关键，如此久而久之，吏治与社会风气就会焕然一新。

太宗初即位，中书令房玄龄奏言：『秦府旧左右未得官者，共怨前官及齐府左右处分之先己[1]。』太宗曰：『古称至公者，盖谓平恕无私。丹朱、商均，子也，而尧、舜废之[2]。管叔、蔡叔，兄弟也，而周公诛之[3]。故知君人者[4]，以天下为心，无私于物。昔诸葛孔明，小国之相[5]，犹曰「吾心如称，不能为人作轻重」况我今理大国乎？朕与公等，衣食出于百姓，百姓人力已奉于下，而上恩未被于下。今所以择贤才者，盖为求安百姓也。用人但问堪否[6]，岂以新故异情[7]？凡一面尚相亲，况旧人而顿忘也！才若不堪，亦岂以旧人而先用？今不问其能不能，而直言其怨嗟，岂是至公之道耶！』

注释

1 处分之先己：比自己先安排职务。处分，分派工作、职务。

2 “丹朱、商均”三句：尧知道自己的儿子丹朱不肖，不能授以天下，于是废弃了他，而授天下给舜。舜的儿子商均也不肖，舜废弃了他，把天下传给禹。

3 “管叔、蔡叔”三句：管叔、蔡叔都是周文王的儿子，周公的兄弟。后来挟殷纣的儿子武庚作乱，周公旦承成王之命，诛武庚、杀管叔、流放蔡叔。

4 君人：统治百姓。君，作动词，君临、统治。

5 “昔诸葛孔明”二句：诸葛亮为三国时蜀国丞相，故称为“小国之相”。

6 堪：能。

7 新故：新人、故人。即新认识的人、老熟的人。

译文

太宗刚即位，中书令房玄龄上奏说：“秦王府的部下未获封官的人，都埋怨前太子东宫及齐王府的部下比自己先得到安排职位。”太宗说：“古时认为最公平的，是公正而没有私心。丹朱是尧的儿子，商均是舜的亲生儿子，但尧、舜废弃他们，不授予天下给他们。管叔、蔡叔，都是武王的亲兄弟，但是周公旦承受成王的命令诛讨他们。因此知道统治国家的人，要以天下为公，对人不能有私心。以前诸葛孔明，是一个小国的丞相，还是说‘我的心像秤一样要公平，不能对人分亲疏’，何况我如今是在治理一个大国啊？我和你们，衣食来自百姓，百姓的人力已经奉献给上面，但是上面的恩惠还没有广施给下面的百姓。现在之所以选拔贤德有才的人，正是为了让百姓安定。用人只看他能不能胜任职务，怎么能因为是新认识的人或是老熟人就态度不一样？凡是见过一面的人尚且自己觉得互相亲近，何况老熟人，能一下子忘记吗？但是才能如果不能胜任，又怎么能因为是老熟人就优先任用？现在不管这些人行不行，却只是说他们埋怨，这难道是最公平的原则吗？”

赏析与点评

“古称至公者，盖谓平恕无私。”——古时人们认为怎样才是最为公正的表现？答案就是能集公平、忠恕、无私三者于一身。简单而言，就是大公无私，以忠恕态度待人处事者便是“至公”。

贞观元年，吏部尚书长孙无忌尝被召，不解佩刀入东上阁门，出阁门后，监门校尉始觉[1]，尚书右仆射封德彝议[2]，以监门校尉不觉，罪当死；无忌误带刀入，徒二年，罚铜二十斤。太宗从之。大理少卿戴胄驳曰[3]：『校尉不觉，无忌带刀入内，同为误耳。夫臣子之于尊极[4]，不得称误，准律云：「供御汤药、饮食、舟船，误不如法者，皆死。」陛下若录其功，非宪司所决[5]；若当据法，罚铜未为得中[6]。』太宗曰：『法者，非朕一人之法，乃天下之法。何得以无忌国之亲戚，便欲挠法耶[7]？』更令定议。德彝执议如初，太宗将从其议，胄又驳奏曰：『校尉缘无忌以致罪，于法当轻。若论其过误，则为情一也，而生死顿殊，敢以固请。』太宗乃免校尉之死。

注释

1 监门校尉：隋初有左右监门府之设，掌宫殿门禁及守卫之事。唐因之，监门校尉，即监门府的官员。

2 议：拟议。此处是论罪的意思。

3 大理少卿：即大理寺的副长官。唐代大理寺是负责判案断刑的司法衙门。

4 尊极：皇帝至高无上，称为“尊极”。

5 宪司：司法机关。宪，法令。此指大理寺。

6 得中：合乎法律。

7 挠法：曲解法律，破坏法治。挠，弯曲、屈解之意。

译文

贞观元年，吏部尚书长孙无忌曾在被召见的时候，不解佩刀便进入东阁门。出了阁门以后，走到宫门口，监门校尉才发觉此事。尚书右仆射封德彝拟议论罪，认为监门校尉没有发觉长孙无忌不解佩刀入宫，罪该处死。长孙无忌误带刀入阁，判处徒刑二年，罚铜二十斤。太宗同意这个意见。大理寺少卿戴胄驳议说：“校尉没有察觉长孙无忌带刀入宫，同样是过失。臣子对于皇帝，不能称过失。按照刑律说：‘供奉御用汤药、饮食、舟船，发生差错不合乎制度的，都处死。’陛下如果考虑他的功劳，那就不是司法机关所能议定的。如果应该依据法律，那么罚铜是不恰当的。”太宗说：“法律不是我一个人的，是国家的法律。怎么能因长孙无忌是皇亲国戚而要曲解法律呢？”复令拟定处理意见。封德彝坚持最初的意见，太宗准备听从他的意见。戴胄又上奏反驳说：“校尉因长孙无忌而犯罪，按照法律罪行应该较轻。如果论他们的过失，那么犯罪情节相同。但是一生一死，量刑的差别太大，我斗胆坚执请求皇上考虑我的建议。”太宗才免去校尉的死刑。

赏析与点评

“法者，非朕一人之法，乃天下之法。”——太宗言明，法律并非他一人想怎样做便怎样做的法律，是整个国家的律法。可见太宗以身作则，不以天子的绝对权威凌驾于法律之上，欲建立法治精神的努力，跃然纸上。

是时，朝廷盛开选举，或有诈伪阶资者[1]。太宗令其自首，不首，罪至于死。俄有诈伪者事泄，胄据法断流以奏之[2]。太宗曰：『朕初下敕，不首者死，今断从法，是示天下以不信矣。』胄曰：『陛下当即杀之，非臣所及。既付所司，臣不敢亏法。』太宗曰：『卿自守法，而令朕失信耶？』胄曰：『法者，国家所以布大信于天下；言者，当时喜怒之所发耳！陛下发一朝之忿，而许杀之。既知不可，而置之以法，此乃忍小忿而存大信。臣窃为陛下惜之。』太宗曰：『朕法有所失，卿能正之，朕复何忧也。』

注释

1 诈伪阶资：谎报官阶和资历。

2 断：断案，判决。流：即流刑，流放遣送犯人到偏远地方服劳役。

译文

当时，朝廷大力开展选拔推荐人才，有人谎报官阶和资历。太宗命令谎报的人自首，不自首的治罪将处死刑。不久有一个谎报的人事情泄露，戴胄根据法律判处流刑并将此案向太宗报告。太宗说：“我当初下诏令，说不自首的处死，现在根据法律判决流刑，这向天下表示我言而无信了。”戴胄说：“陛下当时就杀掉他，就是臣下所能干预的事。既然现在交给大理寺处理，臣不能违背法律。”太宗说：“你自愿遵守法律，却让我说话失信吗？”戴胄说：“法律，是国家用来向天下公布大信用的。说出的话，只是当时凭喜怒发出来的罢了！陛下一时发怒，想要杀死他。已经知道不能这样，交由法律处理，这正是忍耐小的愤怒而保持大的信用。臣私下替陛下珍惜这一点。”太宗说：“我执法有失误的地方，你能够纠正它，我还有什么担忧的呢？”

赏析与点评

“法者，国家所布大信于天下；言者，当时喜怒之所发耳！”——法律是国家对天下万民颁布的最重要信约；而君主的话，却是一瞬间喜怒情绪的宣泄。所以，君主不能凭自己一时的情绪而破坏法律，否则就等同于摧毁国家与百姓之间的信约关系。

刑部尚书张亮坐谋反下狱[1]，诏令百官议之，多言亮当诛，惟殿中少监李道裕[2]，奏亮反形未具[3]，明其无罪。太宗既盛怒，竟杀之。俄而刑部侍郎有阙[4]，令宰相妙择其人，累奏不可。太宗曰：『吾已得其人矣。往者李道裕议张亮云「反形未具」，可谓公平矣。当时虽不用其言，至今追悔。』遂授道裕刑部侍郎。

注释

1 张亮坐谋反下狱：刑部尚书张亮为相州刺史时，迷信谶词，图谋叛乱。后被人告发，太宗大怒，杀张亮，籍没家财。

2 殿中少监：唐制，殿中监掌天子服御事务，少监是其副手。

3 反形未具：谋反的形迹尚未具备。指犯罪的证据不充分。

4 有阙：谓职位有空缺。阙，同"缺"。

译文

刑部尚书张亮被告发谋反罪下狱，太宗诏令百官议论处罚张亮，百官多数说张亮该杀，只有殿中少卿李道裕进奏指张亮没有具备谋反的形迹，认为他没有罪。太宗已经大怒，终于杀了张亮。不久，刑部侍郎的职位出缺，太宗命令宰相选择适当人选，但屡次上奏都不批准。太宗说："我已经找到适合的人了。先前李道裕议论张亮说'谋反的形迹尚未具备'，可以说是公正合理的。当时虽然没有采用他的意见，但我至今追悔不已。"于是任命李道裕为刑部侍郎。

贞观初，太宗谓侍臣曰：『朕今孜孜求士[1]，欲专心政道，闻好人，则抽擢驱使[2]。而议者多称「彼者皆宰臣亲故」。但公等至公行事，勿避此言，便为形迹[3]。古人「内举不避亲，外举不避仇」[4]，而为举得其真贤故也。但举用得才，虽是子弟及仇嫌，不得不举。』

注释

1 孜孜：勤勉而不懈怠。

2 抽擢：选拔、提升。

3 便为形迹：谓不受拘束地办事。便，不受拘束。形迹，原意是仪容行动显于外者，此指行动办事。

4 “内举不避亲”二句：语出《左传·襄公二十一年》，意谓无论是举荐亲属，还是举荐仇嫌，只要所举荐者是贤能，则无所避讳。

译文

贞观初年，太宗对侍臣说：“我现在勤勉不懈地求取有德有才的人，专心致力于治理国家的策略，听说有好人，就提拔任用。但议论的人总是说‘这些人都是朝廷大臣的亲人故旧’。只要你们极其公正地办事，便不必顾虑这些话，可以不受拘束地做事。古人‘推荐自己的人不回避亲戚，推荐外人不回避仇人’，是因为所推荐的是真正贤人的缘故。只要提拔的是贤才，即使是自己的子弟以及有仇怨的人，也不能不推荐。”

赏析与点评

“内举不避亲，外举不避仇。”——在推荐人才时，基于唯才是举的精神，就不必过于避嫌，若能切合需要，即使是自己的亲属，甚至是仇人，亦可以推荐。换句话说，举荐人才，按才擢拔，须大公无私，不必避嫌。

诚信第十七

本篇导读

贞观君主以“诚信”来治国。设若君臣之间互相不能以真诚相待，则难以齐心协力治理国政。魏征认为“为国之基，必资于德礼；君之所保，惟在于诚信”，“上不信则无以使下，下不信则无以事上”。太宗以历史为鉴，能任人不疑，群臣亦竭尽忠诚，这就是唐初君臣能成就“贞观之治”的重要原因，这也是儒家的处世修身准则在“贞观之治”中的具体运用。

贞观初，有上书请去佞臣者。太宗谓曰：『朕之所任，皆以为贤，卿知佞者谁耶？』对曰：『臣居草泽[1]，不的知佞者[2]，请陛下佯怒以试群臣，若能不畏雷霆[3]，直言进谏，则是正人，顺情阿旨，则是佞人。』太宗谓封德彝曰：『流水清浊，在其源也。君者政源[4]，人庶犹水，君自为诈，欲臣下行直，是犹源浊而望水清，理不可得。朕常以魏武帝多诡诈，深鄙其为人，如此，岂可堪为教令？』谓上书人曰：『朕欲使大信行于天下，不欲以诈道训俗。卿言虽善，朕所不取也。』

注释

1 草泽：荒郊野地。这里指民间。

2 的：确实。

3 雷霆：形容盛怒时大发脾气。这里是对帝王暴怒的敬称。

4 政源：国家政令的发出者。语出《韩诗外传》："君者，民之源也。源清则流清，源浊则流浊。"

译文

贞观初年，有人上书请求太宗清除邪佞的臣子。太宗说："我所任用的人，都以为是贤臣，你知道哪个是邪佞的臣子吗？"那人回答说："臣住在荒野民间，不能确知哪个人是佞臣，请陛下假装发怒，用来试验群臣，假若能不惧怕陛下的雷霆之怒，仍能直言进谏的就是正人贤臣，如果依顺陛下情绪迎合旨意，阿谀奉承的就是奸邪谄佞之臣。"太宗对封德彝说："流水的清浊，关键在于水源。国君是政令发出的源头，臣子百姓就好比是水，如果国君自己先以诈术骗人，而要求臣子行为忠直，这就好像水源混浊而希望流水清澈一样，这在道理上是讲不通的。我常常认为魏武帝曹操为人诡诈，所以特别鄙视他的为人，如果我也是这样，还怎么去制定教规和法令呢？”他对上书的人说：“我想让最广泛的信义在全国实行，不想拿欺诈的方法教导社会风俗。你说的办法虽然好，但是我不能采纳。”

赏析与点评

“君者政源，人庶犹水，君自为诈，欲臣下行直，是犹源浊而望水清，理不可得。”——太宗认为君臣关系除像舟和水外，亦像水的源头和流水一样，政令就是水的源头，百姓就是流水，如果君主做出诈伪的行为，而要求臣下忠诚正直，就好像源头混浊，而希望流水清澈，这样是不合理的，说不过去的。可见，太宗颇能自律，对自身的要求甚高。

贞观十年，魏征上疏曰：『臣闻为国之基，必资于德礼；君之所保，惟在于诚信。诚信立则下无二心，德礼形则远人斯格[1]。然则德礼、诚信，国之大纲，在于君臣父子，不可斯须而废也[2]。故孔子曰：「君使臣以礼，臣事君以忠[3]。」又曰：「自古皆有死，民无信不立[4]。」文子曰[5]：「同言而信，信在言前；同令而行，诚在令外。」然则言而不行，言无信也；令而不从，令无诚也。不信之言，无诚之令，为上则败德，为下则危身。虽在颠沛之中，君子之所不为也。』

注释

1 格：正。

2 斯须：片刻，一会儿。

3 “君使臣以礼”二句：见《论语·八佾》。为孔子答鲁定公之语。

4 “自古皆有死”二句：见《论语·颜渊》。为孔子答子贡之语。

5 文子：姓文，尊称子，其名字及籍贯已不可确考。《汉书·艺文志》道家类著录《文子》九篇，班固在其条文下只注明：“老子弟子，与孔子同时。”据史书记载，他曾游学齐国，把道家兼容仁义礼的思想带到齐国，形成了齐国的黄老之学。传世《文子》分十二篇八十八章。在唐代时，文子与老子、庄子并重，天宝元年唐玄宗诏封文子为“通玄真人”，诏改《文子》为《通玄真经》，与《老子》、《庄子》、《列子》并列为道教四部经典。

译文

贞观十年，魏征上书说：“臣听说治理国家的基础，一定要依靠德行和礼义；国君所应该坚守的，只在于诚实信用。诚实信用树立以后，臣子对国君就没有二心；德行礼义形成后，边远的人民就会前来归正。既然如此，德行、礼义、诚实、信用，就是国家的纲领，贯穿于君臣、父子之中，不可片刻废弃。因此孔子说：‘国君对待臣子要按照礼制，臣子侍奉国君要忠心不二。’他又说：‘自古人生都有一死，如果百姓不讲信用就不能安身立命。’文子也说：‘同样的话语被人信任，那是因为信任建立在话语的前面；同样的法令可以贯彻实行，那是因为有诚信在法令之外。’如果话说出来却不实行，是言而无信；法令制定了却不被服从，是因为没有诚意。不被实行的言语，没有诚意的法令，对国君来说会败坏道德名声，对百姓来说会招致杀身的危险。即使在颠沛流离的环境中，有德有才的君子也不会那样做。”

赏析与点评

“民无信不立”——是千古名句，出自《论语》。意思是统治者必须取得国民百姓的信任，才能立稳基础，有利于政策的推行。反之，若统治者不能获得百姓的信任，不仅妨碍政策的开展，甚至会危害政权的稳定性。所谓“得民心者得天下”，是我国古时“民本”思想的重要内容。

俭约第十八

本篇导读

太宗把奢侈纵欲视为王朝败亡的重要原因，因此厉行俭约，不务奢华。他认为“自王公已下，第宅、车服、婚嫁、丧葬，准品秩不合服用者，宜一切禁断”。又认为“百姓所不欲者劳弊”，因此“己所不欲，勿施于人”。魏征也进谏说“以欲从人者昌，以人乐己者亡”，因此“不作无益害有益”，使百姓得到休养生息的机会，如此则国家财货富足，百姓安居乐业。贞观时统治者“以欲从人”的思想和俭约自持的做法，的确是后代帝王将相无法相比的。

贞观元年，太宗谓侍臣曰：『自古帝王凡有兴造，必须贵顺物情[1]。昔大禹凿九山[2]，通九江[3]，用人力极广，而无怨讟[4]，物情所欲，共众所有故也。秦始皇营建宫室，而人多谤议者，为徇其私欲[5]，不与众共故也。朕今欲造一殿，材木已具，远想秦皇之事，遂不复作也。古人云「不作无益害有益」[6]，「不见可欲，使人心不乱」[7]，固知见可欲，其心必乱矣。至如雕镂器物[8]，珠玉服玩，若恣其骄奢，则危亡之期可立待也。自王公已下，第宅、车服、婚娶、丧葬，准品秩不合服用者，宜一切禁断。』由是二十年间，风俗简朴，衣无锦绣，财帛富饶，无饥寒之弊。

注释

1 物情：即民情、民心。

2 九山：泛指九州的大山。而九山之名，语出《尚书·禹贡》“九山刊旅”之句。

3 九江：泛指九州的江河。亦有作洞庭湖之解。见《尚书·禹贡》。

4 讟（dú）：怨言。

5 徇：曲从，偏私。

6 不作无益害有益：语出《尚书·周书·旅獒》。意谓不要做无益的事去损害有益的事。

7 “不见可欲”二句：语出《老子》第三章。意谓不谋求满足私欲，不使民心混乱。

8 器物：指尊彝之类酒器。

译文

贞观元年，太宗对身边的大臣们说：“自古以来，凡是帝王要兴建工程，必须重视顺应民心。从前，大禹开凿九州的大山，疏浚天下的江河，耗费人力非常多，却没有痛恨埋怨的人，是因为人民希望他这样做，他和大家的想法一样的缘故。秦始皇营造宫殿，很多人指责批评，是因为他为了满足个人的私欲，不和民心一致的缘故。我最近想建造一座宫殿，材料已经准备齐全，但想起过去秦始皇的事情，就不再兴建了。古人曾经说过‘不要做无益的事去损害有益的事’，‘不要表现出谋求私欲的愿望，就可使民心不乱’，由此可知表现出谋求私欲的愿望，民心必然会混乱。至于像各种精雕镂刻的贵重器具，珠宝美玉奇服珍玩，如果放纵骄奢享用，那么国家危亡的日子就会马上到来。从王公以下，住宅、车服、婚嫁、丧葬等各种事情，凡是和他的官职品级不相称的，应该一律停止。”从此二十年间，风俗简朴，人们的衣着不追求华丽，物资富饶，人们没有遭受饥寒之苦。

贞观四年，太宗谓侍臣曰：『崇饰宫宇，游赏池台，帝王之所欲，百姓之所不欲。帝王所欲者放逸，百姓所不欲者劳弊。孔子云：「有一言可以终身行之者，其恕乎！己所不欲，勿施于人[1]。」劳弊之事，诚不可施于百姓。朕尊为帝王，富有四海，每事由己[2]，诚能自节。若百姓不欲，必能顺其情也。』魏征曰：『陛下本怜百姓，每节己以顺人。臣闻：「以欲从人者昌，以人乐己者亡。」隋炀帝志在无厌，惟好奢侈，所司每有供奉营造，小不称意，则有峻罚严刑。上之所好，下必有甚，竞为无限，遂至灭亡。此非书籍所传，亦陛下目所亲见。为其无道，故天命陛下代之。陛下若以为足，今日不啻足矣[3]。若以为不足，更万倍过此亦不足。』

注释

1 “有一言可以终身行之者”四句：语出《论语·卫灵公》。

2 由己：自己设身处地的意思。

3 不啻（chì）：无异于，如同。

译文

贞观四年（六三〇），太宗对身边的大臣们说：“扩建和修装装饰宫殿屋宇，游览观赏池水台榭，是帝王所希望的，却不是百姓所希望的。帝王所希望的是骄奢淫逸，百姓所不希望的是劳累疲惫。孔子说：‘有一句话可以终身奉行，那就是仁恕吧！自己所不愿意做的，就不要强加给别人。’劳累疲惫的事，确实不能强加给百姓。我身为帝王，富有四海，每件事都是我说了算，真的能够节制自己的欲望。凡是百姓不希望的事，我一定能顺应民心。”魏征说：“陛下一向怜恤百姓，常常节制自己去顺应民心。臣听说：‘使自己的欲望能顺应民心的就会昌盛，用众人来满足自己享乐要求的就会灭亡。’隋炀帝贪得无厌，喜好奢靡，有关部门每次供奉器物和营造宫苑，稍不称心，就加以严刑重罚。上面所喜欢的，下面必定会做得更加厉害，上下攀比，没有节制，最终就会导致灭亡。这不仅在史籍上有所记载，也是陛下亲眼看见的事实。因为隋炀帝荒淫无道，所以上天赐命陛下取而代之。如果陛下认为这样就满足了，那么现在的尊贵富足也就如同满足了。如果陛下认为这样还没有满足，那么再超过现在的一万倍也不会知足。”

赏析与点评

“以欲从人者昌，以人乐己者亡。”——魏征指出，国君若把自己的欲望顺应民心所向，则国家自然昌盛；反之，以百姓来满足自己的享乐，则国家会走向败亡。魏征把两种情况者做比较，目的是劝谏太宗，统治者若不懂得顺应百姓要求，罔顾百姓福祉，滥用民力，则早晚会步隋炀帝的后尘，自招灭亡。

谦让第十九

本篇导读

太宗提倡克己谦让，鼓励臣子犯颜进谏，目的是减少在处理国政时出现的过失。“谦让”就是为人谦逊礼让，是儒家修身伦理的重要内容。只有谦逊礼让，才能获得他人的指正。贞观君臣认为君主位高权重，四海独尊，骄矜自傲之情往往油然而生。所以“凡为天子，若惟自尊崇，不守谦恭者，在身傥有不是之事，谁肯犯颜谏奏？”本篇记述了几则贞观君臣谦虚、恭谨的言行事迹，功高位重而能如此谦让自律，确实堪为后世楷模。

贞观二年，太宗谓侍臣曰：『人言作天子则得自尊崇，无所畏惧，朕则以为正合自守谦恭，常怀畏惧。昔舜诫禹曰：「汝惟不矜，天下莫与汝争能；汝惟不伐，天下莫与汝争功[1]。」又《易》曰：「人道恶盈而好谦[2]。」凡为天子，若惟自尊崇，不守谦恭者，在身傥有不是之事[3]，谁肯犯颜谏奏？朕每思出一言，行一事，必上畏皇天，下惧群臣。天高听卑[4]，何得不畏？群公卿士，皆见瞻仰，何得不惧？以此思之，但知常谦常惧，犹恐不称天心及百姓意也。』魏征曰：『古人云：「靡不有初，鲜克有终[5]。」愿陛下守此常谦常惧之道，日慎一日，则宗社永固，无倾覆矣。尧舜所以太平，实用此法。』

注释

1 “汝惟不矜”四句：语出《尚书·虞书·大禹谟》。意思为你只要做到不矜持骄傲，天下就没有人敢和你争贤能；你只要做到不夸耀，天下就没有人敢和你争功劳。不伐，不自夸耀。

2 人道恶盈而好谦：语出《周易·谦卦》。意谓人们都是厌恶骄傲自满而崇尚谦逊恭谨。

3 在身：自身。

4 卑：下。这里指在下面的民间情况。

5 “靡不有初”二句：语出《诗经·大雅·荡》。意谓事情往往有始，但很难有终。

译文

贞观二年，太宗对身边的大臣们说：“人们说做了皇帝的人就可以自认为尊贵崇高，无所畏惧了，我却认为自己正应该保持谦逊恭谨，经常心怀畏惧。从前舜帝告诫禹说：‘你只要做到不矜持骄傲，天下就没有人敢和你争贤能；你只要做到不夸耀，天下就没有人敢和你争功劳。’又见《周易》上说：‘人们都是厌恶骄傲自满而崇尚谦逊恭谨。’大凡做皇帝的，如果自认为尊贵崇高，不保持谦逊恭谨的话，自身倘若有所过失，谁还肯冒犯威严直言谏奏呢？我想每说一句话，每办一件事，都必定要上畏苍天，下畏群臣。苍天在上，倾听着人世间的善恶，怎能不畏惧呢？诸位公卿大臣都在看着我，怎能不畏惧呢？如此考虑，经常谦逊恭谨、小心畏惧，还恐怕不符合上天的旨意和百姓的心愿啊！”魏征说：“古人说：‘事情往往有始，但很难有终。’希望陛下经常坚守这谦逊恭谨、小心畏惧的态度，一天比一天谨慎行事，那么国家社稷就能永远巩固，不会倾覆了。尧舜时代之所以太平，确实就是用这个方法。”

赏析与点评

“人言作天子则得自尊崇，无所畏惧，朕则以为正合自守谦恭，常怀畏惧。”——从这短短数句中，我们可看到太宗是何等克己，是何等诚惶诚恐，恐防有失。虽然句中无言明太宗所畏惧的是什么，可是答案却明显不过，太宗所惧的是“天意”，所怕的是“未副人望”。试想在古时，皇帝有无上权威，绝对可以无所畏惧，而太宗却经常保持着这种“忧患意识”，委实难得。故而“贞观之治”的出现，是其来有自的。

贞观三年，太宗问给事中孔颖达曰：『《论语》云：「以能问于不能，以多问于寡；有若无，实若虚[1]。」何谓也？』颖达对曰：『圣人设教，欲人谦光[2]。己虽有能，不自矜大，仍就不能之人，求访能事。己之才艺虽多，犹病以为少，仍就寡少之人更求所益。己之虽有，其状若无；己之虽实，其容若虚。非惟匹庶，帝王之德，亦当如此。夫帝王内蕴神明，外须玄默[3]，使深不可测，远不可知。故《易》称「以蒙养正」，「以明夷莅众」[4]。若其位居尊极，炫耀聪明，以才陵人[5]，饰非拒谏，则上下情隔，君臣道乖。自古灭亡，莫不由此也。』太宗曰：『《易》云：「劳谦，君子有终，吉[6]。」诚如卿言。』诏赐物二百段。

注释

1 “以能问于不能”四句：语出《论语·泰伯》。意谓有才能的人向无才能的人请教，知识多的人向知识少的人请教；有学问的像没有学问的一样，知识充实的像知识空虚的一样。

2 谦光：语出《周易·谦卦》。意谓尊者谦虚而显示其光明美德。

3 玄默：静不语。

4 “故《易》称‘以蒙养正’”二句：语出《周易·蒙卦》及《周易·明夷卦》。意谓“要用蒙昧来自养正道”，“用明智来治理民众”。莅众，临于众上，指治理民众。

5 陵人：也作“凌人”，以势压人。

6 “劳谦”三句：语出《周易·谦卦》。意谓勤劳而谦虚的君子会有好结果，是吉利的。

译文

贞观三年，太宗问给事中孔颖达说：“《论语》说：‘有才能的人向无才能的人请教，知识多的人向知识少的人请教；有学问的像没有学问的一样，知识充实的像知识空虚的一样。’这是什么意思？”孔颖达回答说：“圣人施行教化，是希望尊者谦逊而显示其光明美德。自己虽然有才能，也不骄傲自大，仍然要去向才能不如自己的人请教，学习他知道的事。自己的才艺虽然很多，但还是怕懂得太少，仍然要去向才艺不如自己的人请教，以求得到更多的才艺。自己虽然有知识，但表现出来像没有知识一样；自己虽然很充实，但面容上却显得虚怀若谷。非但是百姓要这样，帝王的德行，也应当这样。帝王的内心里蕴藏着神明大智，但外表仍须保持缄默，使人感到深不可测，远不可知。所以《周易》说‘要用蒙昧来自养正道’，‘用明智来治理民众’。如果身居最尊贵的地位，还炫耀自己的聪明，倚仗才能盛气凌人，掩饰过错，拒绝纳谏，那么上下的情况就会隔绝，君臣之道就会背离。自古以来国家的灭亡，没有一个不是由这种情况引起的。”太宗说：“《周易》说：‘勤劳而谦虚的君子，有好的结果，是吉利的。’确实像你所说的那样。”于是下诏赏赐孔颖达绢帛二百段。

仁恻第二十

本篇导读

“仁恻”者，仁爱怜悯之意，是儒家思想的主要内容之一。本篇记述了太宗怜恤百姓、将士的一些故事，表现出太宗宽厚仁慈的恻隐之心，这些做法对收揽人心、上下和谐确实起了很大作用。君主宽厚仁爱，体恤百姓疾苦，施行仁政，其目的是安抚百姓，维护统治，这也可视为“贞观之治”的主要成就之一。

贞观初，上谓侍臣曰：『妇人幽闭深宫，情实可愍。隋氏末年，求采无已，至于离宫别馆[1]，非幸御之所，多聚宫人。此皆竭人财力，朕所不取。且洒扫之余[2]，更何所用？今将出之，任求伉俪[3]。非独以省费息人，亦各得遂其情性。』于是后宫及掖庭[4]，前后所出三千余人。

注释

1 离宫别馆：皇帝在京城的正宫之外居住的宫室。

2 洒扫：洒水扫地。亦可泛指做家务。

3 伉俪：谓配偶。

4 掖庭：宫殿中的旁舍，是后妃宫嫔居住的地方。

译文

贞观初年，太宗对侍臣说："妇女幽禁在深宫内，情况实在可怜。隋朝末年，无止地选取宫女，以至于皇帝临时居住的离宫别馆，甚至不是皇帝驾临的处所，都聚集了很多宫女。这都会耗尽百姓的财力，我不采取这种做法。而且宫女除了洒扫做家务外，还用做什么？现在准备放她们出去，任她们选择丈夫。这不仅是节省费用减少百姓开支，而且也使她们各自得以成全自己的本性。"于是在后宫和掖庭中前后释放了三千多人。

贞观二年，关中旱[1]，大饥。太宗谓侍臣曰：『水旱不调，皆为人君失德。朕德之不修，天当责朕，百姓何罪，而多困穷！闻有鬻男女者，朕甚愍焉。』乃遣御史大夫杜淹巡检[2]，出御府金宝赎之[3]，还其父母。

注释

1 关中：指陕西渭河流域一带。

2 杜淹：字执礼（？至六二八），唐京兆杜陵（今陕西西安东南）人。隋时任御史中丞。王世充称帝，他在吏部任职，颇亲近用事。入唐，在秦王李世民府任文学馆学士等职。太宗时拜御史大夫，累官至吏部尚书，参与朝政。封安吉郡公。

3 御府：帝王的府库。

译文

贞观二年，关中干旱，发生了大饥荒。太宗对身边的大臣们说："水旱不调和，都是因为国君缺乏道德。我德行不好，苍天应当责罚我，百姓有什么罪过，而遭受这么多困苦灾难！听说有卖儿卖女的人，我很怜悯他们。"于是派遣御史大夫杜淹巡视检察灾区，拿出皇家府库的钱财赎回那些被卖的孩子，还给他们的父母。

赏析与点评

“水旱不调，皆为人君失德。朕德之不修，天当责朕，百姓何罪，而多困穷！”——这又是太宗爱民若子的典型表现。他把天灾看成是人祸，而祸患的源头，正是太宗自己。在痛惜百姓受苦之余，更深责自己失德，招致上天的谴责，虽不是昭告天下的“罪己诏”，但亦相差不远。

慎所好第二十一

本篇导读

在上位者有什么爱好，下面的人就会大张旗鼓地附和，至高无上的国君有什么爱好，必定会在社会上形成风气。像秦始皇的非分爱好、汉武帝的求神问仙、隋炀帝的专信邪道、梁武帝父子唯好释氏、老氏，都是虚妄之事，空有其名，害人害己。太宗认为应该喜好“尧舜之道、周孔之教”，“君天下者，惟须正身修德而已，此外虚事，不足在怀”。正是由于当时君臣上下同心同德、去除虚妄、重视实际，在唐初的官吏中才能出现励精图治的风气，才开创了“贞观之治”的局面。

贞观二年，太宗谓侍臣曰：『古人云：「君犹器也，人犹水也，方圆在于器，不在于水。」故尧、舜率天下以仁，而人从之；桀、纣率天下以暴，而人从之。下之所行，皆从上之所好。至如梁武帝父子，志尚浮华，惟好释氏、老氏之教[1]。武帝末年，频幸同泰寺[2]，亲讲佛经，百寮皆大冠高履，乘车扈从，终日谈论苦空[3]，未尝以军国典章为意。及侯景率兵向阙[4]，尚书郎已下，多不解乘马，狼狈步走，死者相继于道路。武帝及简文卒被侯景幽逼而死[5]。孝元帝在江陵[6]，为万纽于谨所围[7]，帝犹讲《老子》不辍，百寮皆戎服以听。俄而城陷，君臣俱被囚絷。庾信亦叹其如此[8]，及作《哀江南赋》，乃云：「宰衡以干戈为儿戏[9]，缙绅以清谈为庙略[10]。」此事亦足为鉴戒。朕今所好者，惟在尧、舜之道，周、孔之教[11]，以为如鸟有翼，如鱼依水，失之必死，不可暂无耳。』

注释

1 释氏：指佛教。佛姓释迦的略称。老氏：指老子，道教的始祖。

2 同泰寺：位于江苏江宁之东北。梁武帝普通二年（五二一）九月建立。梁武帝曾亲临礼忏，舍身该寺，并设无遮大会等法会。

3 苦空：佛教语。谓人世间一切皆苦，凡事俱空。

4 侯景：北朝东魏将领。字万景（？至五五二），怀朔（今内蒙古固阳西南）人。初为戍兵，继转附高欢。东魏时，职位通显。欢死，投靠西魏，旋又附梁，受封河南王，太清二年（五四八）为东魏击败，遂勾结萧正德（萧衍侄）于八月举兵反叛。攻陷台城，困死梁武帝，遂立太子萧纲为帝（简文帝）。后西征江陵失利，返回建康（今江苏南京），自立为帝，改国号汉，改元太始，史称“侯景之乱”。梁元帝自江陵讨之，败逃被杀。

5 简文：即简文帝（五〇三至五五一）。南朝梁皇帝，名萧纲，字世缵，南兰陵（今江苏常州西北）人。武帝第三子。

6 孝元帝：即南朝梁元帝。名绎，字世诚。萧衍第七子。天正元年（五五二）在江陵即位称帝。但当时梁州、益州已并于西魏，襄阳也在西魏控制之中。江陵形势十分孤立。承圣三年

（五五四）九月，西魏宇文泰派万纽于谨、宇文护率军五万南攻江陵。十一月江陵城陷，萧绎被俘遭害。江陵：今湖北荆州。

7 万纽于谨：本姓万忸于氏，字思敬，洛阳（今河南洛阳东北）人。北魏、西魏、北周名将。西魏恭帝元年（五五四），领兵五万攻南朝梁，并预料梁元帝萧绎必据守都城江陵，遂先遣精骑断梁军退路，后率大军直趋江陵，多路合围，一举克之，擒元帝。

8 庾信：字子山（五一三至五八一），南阳新野（今河南新野）人。少聪敏好学，有才名。初仕梁，为昭明太子伴读，后奉命出使西魏，值西魏灭梁，被留。历仕西魏、北周，官至骠骑大将军、开府仪同三司。为文绮艳，与徐陵并为宫廷文学代表，时称"徐庾体"。他的《哀江南赋》和《拟咏怀》诗可为代表。虽有堆砌典故、用意曲深之弊，但总的成就集六朝诗、赋、文创作之大成，对唐代文学影响甚巨。

9 宰衡：指宰相。

10 庙略：朝廷的谋略。

11 周、孔：指周公、孔子。

译文

贞观二年，太宗对身边的大臣们说："古人说：'国君好比是盛水的容器，百姓好比是水，水的形状是方是圆决定于盛载它的容器，而不决定于水本身。'所以尧、舜用仁义统治天下，人们也跟着行仁义；桀、纣用暴虐统治天下，人们也跟着行暴虐。下面的人做些什么，都是跟着上面人的喜好。至于像梁武帝父子崇尚浮华，只有喜欢佛教、道教。武帝末年，经常驾临同泰寺，亲自讲解佛经，随从的官僚们也都跟着戴大帽穿高靴，乘车随从，整天谈论佛经义旨，不把军机要务、法典制度放在心上。等到侯景率兵攻打京师时，尚书郎以下的官员多数不会骑马，徒步狼狈逃窜，被杀死的人在路上一个接一个。梁武帝和儿子简文帝最后被侯景幽禁而死。孝元帝在江陵被西魏万纽于谨所包围时，他还在不停地讲论《老子》，官员们都穿着军装听讲。不久江陵城被攻破，君臣都被俘虏。庾信也感叹他们的如此作为，在《哀江南赋》中写道：'宰相把战争当作儿戏，官吏把清谈当作国家的谋略。'这件事实在可以作为鉴戒。我现在所喜欢的，只有尧、舜的准则，和周公、孔子的礼教，我认为就像鸟有了翅膀和鱼依靠水一样，失去它必死无疑，不能片刻没有啊！”

赏析与点评

“君犹器也，人犹水也，方圆在于器，不在于水。”——与前述数种君民关系不同，这次太宗所述的古句，重点在于阐明君民关系中，君主是主动，百姓是被动的，强调君主带领、规管着百姓的步伐。正如器皿内的水，本身是没有自身的形态，只能跟随器皿的形状而变化。所以，重点在于君主身上。

贞观四年，太宗曰：『隋炀帝性好猜防，专信邪道，大忌胡人[1]，乃至谓胡床为交床[2]，胡瓜为黄瓜，又筑长城以避胡，终被宇文化及使令狐行达杀之[3]。又诛戮李金才[4]，及诸李殆尽，卒何所益？且君天下者，惟须正身修德而已，此外虚事，不足在怀。』

注释

1 胡人：我国古代对北方边地及西域各民族人民的称呼。

2 胡床：一种有靠背、能折叠的坐具。

3 令狐行达：复姓令狐，名行达。奉宇文化及之命杀死了隋炀帝。

4 李金才：即李浑，隋右骁卫大将军。大业十一年（六一五）隋炀帝以李浑门族强盛，又因一句"李氏当为天子"的谶语，杀李浑及其宗族三十二人。

译文

贞观四年，太宗说："隋炀帝生性猜疑，好设防范，一味迷信邪门歪道，最忌讳胡人，以至于改称胡床为交床，胡瓜为黄瓜，修筑长城来防备胡人，可是最终还是被有胡人血统的宇文化及派遣令狐行达杀死。另外，隋炀帝诛杀了李金才，李氏家族几乎被杀尽，最终有什么好处呢？统治天下的国君，只要端正自身、修养品德就行了，除此以外的那些虚妄荒诞之事，不值得放在心上。"

慎言语第二十二

本篇导读

贞观时，君臣指出君主“出言”（说话）要特别慎重。帝王君临天下，一言九鼎，若帝王出言不慎，便会影响施政，或令臣下演绎出无穷的事端。所以，当时的朝臣每每利用各种时机来劝谏李世民慎开“金口”。太宗认为“欲出一言，即思此一言于百姓有利益否，所以不敢多言”。太宗心忧天下黎民，把“出言”是否对百姓有利，看作是慎言语的标准。所谓君无戏言，帝王务必三思而后言。

贞观二年，太宗谓侍臣曰：『朕每日坐朝，欲出一言，即思此言于百姓有利益否，所以不敢多言。』给事中兼知起居事杜正伦进曰[1]：『君举必书，言存左史[2]。臣职当兼修起居注，不敢不尽愚直。陛下若一言乖于道理，则千载累于圣德[3]，非止当今损于百姓，愿陛下慎之。』太宗大悦，赐绢百段。

注释

1 给事中：官名。隋唐以后为门下省之要职，掌驳政令之违失。知起居事：古代官职。唐初在门下省设起居郎，掌修起居注之事，逐日记录皇帝的言行。

2 左史：官名。《礼记·玉藻》记载曰周代史官有左史、右史之分。左史记行动，右史记言语。而《汉书·艺文志》记载曰左史记言，右史记事。唐宋曾以门下省之起居郎、中书省之起居舍人为左、右史，分别主记事与记言。

3 累：牵连、使受害。

译文

贞观二年，太宗对身边的大臣们说："我每天坐朝听政，想要说话的时候，就要考虑到这句话对百姓是否有益处，所以不敢随便多说。"给事中兼知起居事杜正伦进言说："国君的举动一定要记录下来，左史负责记录言语。臣现在的职务是兼修起居注，不敢不尽自己的愚忠秉笔直书。陛下如果有一句话违背了道理，那么千年以后也会牵连到您圣明的德行，不仅仅是对当今的百姓有所损害，希望陛下说话慎重。"太宗非常高兴，赐他绢百段。

贞观八年，太宗谓侍臣曰：『言语者君子之枢机[1]，谈何容易？凡在众庶，一言不善，则人记之，成其耻累[2]。况是万乘之主，不可出言有所乖失。其所亏损至大，岂同匹夫哉？我常以此为戒。隋炀帝初幸甘泉宫[3]，泉石称意，而怪无萤火[4]，敕云：「捉取萤火，于宫中照夜。」所司遽遣数千人采拾，送五百舆于宫侧[5]。小事尚尔，况其大事乎？』魏征对曰：『人君居四海之尊，若有亏失，古人以为如日月之蚀，人皆见之，实如陛下所戒慎。』

注释

1 枢机：原指户枢和弩牙，用来比喻事物的关键。语出《易经·系辞上》。

2 耻累：耻辱和损害。

3 甘泉宫：汉代古宫殿，位于今陕西淳化北甘泉山上，宫以山名。甘泉宫为汉武帝仅次于长安未央宫的重要活动场所，它不只是作为统治阶级的避暑胜地，而且许多重大政治活动都安排在这里进行。隋唐时又有所增修扩建。

4 萤火：萤火虫。

5 舆：车厢。此处指木箱子。

译文

贞观八年，太宗对身边的大臣们说："言语是君子德行的关键表现，谈何容易？一般百姓讲错了一句话，就会被人们记住，成为他的耻辱和负累。何况是一个国家的君主，说话更不能出现什么过失。因为它造成的危害特别大，岂能与普通百姓相比？我经常以此为戒。隋炀帝初次驾临甘泉宫时，对宫里的泉水山石很满意，但责怪没有萤火虫，于是下令：'捉一些放到宫里，晚上用来照明。'主管官署急忙地派出几千人去各处捕捉，结果送来五百车萤火虫在甘泉宫两侧。小事尚且如此，何况那些大事呢？"魏征回答说："国君处于天下最崇高的地位，如果有所失误，古人认为像日月的亏损一样，人们都能看得见，确实要像陛下这样警惕慎重。"

贞观十六年，太宗每与公卿言及古道[1]，必诘难往复。散骑常侍刘洎上书谏曰[2]：『帝王之与凡庶、圣哲之与庸愚，上下相悬，拟伦斯绝[3]。是知以至愚而对至圣，以极卑而对极尊，徒思自强，不可得也。陛下降恩旨，假慈颜，凝旒以听其言[4]，虚襟以纳其说，犹恐群下未敢对扬[5]。况动神机，纵天辩，饰辞以折其理，援古以排其议，欲令凡庶何阶应答[6]？臣闻皇天以无言为贵，圣人以不言为德，老子称「大辩若讷」[7]，庄生称「至道无文」[8]，此皆不欲烦也……』太宗手诏答曰：『非虑无以临下，非言无以述虑。比有谈论，遂至烦多。轻物骄人，恐由兹道。形神心气，非此为劳。今闻谠言，虚怀以改。』

注释

1 古道：指古代的治国思想等。

2 散骑常侍：在皇帝左右规谏过失，以备顾问。唐代分属门下省和中书省，在门下省者称左散骑常侍，在中书省者称右散骑常侍。虽无实际职权，仍为尊贵之官，多为将相大臣的兼职。

3 拟伦：伦比，比拟。

4 凝旒（liú）：形容帝王态度肃穆专注。

5 对扬：对答。

6 阶：台阶和梯子。这里比喻凭借的途径。

7 大辩若讷：谓真正善辩的人好像言语迟钝一样。讷，不善于讲话，说话迟钝。

8 庄生：即庄周。名周，字子休（一说子沐），战国时代宋国蒙（今安徽蒙城）人。著名思想家、哲学家、文学家，是道家学派的代表人物。文：指文采修饰。

译文

贞观十六年，太宗每次和公卿大臣讨论古代的治国之道时，一定会反复提出问题诘问。散骑常侍刘洎上书劝谏说："帝王和臣子，圣明贤能的人和平庸愚昧的人之间，上下相差悬殊，无法比拟。因此，拿极愚蠢的人与极圣明的人相比，拿极卑贱的人与极尊贵的人相比，纵使前者想自己努力超过对方，也是不可能做到的。陛下施恩下旨，和颜悦色，肃穆专注认真地倾听别人的言论，虚心地接受别人的意见，尚且担心臣子不敢当面对答。何况陛下启动神思、运用雄辩，修饰言辞来驳斥别人的说法，引经据典来否定别人的议论，还想叫臣子怎样应答呢？臣听说苍天把不说话看作是尊贵，圣人把不说话视为美德。老子认为'真正善辩的人如同言语迟钝一样'，庄子认为'最高的道理不须用文采修饰'，这都是不希望言语繁多的意思……"太宗亲笔写诏书批复说："不思考就不能治理天下，不说话就不能阐述自己的想法。近来和臣子谈论，形成言说过于频繁。轻视别人，态度骄傲，恐怕由此而产生。身体、精神、心思和元气确实不应该为此而劳损。今天听到你忠诚正直的劝言，我一定会虚心接受和改正。"

赏析与点评

"非虑无以临下，非言无以述虑。比有谈论，遂至烦多。轻物骄人，恐由兹道。"——太宗指出为天子者，不思考就不能治理天下，不说话就不能阐述自己的想法。然而说话太多，亦绝非好事。久而久之，就会变得态度傲慢，容易看轻问题，轻视别人。古语有云"讷于言，敏于行"，就是告诉人们要多做事，少说话，因为言多必失。

杜谗邪第二十三

本篇导读

贞观时君臣认识到谗言祸国，同时告诫人们要“斥弃群小，不听谗言”，因为谗言是祸乱的根源，进谗言的人是国家的蟊贼。在历史上，凡是“世乱则谗胜”，一旦谗言得逞，则忠良就会蒙冤，国政就会败坏，百姓就会遭殃。“恺悌君子，无信谗言。谗言罔极，交乱四国。”国君任用贤人、勇于纳谏，则自然谗佞无门、政治清明。本篇所记太宗信任忠臣、惩处邪佞小人的做法，确实令人称道。

贞观初，太宗谓侍臣曰：『朕观前代谗佞之徒[1]，皆国之蟊贼也[2]。或巧言令色，朋党比周；若暗主庸君，莫不以之迷惑，忠臣孝子所以泣血衔冤。故丛兰欲茂，秋风败之；王者欲明，谗人蔽之。此事著于史籍，不能具道。至如齐、隋间谗谮事，耳目所接者，略与公等言之。斛律明月[3]，齐朝良将，威震敌国。周家每岁斫汾河冰[4]，虑齐兵之西渡。及明月被祖孝征谗构伏诛[5]，周人始有吞齐之意。高颎有经国大才[6]，为隋文帝赞成霸业，知国政者二十余载，天下赖以安宁。文帝惟妇言是听[7]，特令摈斥，及为炀帝所杀，刑政由是衰坏。又隋太子勇抚军监国[8]，凡二十年间，固亦早有定分。杨素欺主罔上[9]，贼害良善，使父子之道一朝灭于天性，逆乱之源，自此开矣。隋文既混淆嫡庶，竟祸及其身，社稷寻亦覆败。古人云「代乱则谗胜」，诚非妄言。朕每防微杜渐，用绝谗构之端，犹恐心力所不至，或不能觉悟。』

注释

1 谗佞：指那些进谗言的邪佞小人。

2 蟊（máo）贼：本指吃禾苗的两种害虫，这里用来比喻危害人民或国家的人。

3 斛律明月：即斛律光（五一五至五七二），字明月，北齐朔州敕勒部（今山西朔城区）人，出身于将门之家，是北朝时期著名的将领。历任太子太保、尚书令、司空、司徒、太尉、太傅。屡次带兵战胜北周兵，战功卓著，拜为左丞相，别封清河郡公。他的部队战斗力很强，在北齐和北周的频繁战争中，从没有打过败仗，北周将士都很怕他。武平三年（五七二），斛律光被奸佞祖珽诬陷为谋反朝廷，诱到宫中杀害。朝野上下都十分悲痛。

4 周家：指北周。汾河：黄河的第二大支流，也是山西境内最大的河流。

5 祖孝征：即祖珽。北齐大臣。曾散布谣言，谗杀斛律明月等贤臣。

6 高颎（jiǒng）：字昭玄，一名敏。隋代名相。自称渤海蓨县（今河北景县）人。隋文帝拟废太子杨勇，立次子杨广为太子时，高颎反对，渐被文帝和皇后疏忌；开皇十九年（五九九）被人诬告免官。仁寿四年（六〇四），隋炀帝即位，高颎复起用为太常卿。大业三年

（六〇七），因对隋炀帝的奢侈和当时政事有所非议，为人告发，与贺若弼一同被杀。

7 文帝：指隋文帝。妇：指隋文帝之妻孤独皇后。

8 隋太子勇：即太子杨勇，杨坚与皇后独孤氏的长子。杨勇不善于伪装，比较随意，而次子杨广却是很有心计的人，他与杨素多方设计，陷害杨勇，最后杨勇被贬为庶人，远离京城。

9 杨素：字处道（？至六〇六），弘农华阴（今陕西华阴）人。初事北周武帝。后事隋文帝杨坚，为上柱国，拜御史大夫，后任荆州总管、纳言、尚书左仆射。依附晋王杨广参与宫廷阴谋，废太子杨勇，杀文帝。杨广立，他拜为司徒。杨素十分骄横，任意侮辱属臣，凡逆己者，必加陷害。贪图财货，广营产业。

译文

贞观初年，太宗对身边的大臣们说："我看前代那些进谗言的邪佞小人，都是损害国家的蟊贼。他们花言巧语，结党营私。如果国君愚昧昏庸，没有不被迷惑的，这就是忠臣孝子泣血含冤的原因。所以兰花正要长得茂盛，秋风却来摧残它；国君想要明察事理，谗佞小人就来蒙蔽他。这样的事情都记载在史籍上，不能一一说来。至于北齐和隋朝时期诽谤诬陷忠良的事，我把耳闻目睹的，简要地向你们说一说。斛律明月是北齐的良将，威名震撼敌国。北周每年冬天都要砸破汾河的封冰，就是担心北齐的军队西渡汾河来进攻。等到斛律明月被祖孝征的谗言所杀害以后，北周才产生了吞并北齐的念头。高颎很有治理国家的才能，他协助隋文帝完成霸业，执掌国家政务二十多年，天下靠他得以安宁。可是隋文帝只听信妇人的话，特意排斥他，到高颎被隋炀帝杀害之后，隋朝的法制政令从此也就衰败了。另外，隋太子杨勇领军监国前后有二十年，本来早就确定了储君的名分。杨素欺君罔上，残害忠良，使他们父子之间的亲情一下子泯灭，叛逆祸乱的根源从此就开始了。隋文帝混淆了嫡子和庶子的名分，结果招来杀身之祸，不久国家也就覆亡了。古人说'世道混乱谗言就会猖獗'，确实不是妄言乱语。我常常防微杜渐，禁绝谗言和诬陷之事的发生，但仍然担心有心力照顾不到的地方，或者有没能察觉的问题。"

赏析与点评

“谗佞之徒，皆国之蟊贼也。或巧言令色，朋党比周。”——太宗把佞臣、小人看成危害国家的蠹虫。这些人以花言巧语来迷惑君主，骗取信任，又结党营私，甚至吞食国家的财富。所以，君主务必明察，杜绝谗邪佞小。

贞观十六年，太宗谓谏议大夫褚遂良曰：『卿知起居比来记我行事善恶？』遂良曰：『史官之设，君举必书。善既必书，过亦无隐[1]。』太宗曰：『朕今勤行三事，亦望史官不书吾恶。一则鉴前代成败事、以为元龟；二则进用善人，共成政道；三则斥弃群小，不听谗言。吾能守之，终不转也。』

注释

1 隐：隐讳。指史官写史时不隐讳国君的过失，据事直书。

译文

贞观十六年，太宗对谏议大夫褚遂良说："你主持起居注事务，近来记录我做的事是好是坏？"褚遂良说："设置史官，国君做事必定记录。做好事必须记录，有过失也不隐讳。"太宗说："我现在努力进行三件事，也是希望史官不至于记录我的过失。一是审察前代成功失败的事实，作为借鉴；二是进用贤能，共同制定治理国家；三是排斥、疏远小人，不听信谗言。我可以坚持下去，始终不改变的。"

悔过第二十四

本篇导读

人非圣贤，孰能无过？即使贵为帝王，也难免有过失，重要的是对待过失的态度：掩盖过失，只会酿成更大的过失；听从谏言，及时改正过失，就能大大减低损失。太宗亦有懊悔之言，他能反省自己的不足，接纳规谏，并改正从善。太宗大量宽宏，勇于自省，闻过即改，从善如流，终致国泰民安，也是他促成“贞观之治”的原因之一。

贞观二年，太宗谓房玄龄曰：『为人大须学问。朕往为群凶未定[1]，东西征讨，躬亲戎事，不暇读书。比来四海安静，身处殿堂[2]，不能自执书卷，使人读而听之。君臣父子，政教之道，并在书内。古人云：「不学，墙面，莅事惟烦[3]。」不徒言也。却思少小时行事[4]，大觉非也。』

注释

1 群凶：谓与李唐争夺天下的各方势力。

2 身处殿堂：指身为国君。

3 “不学”三句：语出《尚书·周书·周官》，意思是，不学习犹如面对墙壁目无所见。比喻不学无术或一无所知。

4 却：还、再之意。

译文

贞观二年，太宗对房玄龄说：“做人非常需要学问。我以前因为各方势力没有平定，东征西讨，亲自主持军务，没有空闲读书。近来国家安宁，我又身处于宫殿之上，即使不能亲自手执书卷阅读，也要叫人朗读给我听。君臣父子的伦理纲常、政治教化的策略，都写在书本里了。古人说：‘不学习，就犹如面对墙壁一无所知，碰到事情也就没有能力解决。’这不是空话。反思自己年轻时的所作所为，觉得很不对。”

赏析与点评

“为人大须学问”——太宗贵为天子，富有四海，却仍因自己年轻时没有时间读书而深感懊悔可惜，于是重申学问、知识的重要性。今天，人们生活在知识型社会中，学问和知识就是力量，相信没有人会反对这句话。可是现今各种虚假讯息、负面知识充斥于网络世界，一不留神，很容易被误导、荼毒。这真叫人担忧、心寒。

贞观中，太子承乾多不修法度，魏王泰尤以才能为太宗所重，特诏泰移居武德殿。魏征上疏谏曰：『魏王既是陛下爱子，陛下须使知定分，常保安全，每事抑其骄奢，不处嫌疑之地也。今移居此殿，使在东宫之西，海陵昔居[1]，时人以为不可，虽时移事异，犹恐人之多言。又王之本心[2]，亦不宁息。既能以宠为惧，伏愿成人之美。』太宗曰：『几不思量，朕甚大错误。』遂遣泰归于本第[3]。

注释

1 海陵：唐高祖第四子齐王李元吉，与太子建成合谋陷害秦王世民，在“玄武门之变”中被诛，后追封为海陵王。

2 王之本心：指魏王泰的内心。

3 第：即府邸。

译文

贞观年间，太子承乾常常不遵守法令制度。魏王李泰因为有才能特别受到太宗器重，太宗特意诏令李泰移居武德殿。魏征上疏劝谏说：“魏王既然是陛下的爱子，陛下应当让他懂得自己特定的名分，常常保持安全，每件事抑制骄傲奢侈，不要处在嫌疑的位置上。现在魏王移居武德殿，让他住在东宫的西侧；海陵王过去住在这里，那时候人们都认为不应该，虽说时代迁移，情况变化了，仍然担心人们七嘴八舌的议论。另外，魏王自己内心也不会安宁。既然他明白受到父王的宠爱应该常持畏惧之心，希望陛下成全他的良好愿望。”太宗说：“几乎没有仔细考虑，我犯了大错误。”于是令魏王泰回到原来的府邸去。

贞观十一年，太宗令所司造金银器物五十事，侍御史马周上疏陈时政曰：『臣历观前代，自夏、殷、周及汉氏之有天下，传祚相继[1]，多者八百余年，少者犹四五百年，皆为积德累业，恩结于人心。岂无僻王[2]，赖前哲以免[3]！自魏、晋已还，降及周、隋，多者不过五六十年，少者才二三十年而亡，良由创业之君不务广恩化[4]，当时仅能自守，后无遗德可思。故传嗣之主政教少衰，一夫大呼而天下土崩矣。今陛下虽以大功定天下，而积德日浅，固当崇禹、汤、文、武之道，广施德化，使恩有余地[5]，为子孙立万代之基。岂欲但令政教无失，以持当年而已！且自古明王圣主，虽因人设教，宽猛随时，而大要以节俭于身、恩加于人二者是务。故其下爱之如父母，仰之如日月，敬之如神明，畏之如雷霆，此其所以卜祚遐长而祸乱不作也[6]……

『臣窃寻往代以来成败之事，但有黎庶怨叛，聚为盗贼，其国无不即灭。人主虽欲改悔，未有重能安全。凡修政教，当修之于可修之时，若事变一起而后悔之，则无益也。故人主每见前代之亡，则知其政教之所由丧，而皆不知其身之有失。是以殷纣笑夏桀之亡，而幽、厉亦笑殷纣之灭。隋帝大业之初，又笑周、齐之失国。然今之视炀帝，亦犹炀帝之视周、齐也。故京房谓汉元帝云[7]：「臣恐后之视今，亦犹今之视古。」此言不可不戒也……』太宗曰：『近令造小随身器物，不意百姓遂有嗟怨，此则朕之过误。』乃命停之。

注释

1 祚：帝位。

2 僻王：指邪僻不正的国君。

3 免：“免于难”的省略用法。

4 恩化：用恩德去教化百姓。

5 使恩有余德：谓恩德除了用以自守外，尚能遗留给后代子孙。

6 卜祚：古人认为帝位是上天所赐的，而占卜可以测知天意，故以“卜祚”借称帝位。遐：长远。

7 京房：西汉学者，本姓李，字君明（前七七至前三七），东郡顿丘（今河南清丰西南）人。由于他开创了今文《易》学“京氏学”，所以驰名于中国学术史。京房的《易》学把灾异与政治联系在一起，京房讲灾异的目的在于干政，推行自己的政治主张。由此，当汉元帝召见他时，他就趁机对元帝宣讲自己的见解，通过讲灾变的方法，京房获得了元帝的信任。

译文

贞观十一年，唐太宗下诏令宫中有关司衙铸造宫内金银用器五十种，侍御史马周上疏论述当时的政事说：“臣通观前朝历史，从夏朝、殷朝、周朝以及汉朝的情况看来，帝位的传袭继承，时间长的有八百多年，短的也有四五百年，都是因为积累德行、功业，他们的恩德深入到百姓的心中。难道其间没有出现过邪僻不正的国君吗？只是依赖前朝贤君的恩泽而免于祸患罢了！从魏、晋以来，一直到北周、隋朝，国祚长的不过五六十年，短的仅有二三十年就灭亡了，都是因为创业的帝王没有致力于推广恩德教化，当时只能保住自己的帝位，没有留下让后人怀念的恩德的缘故。所以继位的帝王的政治教化稍有衰减，只要有一个人站出来呼吁造反，国家就会土崩瓦解。现在陛下虽然凭巨大的功勋平定了天下，但是积累德行的时间不长，所以应当推崇禹、汤、文王、武王的治国原则，广泛施行恩德教化，使恩德有余，为子孙后代奠定万世传袭的基础。怎能只想求得政治教化没有过失，以保持自己当时的统治就行了！况且自古以来圣明的帝王虽然是因人设教，宽厚和严厉随着时局而变化，但是最关键的是在自身节俭、施恩百姓两个方面。因此百姓爱戴他们像爱戴自己的父母一样，瞻仰他们像瞻仰日月一样，尊敬他们像尊敬神灵一样，畏惧他们像畏惧雷霆一样，这就是他们的帝位能长久传承而不发生祸乱的原因……

“臣私下寻找前代以来国家兴亡成败的事情，发现只要有百姓怨恨背叛，聚众为盗贼，他的国家就没有不迅速灭亡的。国君虽然想悔改，也不可能重新获得安全。凡是修整政治教化，应当在能够修整的时候就去修整，如果事变发生才感到后悔，那就毫无益处了。所以后代的国君只有看见前朝的覆亡，才知道前朝的政治教化失败的原因，却完全不知道自己身上所存在的过失。因此殷纣王嘲笑夏桀的灭亡，而周幽王、周厉王又嘲笑殷纣王的灭亡。隋炀帝大业初年，又嘲笑北周、北齐丧失国家。然而现在看隋炀帝，也像隋炀帝当时看北周、北齐一样。所以，京房对汉元帝说：‘臣忧虑后人看待今日的态度，也像今日看待前代的眼光一样。’这话不能不引以为戒啊！……”太宗说：“最近下令制造一些随身的小器物，没想到百姓因此就有嗟叹怨言，这就是我的过错了。”于是命令停止制造。

赏析与点评

“但有黎庶怨叛，聚为盗贼，其国无不即灭。”——贞观名臣马周从历史角度出发，指出一旦国家民怨沸腾，百姓聚众为盗，朝廷弄不好，便会爆发大规模的民变，最后，必然导致国家灭亡。历史上屡有这种事情出现，为政者须吸取教训，以免重蹈覆辙。

贪鄙第二十六

本篇导读

太宗认为受贿贪财是得小利而招大弊，得不偿失，告诫大臣不能贪得无厌，贪欲乃是罪恶的源泉。如果帝王贪得无厌，就会劳役无度，信任群小，疏远忠良，最终导致灭亡。如果上下清廉，方可长守富贵，江山永存。所谓“贤者多财损其志，愚者多财生其过”，“大丈夫岂得苟贪财物，以害身命，使子孙每怀愧耻耶？”太宗以此来告诫百官清廉自持，常保身家平安。

贞观初，太宗谓侍臣曰：『人有明珠，莫不贵重，若以弹雀，岂非可惜！况人之性命甚于明珠，见金银钱帛不惧刑网，径即受纳，乃是不惜性命。明珠是身外之物，尚不可弹雀。何况性命之重，乃以博财物邪？群臣若能尽忠直，益国利人，则官爵立至。皆不能以此道求荣，遂妄受钱物。赃贿既露，其身亦殒，实为可笑。帝王亦然，恣情放逸，劳役无度，信任群小，疏远忠正，有一于此，岂不灭亡！隋炀帝奢侈自贤，身死匹夫之手，亦为可笑。』

译文

贞观初年，太宗对侍臣说："人有明珠，没有不珍重的，如果拿去弹射雀鸟，不是很可惜吗？何况人的性命比明珠贵重，见到金银钱帛不畏惧法网，立即收受，这就是不爱惜性命。明珠是身外物，尚且不会拿去弹射雀鸟，何况性命更加贵重，竟然拿去换取财物么？群臣如果能够尽心忠诚正直，有益于国家，利于百姓，那么官职爵位即可以得到。一律不能用这种受贿的手段求取荣华富贵，随便收受财物。赃物贿赂暴露以后，自身也将死亡，确实可笑。帝王也是这样，任性放纵，无限度地征用劳役，信任小人，疏远忠诚正直的人，有这其中一件事，岂能不灭亡？隋炀帝奢侈而自以为贤能，自身死在普通百姓的手里，也是可笑。"

赏析与点评

"隋炀帝奢侈自贤，身死匹夫之手，亦为可笑。"——太宗表面上是耻笑隋炀帝骄奢自负，终为宇文化及所弑，不得善终；实质上是以史为鉴，毕竟太宗本人，以至所有的贞观名臣，都经历过杨隋王朝的强盛日子，可是短短十年八载之后，大隋天子杨广，竟为手下部将所弑，盛极一时的隋杨王朝亦土崩瓦解，灰飞烟灭。可笑之余，个中关键，更值得贞观君臣探究与深思。

贞观四年，太宗谓公卿曰：『朕终日孜孜，非但忧怜百姓，亦欲使卿等长守富贵。天非不高，地非不厚，朕常兢兢业业，以畏天地。卿等若能小心奉法，常如朕畏天地，非但百姓安宁，自身常得欢乐。古人云：「贤者多财损其志，愚者多财生其过。」此言可以为深诫。若徇私贪浊，非止坏公法、损百姓，纵事未发闻，中心岂不恒恐惧？恐惧既多，亦有因而致死。大丈夫岂得苟贪财物，以害身命，使子孙每怀愧耻耶？卿等宜深思此言。』

译文

贞观四年，太宗对公卿大臣们说："我整天孜孜不倦，不仅仅是忧念爱惜百姓，也是想让你们能够长久地富贵。天并不是不高，地并不是不厚，然而我常常兢兢业业，是因为对天地十分敬畏。你们如果能够小心谨慎奉公守法，经常像我敬畏天地一样，不但能够使得百姓安宁，你们自身也能经常得到快乐。古人说：'贤明的人如果财产多了，就会损害他们的志向；愚蠢的人如果财产多了，就会造成他们的过错。'这话可以深以为诫。如果徇私贪污，不但是破坏了国法，伤害了百姓，即使事情没有败露，心中怎能不常怀恐惧呢？恐惧多了，也有因此而导致死亡的。大丈夫怎么能够因为贪图财物而害了自身性命，使子孙后代每每为此感到惭愧羞耻呢？你们应当深刻地思考这些话。"

贞观十六年，太宗谓侍臣曰：『古人云：「鸟栖于林，犹恐其不高，复巢于木[1]；鱼藏于泉，犹恐其不深，复穴于窟下[2]。然而为人所获者，皆由贪饵故也。」今人臣受任，居高位，食厚禄，当须履忠正，蹈公清，则无灾害，长守富贵矣。古人云：「祸福无门，惟人所召[3]。」然陷其身者，皆为贪冒财利[4]，与夫鱼鸟何以异哉？卿等宜思此语，用为鉴诫。』

注释

1 巢：构巢。

2 穴：筑穴。窟下：水窟底部。

3 “祸福无门”二句：语出《左传·襄公二十三年》。意谓祸福无定，由人自取。

4 贪冒：贪图。语出《左传·文公十八年》“贪于饮食，冒于货贿”。

译文

贞观十六年，太宗对身边的大臣说：“古人说：‘鸟栖息在树林里，还担心树木不够高，又在树梢上筑巢；鱼潜藏在泉水里，还担心水不够深，又在洞窟下做穴。但是它们仍然被人捕获，这都是因为贪食诱饵的缘故啊。’现在臣子接受任命，身居高位，享有厚禄，应当做事忠诚正直，遵循清廉无私的原则，那么就不会有灾难，能长久保持富贵。古人说：‘祸福无定，由人自取。’然而那些以身犯法的人，都是因为贪图财利，这与那些鱼和鸟有什么不同呢？你们应该思考这些话，作为借鉴和告诫。”

崇儒学第二十七

本篇导读

自汉武帝采纳董仲舒“罢黜百家，独尊儒术”的建议以来，儒家思想就成为历代王朝的统治思想，备受推崇。太宗即位之初，也着意文治，崇尚儒学。因此他连年下诏，确定孔子、颜回为先圣先师，设置弘文馆。同时命令颜师古考定五经、孔颖达撰写《五经正义》，“付国学施行”。贞观时期崇孔尊儒，兴学重教，把勤奋学习儒家思想看作是一种美德，使儒学成为封建社会的正统思想，其目的是为了维护君主的统治。

太宗初践阼[1]，即于正殿之左置弘文馆[2]，精选天下文儒，令以本官兼直学士[3]，给以五品珍膳，更日宿直[4]，以听朝之隙，引入内殿，讨论坟典[5]，商略政事，或至夜分乃罢。又诏勋贤三品已上子孙，为弘文馆学生。

注释

1 践阼：即位。践，踏。阼，大殿前东面的台阶称“阼”，君主即位时践阼升殿，因称君主即位为“践阼”。

2 弘文馆：唐武德四年（六二一）置修文馆于门下省。九年（六二六），太宗即位，改名弘文馆。聚书二十余万卷。置学士，掌校正图籍，教授生徒。置校书郎，掌校理典籍，刊正错谬。

3 直学士：学士。唐代置学士于学士院，以文学言语参谋谏诤，掌制诰，得受优宠。其后有承旨、侍读、侍讲、直学士等品秩之分。直，通“值”，兼任之意。

4 更日：隔日或按日轮换。宿直：夜间值班。

5 坟典：“三坟”、“五典”的并称，后转为古代典籍的通称。

译文

太宗登基初年，就在皇宫正殿的左边修建了一座弘文馆，精选了全国通晓儒学的人，让他们以原来的官职兼任弘文馆学士，供给他们五品以上高官的珍贵饮食享用，按日轮流在皇宫里值班，在皇帝上朝的间隙就召到内殿来，讨论古代典籍，商议治政方略，有时到夜深才结束。太宗又下诏让那些三品以上有功勋有才能的人的子孙，做弘文馆的学生。

贞观二年，诏停以周公为先圣，始立孔子庙堂于国学[1]，稽式旧典[2]，以仲尼为先圣，颜子为先师[3]，而笾豆干戚之容[4]，始备于兹矣。是岁大收天下儒士，赐帛给传[5]，令诣京师，擢以不次[6]，布在廊庙者甚众[7]。学生通一大经已上[8]，咸得署吏。国学增筑学舍四百余间，国子、太学、四门、广文亦增置生员[9]，其书、算各置博士、学生[10]，以备众艺[11]。自玄武门屯营飞骑亦给博士[12]，授以经业[13]，有能通经者，听预贡举[14]。太宗又数幸国学，令祭酒、司业、博士讲论[15]，毕，各赐以束帛。四方儒生负书而至者，盖以千数。俄而吐蕃及高昌、高丽、新罗等诸夷酋长亦遣子弟请入于学[16]。于是国学之内，鼓箧升讲筵者[17]，几至万人，儒学之兴，古昔未有也。

注释

1 国学：周代的“国学”只是国家所办的“贵族子弟学校”。此后朝代更替，“国学”逐步由小学演变为高等学府。

2 稽式：准则，法式。这里引申为取法。

3 颜子：即颜渊。

4 笾（biān）豆：笾和豆，古代祭祀时盛食物的礼器。干戚：盾和大斧，古代祭祀时操干戚以舞。

5 给传：谓朝廷给予驿站车马。汉代，凡朝廷征召之人由公交车（官署名）以车接送。

6 不次：不依寻常次序。

7 廊庙：这里指朝廷。

8 大经：唐代国子监教课及进士考试经书，皆按经文长短分大、中、小三级，唐以《礼记》、《春秋左氏传》为大经。

9 国子：指国子学（监），我国封建时代的教育管理机关和最高学府，唐代国子学下辖国子、太学、四门学、广文馆、书学、算学和律学共七学。国子学是教文武三品以上官员及国公的子孙。太学：与国子学（监）均为传授儒家经典的最高学府，太学是教文武五品以上官员及郡县公的子孙。四门：即四门学。性质与国子学、太学同，教育对象是七品以上官员及普通人家的优秀子弟。广文："广文馆"的简称。官署名，领国子学中修进士业者。

10 书、算：即指书学和算学。书学是唐代培养书法人才的学校。算学是培养天文、数学人才的学校。

11 众艺：各种技艺，引申作各学科。

12 屯营飞骑：守卫宫廷的驻军。唐贞观十二年，在京师长安宫廷的玄武门置左右屯，以诸卫将军统领，其兵称飞骑。

13 经业：学习经书。

14 贡举：古代官员向皇帝、朝廷举荐人员，泛称贡举。

15 祭酒：为国子监的主管官员。司业：学官名。隋以后国子监置司业，为监内的副长官，协助祭酒，掌儒学训导之政。博士：古代学官名，管教七品以上官员的子弟以及有才干的庶人子弟。

16 吐蕃：公元七至九世纪时我国古代藏族所建政权，与唐经济文化联系至为密切。高昌：故城坐落在今新疆维吾尔自治区吐鲁番东面四十多公里的三堡乡。六四〇年，唐朝统一高昌，在此设立西州。高丽：少数民族政权之一，在今朝鲜半岛。新罗：朝鲜半岛东南部土著民族建立的本土政权。

17 鼓箧：谓击鼓开箧，古时入学的一种仪式。这里借指来求学的人。讲筵：讲经、讲学的处所。这里借指讲学的人。

译文

贞观二年，太宗下诏停止庙祀周公为先圣，开始在国子学内建立奉祀孔子的庙堂，取法旧有的制度，尊孔子为先圣，颜渊为先师，庙堂两边陈列的笾豆、干戚等礼器和乐舞用具从此齐备了。这一年又广泛招揽天下的儒士，赏赐他们布帛，供给他们驿站车马，让他们到京城来，不按寻常的次序授予他们高低不等的官职，因此在朝廷做官的儒士有很多。太学生如能读通《礼记》、《左传》大经中的一种，都能任职为吏。在国子学内增建了四百多间房舍，国子、太学、四门、广文四学也都增加了学生的名额，书学、算学也分别设置了博士、招收学生，使各种科目都设置完备。自玄武门屯营飞骑的士兵亦发遣博士，以经业教授将士，若有学成而能通经的，则由所部举荐给朝廷授职。太宗又几次亲自前往国学，命祭酒、司业以及博士等学官进行讲论，讲完后每人赏赐五匹帛。四面八方带着书赶来求学的儒生数以千计。不久以后吐蕃和高昌、高丽、新罗等四夷的酋长们也派他们的子弟前来申请入学。于是在国子学内，前来讲学和求学的人几乎达到万人，儒学这么兴旺，是自古以来未曾有过的。

太宗尝谓中书令岑文本曰：『夫人虽禀定性[1]，必须博学以成其道，亦犹蜃性含水[2]，待月光而水垂；木性怀火，待燧动而焰发[3]；人性含灵，待学成而为美。是以苏秦刺股[4]，董生垂帷[5]。不勤道艺，则其名不立。』文本对曰：『夫人性相近，情则迁移，必须以学饬情[6]，以成其性。《礼》云：「玉不琢不成器，人不学不知道[7]。」所以古人勤于学问，谓之懿德[8]。』

注释

1 禀：承受，指自然的体性或气质。

2 蜃（shèn）：即大蛤蜊。栖息于潮湿地带及浅海泥沙滩的表层，可供食用。相传大蛤蜊的本性含水，等到有月光的时候才喷出来，借用光的折射原理形成美丽的图案。

3 燧（suì）：古代取火的器具。

4 苏秦刺股：苏秦，字季子。洛阳（今河南洛阳）人，师事鬼谷子。战国时期，中原大地七雄并立，苏秦凭借自己的学识和口才游说当时最强大的秦国，希望得到重用，但是未能如愿。后得《太公阴符经》，潜心研读。读书欲睡，就用锥子刺自己的大腿，血流至脚跟，经过了一番努力，终于学有所成，成功游说诸侯，合齐、楚、燕、赵、魏、韩六国抗秦，佩六国相印。

5 董生垂帷：董生，名仲舒，广川（今河北枣强）人，汉景帝时为博士。相传他在讲学时，为专心教书，放下帷幕，弟子均不得见其面。武帝即位，上对策三篇，任用为江都王相。生平讲学著书，他建议“独尊儒术，罢黜百家”，为武帝所采纳，使儒学成为封建社会的正统。

6 饬情：即要懂得控制情感。饬，告诫、制约。

7 “玉不琢不成器”二句：语出《礼记·学记》。琢，雕琢，加工玉器。

8 懿德：美德。懿，美好，多指品德。

译文

太宗曾对中书令岑文本说："人虽然各自有确定的秉性，但必须博学才能有所成就，就像大蛤蜊本性含水，但要等月光照射时才会把水吐出来而形成美丽的图案；又像木材本身包含易燃的因素，但要靠钻动燧石才能燃出火来；人的本性中包含着聪明灵巧，但要通过学习才能显出他的美质。所以当年有苏秦刺股和董生垂帷这样刻苦学习的故事。说明不勤奋学习道德和技能，就不会树立起他们的名声。"岑文本回答说："人的天性是相近的，但人的情趣则可以随时变化，必须依靠学习来驾驭情感，成就人的本性。《礼记》上说：'玉不琢不成器，人不学就不懂得道理。'所以古人都注重勤奋学习，把它看作是一种美德。"

赏析与点评

"人虽禀定性，必须博学以成其道。"——人的本性，先天禀赋固然是重要因素，但仍须依靠后天的学习方可臻于正道的。《礼记》有云："人不学不知道。"读书、求知识，能使人明是非，懂礼仪，掌握道理，认识外部世界，从而寻找自己的道路。

文史第二十八

本篇导读

太宗在阅读史书时发现前朝史书多看重靡丽文章，不务政事。因而鼓励臣子上书论政，要“词理切直，可裨于政理者”，同时他认为“若事不师古，乱政害物，虽有词藻，终贻后代笑”。此外，太宗还特别关注记载自己言行的起居注，他认为“国史，用为惩恶劝善，书不以实，后嗣何观”，因而他对玄武门事变的记载，要求史官秉笔直书，使“雅合至公之道”，从而反映出作者自己提倡秉笔直书、反对曲笔的观点。

贞观十一年，著作佐郎邓隆表请编次太宗文章为集[1]。太宗谓曰：『朕若制事出令，有益于人者，史则书之，足为不朽。若事不师古，乱政害物，虽有词藻，终贻后代笑，非所须也。只如梁武帝父子及陈后主、隋炀帝[2]，亦大有文集，而所为多不法，宗社皆须臾倾覆。凡人主惟在德行，何必要事文章耶？』竟不许。

注释

1 著作佐郎：著作局属官。《新唐书·百官志二》云："著作局。郎二人，从五品上；著作佐郎二人，从六品上。"著作郎掌撰碑志、祝文、祭文，与佐郎分判局事，专掌史任。邓隆：相州（今河南安阳）人。贞观初，召授国子主簿，与崔仁师、慕容善行、刘颢、庾安礼、敬播均为修史学士。后改著作佐郎，历卫尉丞。

2 梁武帝父子：指南朝的梁武帝萧衍和其子萧统。梁武帝（四六四至五四九），名萧衍，字叔达，富有政治、军事才能；在学术研究和文学创作上更有突出成就。陈后主：即陈叔宝（五五三至六〇四），南朝陈皇帝。在位时频建宫室，生活奢华无度。祯明三年（五八九），隋兵入建康（今江苏南京），兵败被俘。后病死于洛阳，追封为长城县公。

译文

贞观十一年，著作佐郎邓隆上表请求将太宗的文章编辑成文集。太宗对他说："我制定的政策、发出的诏令，如果对人民有好处的，史书已经记载了，足以流传不朽。如果处理的事务不师法古人，扰乱国家、对百姓有害，虽然文章辞藻华丽，终究会被后代耻笑，这不是我需要的。像梁武帝父子和陈后主、隋炀帝，也都有文集，但是他们的所作所为大多不合法度，国家在短时间内就灭亡了。凡是做君主的只需着重于道德品行的修养，何必从事文章的写作呢？”太宗最终没有允许编辑文集的事。

赏析与点评

“事不师古，乱政害物，虽有词藻，终贻后代笑，非所须也。”——对太宗而言，以隋亡为鉴是贞观君臣亟欲阐述的历史教训，若不懂得学习前人经验，只会乱了政局，伤害人民。那时，虽有辞藻华丽的文章，也只是文过饰非，毫无意义。结果，只会贻笑后世，这并不是为政者所需要的。

贞观十三年，褚遂良为谏议大夫，兼知起居注。太宗问曰：『卿比知起居，书何等事？大抵于人君观见否？朕欲见此注记者，将却观所为得失以自警戒耳[1]！』遂良曰：『今之起居，古之左、右史[2]，以记人君言行，善恶毕书，庶几人主不为非法，不闻帝王躬自观史。』太宗曰：『朕有不善，卿必记耶？』遂良曰：『臣闻守道不如守官，臣职当载笔[3]，何不书之。』黄门侍郎刘洎进曰：『人君有过失，如日月之蚀，人皆见之。设令遂良不记，天下之心皆记之矣！』

注释

1 却观：再看一遍。

2 左、右史：周代史官分左史、右史。左史记言，右史记事。负责记录天子、国君的一切言行。

3 载笔：从事记录。

译文

贞观十三年，褚遂良任谏议大夫兼任起居郎。太宗问他说："你近来负责起居注的工作，记录了哪些事？大概对皇帝来说可不可以看？我想看这些记录的原因，不过是再看看所作所为的得失，用来警惕和告诫自己。"褚遂良说："现在的起居注，就是古代的左史和右史，用来记录皇帝的言行，好坏都记下来，希望皇帝不做非法的事，未听说皇帝要亲自阅读起居注。"太宗说："我有不好的事，你一定记吗？"褚遂良说："我听说遵守君臣道义不如忠于自己的职责，我的责任是从事记录，为什么不记呢？"黄门侍郎刘洎进言说："皇帝有过失，就像日月的亏损一样，众人都看见。即使褚遂良不记，天下人也都记下来了。"

礼乐第二十九

本篇导读

太宗认为“礼乐之作，是圣人象物设教，以为撙节”的，因此他下诏吏部尚书高士廉等刊正姓氏，撰写《氏族志》，其目的在于“崇树今朝冠冕”。他还诏曰：“氏族之美，实系于冠冕；婚姻之道，莫先于仁义”，“使识嫁娶之序，务合典礼”。礼乐是纲常伦理的关键，是处理人际关系、调整君臣秩序的原则。太宗诏令改革礼制，自身躬行不辍，并用礼法教诫诸子大臣，懂得“礼乐”是一种有效的治国方式。古代帝王常用兴礼乐为手段以求达到尊卑有序、远近和合的统治目的。

太宗初即位，谓侍臣曰：『准《礼》[1]，名，终将讳之[2]，前古帝王，亦不生讳其名。故周文王名「昌」，《周诗》云：「克昌厥后[3]。」春秋时鲁庄公名「同」，十六年《经》云[4]：「齐侯、宋公同盟于幽。」惟近代诸帝，皆妄为节制，特令生避其讳，理非通允，宜有改张。』因诏曰：『依《礼》，二名义不偏讳[5]。尼父达圣[6]，非无前指。近世以来，曲为节制[7]，两字兼避，废阙已多，率意而行，有违经语。今宜依据礼典，务从简约，仰效先哲，垂法将来。其官号人名及公私文籍，有「世」及「民」两字不连读，并不须避。』

注释

1 准《礼》：按照《周礼》。准，按照。

2 “名”二句：意谓人的名字，要等到他死了以后才避讳。《左传·桓公六年》云：“周人以讳事神，名，终将讳之。”意谓周代用避讳事奉神灵，人死之后，他的名字就必须避讳。封建时代为了维护等级制度的尊严，说话写文章时遇到君主或尊亲的名字都不可直接说出或写出，叫作避讳。

3 克昌厥后：能使他的子孙昌盛。语出《诗经·周颂·雍》，此诗为武王祭文王的乐歌，中有“燕及皇天，克昌厥后”两句。

4 十六年：指鲁庄公十六年。《经》：指《春秋》经。

5 “依《礼》”二句：意谓按照《礼记》，人名的两个字，不需要一一避讳。《礼记·曲礼上》云：“二名不偏讳。”郑玄注：“谓二名不一一讳也。孔子之母名‘征在’，言‘在’不称‘征’，言‘征’不称‘在’。”

6 尼父：又作尼甫，是古人对孔子的尊称。

7 曲：弯曲。引申作不正，不合理。

译文

太宗即位之初，对身边的大臣们说：“按照《周礼》，人的名字要等到死后才避讳，从前古代帝王的名字也不在他们生前避讳。因此周文王名‘昌’，《周颂》上说：‘克昌厥后。’春秋时鲁庄公名‘同’，庄公十六年《春秋》经记载着：‘齐侯、宋公同盟于幽。’只有近代这些帝王才乱加限制，特意下令在其生前就要避讳，这在道理上讲不通，应当有所改变。”于是下诏说：“按照《礼记》，人名的两个字，不需要一一避讳。孔子是通达事理的圣人，以前不是没有指出过。近代以来，不合理地加以限制，人名的两个字都要避讳，废除和空缺的字因此很多，这样轻率任意地做，有违经典的训示。现在应该依据礼法，务必遵行简约的规定，效法前朝圣人，给后世留下可行的法则。官职、人名以及公私文书典籍中，有‘世’和‘民’两个字而并不连读的，都不用避讳。”

贞观六年，太宗谓尚书左仆射房玄龄曰：『比有山东崔、卢、李、郑、四姓[1]，虽累叶陵迟[2]，犹恃其旧地，好自矜大，称为士大夫。每嫁女他族，必广索聘财，以多为贵，论数定约，同于市贾，甚损风俗，有紊礼经，既轻重失宜，理须改革。』……太宗谓曰：『我与山东崔、卢、李、郑，旧既无嫌，为其世代衰微，全无官宦，犹自云士大夫。婚姻之际，则多索钱物。或才识庸下，而偃仰自高[3]，贩鬻松槚[4]。依托富贵。我不解人间何为重之？且士大夫有能立德立功，爵位崇重，善事父君，忠孝可称；或道义素高，学艺宏博，此亦足为门户，可谓天下大丈夫。今崔、卢之属，惟矜远叶衣冠[5]，宁比当朝之贵？公卿已下，何假多输钱物，兼与他气势，向声背实[6]，以得为荣。我今定氏族者，诚欲崇树今朝冠冕[7]，何因崔幹犹为第一等，只看卿等不贵我官爵耶！不须论数代已前，止取今日官品、人才作等级，宜一量定，用为永则。』遂以崔幹为第三等。至十二年成书，凡百卷，颁天下。

又诏曰：『氏族之美，实系于冠冕。婚姻之道，莫先于仁义。自有魏失御，齐氏云亡，市朝既迁[8]，风俗陵替[9]，燕、赵古姓，多失衣冠之绪，齐、韩旧族，或乖德义之风。名不著于州闾，身未免于贫贱，自号高门之胄，不敦匹嫡之仪[10]，问名惟在于窃赀[11]，结缡必归于富室[12]。乃有新官之辈，丰财之家，慕其祖宗，竞结婚姻，多纳货贿，有如贩鬻。或自贬家门，受屈辱于姻娅[13]；或矜其旧望，行无礼于舅姑[14]。积习成俗，迄今未已，既紊人伦，实亏名教。朕夙夜兢惕，忧勤政道，往代蠹害，咸已惩革，惟此弊风，未能尽变。自今已后，明加告示，使识嫁娶之序，务合典礼，称朕意焉。』

注释

1 山东：秦汉时期的山东泛指华山、崤山以东。后世则指黄河流域中下游一带。

2 叶：世。陵迟：衰落之意。

3 偃仰自高：自以门第高贵而悠闲自得。

4 松槚：树木名称。杠树常与松树一起种在坟墓前。这里指死去的祖先的名望。

5 远叶：世代以来的意思。衣冠：世族、高门的同义词。

6 向声背实：崇尚名声，不顾实际。

7 今朝冠冕：今朝，当今世代的意思。冠冕，这里借指仕宦官爵。我国古代社会等级森严，阶级地位的高低往往决定人的尊卑贵贱。除了衣饰之外，冠冕、巾帻也尊卑分明。

8 市朝：本指争名逐利之所。这里泛指朝野。

9 陵替：衰落，衰败。

10 敦：遵循，遵守。匹嫡：这里指缔结婚姻。

11 问名：旧时婚礼中六礼之一。谓男家具书托媒请问女子的名字和出生的年月日。这里泛指求亲。

12 结褵（lí）：代称成婚。

13 姻娅（yà）：泛指姻亲。

14 舅姑：妻称夫之父母（俗称公婆）、夫称妻之父母（俗称岳父母）皆曰舅姑。

译文

贞观六年，太宗对尚书左仆射房玄龄说："近来山东崔、卢、李、郑四姓，虽然累世衰落，仍依仗旧时的声望，喜欢夸耀自大，称为士大夫。每嫁女给别族，都要大索聘礼财物，以要的多为尊贵，按数目订婚约，就像市场上的商人，很败坏风俗，又紊乱礼法，既然他们的地位已不恰当，理应加以改革。"……太宗说："我和山东崔、卢、李、郑四姓，过去没有恩怨，只因他们累世衰落，又无人做官，还自称士大夫。嫁娶的时候，又索取很多钱财物品。有的才能低下，自以为门第高贵而悠闲自得，贩卖祖宗的名望，依靠声望来发财，我不理解社会上为什么看重他们。再说士大夫有才能建立德业、功业，爵位崇高，善于侍奉君主和父母，忠孝都值得赞扬；或者道德仁义向来高尚，学问技艺宏大广博。这些也足够成为高尚门第，可以说是天下的大丈夫。现在崔、卢这些人，只夸耀远代的冠冕，怎能比上我朝的尊贵？从公卿到下面，凭什么送他们这么多财物，又助长他们的气势，只图虚名，不顾实际，以得到这样为光荣。我现在制定氏族等级，实在是想推崇树立我朝的官爵，为什么崔幹还列为第一等，只是看出你们不贵重的官爵！不要看几代以前，只按今天的官品、人才作为等级，应该统一衡量决定，用作永久的评定等第的原则。”于是列崔幹为第三等。到贞观十二年全书完成，共一百卷，颁布全国。

太宗又下诏说：“氏族值得赞美的地方，实际上是和官爵联系在一起的。婚姻的准则，应该先讲究仁义道德。自从北魏丧失统治能力，北齐灭亡，朝野已经变迁，风俗也已衰落，燕、赵的古姓家族，很多已经失去了官宦的地位，齐、韩的旧家大族，有的也违背了礼义的风气。他们的名字在州郡里已经听不到了，自身也不免变得贫贱，还自命是高门贵族的后代，不遵循婚姻的礼仪，求亲只是为了勒索财物，缔结婚约一定要寻找富裕人家。于是就有一些新做官的人和有钱的人家，羡慕那些人祖宗的名声，争相和他们结成姻亲，赠送大量的彩礼，就像买卖东西一样。有的自己降低门第，受到姻亲的污辱；有的还夸耀自己过去的门第，对公公婆婆没有礼貌。这些坏习惯已积习成俗，至今还没有停止，既紊乱了人伦，又损害了名教。我日夜战战兢兢，思索治国之道，对历代的积习弊端都做了惩治和革除，只有这种坏风气还没能完全改变。从今以后，明白告示，使大家懂得嫁娶的礼仪，一定要遵守礼法，这才符合我的心意。”

赏析与点评

“累叶陵迟，犹恃其他，好自矜大，称为士大夫。”——太宗认为那些所谓的士族高门，几代以来早已衰落，然而他们仍依仗着旧时的声望，喜欢夸耀自大，自抬身价，称为士大夫，以示高人一等。实际上就是在挑战李唐王朝的统治权威，在社会上形成一种不良的风气。所以，太宗命高士廉修《氏族志》，重新制定门阀士族的标准，以当朝官职为考虑。可惜，事与愿违，太宗的想法并没奏效，终李唐一朝历史，门阀士族依然是整体社会不同阶层所景仰、所欲攀附的一群。

礼部尚书王珪子敬直，尚太宗女南平公主[1]。珪曰：『《礼》有妇见舅姑之义，自近代风俗弊薄，公主出降，此礼皆废。主上钦明[2]，动循法制，吾受公主谒见，岂为身荣，所以成国家之美耳。』遂与其妻就位而坐，令公主亲执巾，行盥馈之道[3]，礼成而退。太宗闻而称善。是后公主下降有舅姑者，皆遣备行此礼。

注释

1 尚：匹配，专指匹配皇室女儿。

2 钦明：皇帝英明。钦，皇帝所作之事的敬称。

3 盥馈（guànkuì）之道：古时婚姻礼节之一，新媳妇过门见公婆时，要先给公婆取水洗手，然后送上食物。盥，浇水洗手。馈，进食。

译文

礼部尚书王珪的儿子敬直，娶太宗的女儿南平公主。王珪说："《仪礼》记录了儿媳妇拜见公婆的礼节，自近代以来风俗败坏浅薄，公主出嫁，拜见公婆的礼节都废弃了。现在皇帝英明，一切行为皆遵循法制，我接受公主的拜见，难道是为了自我光荣，是以此成全国家美德的缘故罢了。"于是与妻子坐在座位上，命公主亲自拿帕子，行洗手进食的礼节，礼毕后才退下。太宗听到称赞好。自此以后，公主下嫁到有公婆的家庭时，都要让公主完成这样的礼节。

贞观十三年，礼部尚书王珪奏言：『准令三品以上，遇亲王于路[1]，不合下马，今皆违法申敬，有乖朝典。』太宗曰：『卿辈欲知崇贵，卑我儿子耶？』魏征对曰：『汉、魏以来，亲王班次三公以下[2]。今三品并天子六尚书九卿[3]，为诸王下马，王所不宜当也。求诸故事[4]，则无可凭，行之于今，又乖国宪，理诚不可。』帝曰：『国家立太子者，拟以为君。人之修短，不在老幼。设无太子，则母弟次立。以此而言，安得轻我子耶？』征又曰：『殷人尚质，有兄终弟及之义。自周以降，立嫡必长[5]，所以绝庶孽之窥窬[6]，塞祸乱之源本，为国家者，所深慎之。』太宗遂可王珪之奏。

注释

1 亲王：唐代以皇帝的兄弟和儿子为亲王，是所有爵位中最尊贵的一种。

2 班：官员上朝时排列的等级次序，越前者，越尊贵。

3 九卿：汉唐以来，中央官员机构的泛称。

4 故事：先例，旧时的典章制度，前朝旧例。

5 立嫡：确立嫡妻所生之子为继承人。在传统社会，正妻为嫡，正妻所生之子称为嫡子。

6 庶孽：即庶子，与嫡子相对而言，为妾媵所生。窥窬（yú）：同觊觎，即有非分的企图与希望。

译文

贞观十三年，礼部尚书王珪上奏章说："按照法令，三品以上的官员在路上遇到亲王，不应该下马行礼，现在都违背法令来表明尊敬，有违朝廷的法典。"太宗说："你们这些人想抬高自己，贬低我的儿子吗？"魏征回答说："汉、魏以来，亲王排列等级都在三公之下。现在三品官员和六部尚书、九卿都给亲王下马行礼，这是亲王不应承受的。寻找先例，没有依据；现在施行，又违国法，于理实在不可。"太宗说："国家立太子，是准备他成为皇帝。一个人的优劣，不在年龄大小。假如没有太子，则同母弟当依次立为太子。按这个来说，怎能轻视我的儿子？”魏征又说：“殷人崇尚朴实，有兄死传弟的情谊。自周朝以来，立嫡必立长子，用来根绝庶子非分的想法，堵塞祸乱的根源。治理国家的人，对此要十分谨慎。”太宗于是允许王珪的奏请。

赏析与点评

“违法申敬，有乖朝典。”——魏征认为三品官员遇到亲王下马行礼，或许表示对对方的尊敬，但却违反了国家法规，更是不符朝廷的礼仪制度。这种风气，必须禁止。在极为讲究礼仪法规的古代社会，魏征的看法是严肃而明确的。因而，太宗虽力争官员向亲王行礼，仍不能强行为之。结果，还是下令停止了这种不合法规、礼仪之事。

务农第三十

本篇导读

太宗认为“凡事皆须务本。国以人为本，人以衣食为本，凡营衣食，以不失时为本”，“君无为则人乐，君多欲则人苦”，强调要省徭薄赋，不夺农时，期望五谷丰登，农民安居乐业。我国是传统的农业国家，历代王朝都把农业视为国家的根本，推行重农政策。农业发达，国家才能富庶；国家富庶，社会才能安定，王朝才能国祚绵长。唐太宗推行了轻徭薄赋的农业政策，使农业生产迅速恢复，这也为实现“贞观之治”提供了必要的物质基础。

贞观二年，太宗谓侍臣曰：『凡事皆须务本。国以人为本，人以衣食为本，凡营衣食，以不失时为本。夫不失时者，惟在人君简静乃可致耳[1]。若兵戈屡动，土木不息，而欲不夺农时，其可得乎？』王珪曰：『昔秦皇、汉武，外则穷极兵戈，内则崇侈宫室，人力既竭，祸难遂兴。彼岂不欲安人乎？失所以安人之道也。亡隋之辙，殷鉴不远，陛下亲承其弊，知所以易之。然在初则易，终之实难。伏愿慎终如始，方尽其美。』太宗曰：『公言是也。夫安人宁国，惟在于君。君无为则人乐[2]，君多欲则人苦。朕所以抑情损欲，克己自励耳。』

注释

1 简静：谓简易宁静，施政不烦琐苛刻，不扰民生。

2 无为：顺应自然，无为而治。

译文

贞观二年，太宗对身边的大臣说："凡处理事情都必须抓住根本。国家以民众为根本，民众以衣食为根本，凡经营衣食，以不失农时为根本。而不违背农时，在于国君施政不繁苛才可以达到。假若连年征战，土木营建不停息，而想不挤占农事的时令，怎么可能呢？"王珪说："从前秦始皇、汉武帝对外穷兵黩武，对内大造宫室，人力用尽，灾难随即就会发生。他们难道不想让人民安居乐业吗？只是失去了能安定人民的办法。隋朝灭亡的教训，殷鉴不远，陛下亲身承受隋朝的弊病，知道怎样去改造。然而事情开始还容易做到，要坚持到底就很难了。但愿陛下能够始终谨慎小心，才能达到最完善的境界。"太宗说："你说得对啊。要使人民安乐、国家安宁，关键在于国君。国君能够无为而治，人民就能安乐；国君贪得无厌，人民就要受苦。所以我要抑制感情、减少私欲，克制自己并自我勉励。"

赏析与点评

“凡事皆须务本”——任何事情都有其根源由来，处事者必须厘清问题的根源所在，所谓“正本清源”。从根源入手，顺其自然，该去的去，该留的留，不必横生枝节，事情最终会得到妥善的发展。

贞观二年，京师旱，蝗虫大起。太宗入苑视禾[1]，见蝗虫，掇数枚而祝曰[2]：『人以谷为命，而汝食之，是害于百姓。百姓有过，在予一人，尔其有灵，但当食我心，无害百姓。』将吞之，左右遽谏曰：『恐成疾，不可。』太宗曰：『所冀移灾朕躬，何疾之避！』遂吞之。自是蝗不复为灾。

注释

1 苑：即禁苑，是帝王畜养动物和种植植物林木的地方。

2 掇：双手捧取。

译文

贞观二年，京师长安大旱，蝗虫为患。太宗到皇室禁苑视察农作物，看见蝗虫，双手捧起几只蝗虫祈求说："粮食是百姓的生命，你吃了粮食，是坑害百姓。百姓有过错，责任在我一人，你如果有灵性，只该吃我的心，不要伤害百姓。"祈求完毕后，就要吞下蝗虫，左右的人急忙劝说："吃下去怕要生病，不可吃。"太宗说："我希望灾祸转移到我身上，还避免什么病呢！"就吞了蝗虫。从此蝗虫不再为害。

贞观十六年，太宗以天下粟价率计斗直五钱，其尤贱处，计斗直三钱，因谓侍臣曰：『国以人为本，人以食为命，若禾黍不登[1]，则兆庶非国家所有。既属丰稔若斯[2]，朕为亿兆人父母，安得不喜？惟欲躬务俭约，必不辄为奢侈。朕常欲赐天下之人，皆使富贵。今省徭薄赋，不夺其时，使比屋之人，恣其耕稼，此则富矣。敦行礼让，使乡闾之间，少敬长，妻敬夫，此则贵矣。但令天下皆然，朕不听管弦，不从畋猎，乐在其中矣！』

注释

1 不登：指粮食歉收。登，粮食成熟。

2 丰稔：丰熟，丰收。

译文

贞观十六年，太宗因为全国大多数地方的粮价每斗值五枚钱，最便宜的地方，一斗只值三枚钱，于是对身边的大臣说："国家以民众为根本，民众把粮食视为生命，如果粮食歉收，那么亿万百姓就不属于国家所有了。如今粮食如此丰足，我作为亿万百姓的父母，怎会不高兴呢？只想以身作则，厉行节约，一定不随意奢侈挥霍。我时常想赏赐恩惠给天下百姓，让他们富贵起来。如今省除徭役租赋，不要占用他们的耕作时间，使家家户户的农民都能尽心耕耘收获，这样家家就能富足了。督促他们实行礼义谦让，使邻里乡亲之间年少的尊敬年长的，妻子尊敬丈夫，这样百姓就能尊贵了。只要能使天下都成为这样，我不听音乐，不去畋猎，也会乐在其中啊！"

赏析与点评

“国以民为本，人以食为命。”—太宗开宗明义地说出“国以民为本”，又一次显示出他的“民本”思想。另外，太宗能说出“人以食为命”这话，可见他是真的知民生、知民困。在传统的农业社会中，粮食（农作收成）就是普罗百姓的生命，其一切用度所需，皆取决于粮食的多寡，除此别无其他。

刑法第三十一

本篇导读

刑罚的本意，在于惩治罪恶、鼓励善行。因此，刑罚不在多重，重要的是能达到教化的目的。太宗认为使用刑罚要特别谨慎，要无偏无私，尤其对死刑判决要特别谨慎，要求执法者要五次复奏。同时太宗总结历史教训，告诫官员要自律，处理公务要“如履薄临深，战战栗栗，用周文小心”，不要“危人自达，以钓声价”。由于贞观年间用刑宽大公平，所以社会才得以安宁，监狱也曾经几乎闲置不用。

贞观元年，太宗谓侍臣曰：『死者不可再生，用法须务在宽简。古人云，鬻棺者欲岁之疫，非疾于人，利于棺售故耳。今法司核理一狱，必求深劾，欲成其考课[1]。今作何法，得使平允？』谏议大夫王珪进曰：『但选公直良善人，断狱允当者，增秩赐金，即奸伪自息。』诏从之。太宗又曰：『古者断狱，必讯于三槐、九棘之官[2]，今三公、九卿即其职也。自今以后，大辟罪皆令中书、门下四品已上及尚书九卿议之[3]，如此，庶免冤滥。』由是至四年，断死刑，天下二十九人，几致刑措[4]。

注释

1 考课：按一定的标准对官吏的政绩进行考核，以决定其升降赏罚。

2 三槐、九棘：相传周代宫廷外种槐树三棵，荆棘九株。百官朝见天子之时，三公面对槐树而立，九卿面对荆棘而立。后世便以“三槐”代指三公一类官职，“九棘”代指九卿百官。

3 大辟：古代五刑之一。后世泛指死刑为大辟。

4 刑措：也作“刑错”或“刑厝”，指置刑法而不用。

译文

贞观元年，太宗对身边的大臣说：“人死了就不可能再活，因此执法务必宽大简约。古人说，卖棺木的人希望每年都发生瘟疫，并不是他仇恨人们，只是因为瘟疫有利于棺木出售罢了。现在司法部门审理一件狱案，总想把案子办得严峻苛刻，用这种手段来完成考核成绩。现在用什么办法才能使办案公平恰当呢？”谏议大夫王珪说：“只管选择公正善良的人才，判案公允的人就增加俸禄，赏赐金帛，奸诈邪恶自然就会停止。”太宗下诏照办。太宗又说：“古时候审案，一定要询问三槐、九棘这些官员，现今的三公、九卿就相当于这样的职务。从今以后，杀头的死刑都要让中书省、门下省四品以上官员以及尚书九卿等共同议决，这样才能避免冤案和滥用刑罚。”从这时到贞观四年，判为死刑的，全国只有二十九人，几乎刑罚都快要搁置不用了。

赏析与点评

“死者不可再生，用法须务在宽简。”——所谓“人死不能复生”，太宗以民为本、爱民若子，故而责成臣下执法务必宽大简约，尤以对死囚的裁决，更须严格进行五次复奏。考贞观元年至四年，全国仅二十九人被判死刑，足见太宗确实重视百姓的生命。

贞观二年，太宗谓侍臣曰：『比有奴告主谋逆，此极弊法，特须禁断。假令有谋反者，必不独成，终将与人计之；众计之事，必有他人论之，岂借奴告主也。自今奴告主者皆不须受，尽令斩决。』

译文

贞观二年，太宗对侍臣说："近来有奴仆告发主人谋反，这是极有害的办法，特别要禁绝。假使有谋反的人，决定不会单独策划行事，定要和别人商量；众人商量的事情，必有其他人讲出来，怎么依靠奴仆告发主人呢？从今天起有奴仆告发主人谋反的，都不要受理，将告发的奴仆一概处死。"

贞观五年，诏曰：『在京诸司，比来奏决死囚，虽云五覆，一日即了，都未暇审思，五覆何益？纵有追悔，又无所及。自今后，在京诸司奏决死囚，宜三日中五覆奏，天下诸州三覆奏。』又手诏敕曰：『比来有司断狱，多据律文，虽情在可矜而不敢违法，守文定罪，或恐有冤。自今门下省复有据法合死，而情在可矜者，宜录状奏闻。』

译文

贞观五年，太宗下达诏令说："在京城的各执法官署，近来奏请处决的死囚，虽说（按程序）复奏了五次，但一天之内就完成了，都没有时间认真思考，五次复奏又有什么用呢？纵然追悔，也来不及了。从今以后，在京城的主管部门如请求处决死囚，应该在三日中五次复奏，天下各州三次复奏。"又亲自写下政令："近来执法官吏审判案件，都按照法律条文，情有可原的也不敢违背法律，完全按条文定罪。有的恐怕还有冤情。自今天起，门下省按照法律该判死刑，而情有可原的，应记下情况及时上奏。"

贞观十六年，太宗谓大理卿孙伏伽曰[1]：『夫作甲者欲其坚，恐人之伤；作箭者欲其锐，恐人不伤。何则？各有司存[2]，利在称职故也。朕尝问法官刑罚轻重，每称法网宽于往代。仍恐主狱之司利在杀人，危人自达，以钓声价。今之所忧，正在此耳！深宜禁止，务在宽平。』

注释

1 孙伏伽：约六五八年卒，唐贝州武城（今河北清河）人。曾上书劝谏唐高祖开直言之路，废止奢侈逸乐之举。贞观初年，转大理寺少卿，以直言著名。

2 司存：执掌，职责。

译文

贞观十六年，太宗对大理寺少卿孙伏伽说："制造铠甲的人希望铠甲坚固，担心人受伤；制作弓箭的人希望箭矢锋利，唯恐人不受伤。为什么呢？这是因为他们各有执掌的职责，有利于他能胜任所担当的职务的缘故。我曾经询问过法官执行刑罚轻重的情况，他们总是说刑罚比过去的朝代宽大。我仍然害怕主管刑案的官署为追求自己的利益而滥施杀刑，用危害他人的手段来使自己显达，沽名钓誉。现在我所忧虑的正是这样啊！应大力加以禁绝，用刑务必要宽大公平。"

赦令第三十二

本篇导读

“赦令”，乃减免罪刑或赋役的命令，是宽恕赦免的恩典。但如果使用过滥，则会带来很多弊病。太宗认为“国家法令，惟须简约，不可一罪作数种条格”，律法应该稳定划一，不能互相抵触，这样执法时才能做到公允平等。赦免令，更不能随意颁布，赦免越多，就会使犯罪的人心存侥幸，达不到刑罚惩恶劝善的目的。因此，太宗慎用赦免令，意在维持社会法制的稳定。

贞观七年，太宗谓侍臣曰：『天下愚人者多，智人者少。智者不肯为恶，愚人好犯宪章。凡赦宥之恩[1]，惟及不轨之辈。古语云：「小人之幸，君子之不幸。」「一岁再赦，善人喑哑[2]。」凡养稂莠者伤禾稼[3]，惠奸宄者贼良人[4]。昔「文王作罚，刑兹无赦」[5]。又蜀先主尝谓诸葛亮曰[6]：「吾周旋陈元方、郑康成之间[7]，每见启告理乱之道备矣，曾不语赦。」故诸葛亮理蜀十年不赦，而蜀大化。梁武帝每年数赦，卒至倾败。夫谋小仁者，大仁之贼，故我有天下已来，绝不放赦。今四海安宁，礼义兴行，非常之恩，弥不可数。将恐愚人常冀侥幸，惟欲犯法，不能改过。』

注释

1 赦宥（yòu）：宽恕，赦免。

2 喑哑：谓默不语。

3 稂莠（lángyǒu）：稂和莠，都是形状像禾苗而妨害禾苗生长的杂草。这里比喻坏人。

4 奸宄（guǐ）：亦作“奸轨”，指违法作乱的人。

5 “文王作罚”二句：语出《尚书·康诰》。意谓文王创制惩罚，对有罪的人严加惩治，不轻易赦免。无赦，不宽免罪罚。

6 蜀先主：即刘备。东汉末，刘备即帝位于蜀，是为先主。

7 周旋：引申为交际应酬。陈元方：即陈纪，字符方，陈寔子。东汉末名士。郑康成：即郑玄，字康成，北海高密（今山东高密）人。东汉末年的经学大师，注释了多本儒家经典，对儒家文化有很大的贡献。

译文

贞观七年，太宗对身边的大臣说：“天下愚昧的人多，聪明的人少。聪明的人是不会作恶的，愚昧的人却常常触犯法令。大凡宽恕赦免的恩典，涉及的只是那些图谋不轨的愚昧的人。古话说：‘小人的幸运，就是君子的不幸。’‘一年之内发布几次大赦令，善良的人就会默然不语。’凡是长着稂莠杂草的地方就会伤害禾苗的生长，给违法作乱的人施恩就会伤害善良的人。从前，‘文王创制惩罚，对有罪的人不轻易赦免’。还有蜀汉先主刘备曾对诸葛亮说：‘我经常和陈元方、郑康成交际应酬，常听到他们谈论全备的治国办法，却从来没有听到讲实行赦令的。’所以诸葛亮治理蜀国十年中从不实行大赦，而蜀国却得到大治。梁武帝每年都大赦好几次，最终却导致倾覆败亡。施小恩小惠往往会损害仁义之本，所以我自从统治天下以来，绝不发布赦免令。现在天下太平，礼义盛行，特别的恩典多得不可胜数。我担心愚昧的人常寄望于侥幸，只想犯法遇赦，却不去改正过错。”

贞观十年，太宗谓侍臣曰：『国家法令，惟须简约，不可一罪作数种条格。格式既多[1]，官人不能尽记，更生奸诈。若欲出罪即引轻条[2]，若欲入罪即引重条[3]。数变法者，实不益道理，宜令审细，毋使互文[4]。』

注释

1 格式：唐代法律的文本形式。格，是规定官吏的办事规则。式，是规定官署通用的文件程序。格、式创始于东魏、西魏。

2 出罪：开脱罪责。

3 入罪：加重罪责。

4 互文：指互有歧义的条文。

译文

贞观十年（六三六），太宗对身边的大臣说：“国家法令，必须制定得简明，不应该一种罪有几种条款。格式繁多了，官吏就不能全都记下来，更容易发生奸诈。如果想开脱罪责就援引轻判的条款，如果想加重罪责就援引重判的条款。一再变更法令，实在无益于刑理，应该仔细审定法令，不要让法律条款产生歧义。”

赏析与点评

“国家法令，惟须简约，不可一罪作数种条格。”——太宗认为国家的法令，必须简单明确，不能一种罪行有几款条文。太宗的意思是颁行简明的法令，执法官员便方便掌握，而百姓亦容易明白、明了，法令的效果自然较易彰显。

长孙皇后遇疾，渐危笃[1]。皇太子启后曰：『医药备尽，今尊体不瘳[2]，请奏赦囚徒，并度人入道[3]，冀蒙福佑。』后曰：『死生有命，非人力所加。若修福可延，吾素非为恶；若行善无效，何福可求？赦者，国之大事。佛道者，上每示存异方之教耳[4]，常恐为理体之弊，岂以吾一妇人而乱天下法？不能依汝言也。』

注释

1 危笃：病重到濒于死亡。

2 瘳（chōu）：病愈。

3 度：佛教以使人离开尘俗出家为度。如剃发出家名为剃度。

4 异方之教：唐初，一些大臣如傅奕私认为自上古到汉魏，皆无佛法，佛法自西域传来。唐太宗虽然礼遇玄奘，但内心反对佛教。他在贬萧瑀的手诏中说：“至于佛教，非意所遵，虽有国之常经，固弊俗之虚术。”

译文

长孙皇后生病，日渐濒于死亡。皇太子向皇后禀告说：“医药都用尽了，现在你的贵体仍然没有恢复健康，我请求报告父皇赦免罪犯，并让人出家奉佛，希望得到神灵保佑赐福。”皇后说：“生和死是命中注定的，不是人的力量所能干预的。如果做善事可以延寿，我从来不做恶事；如果做善事无效，有什么福可求呢？赦免罪犯是国家大事，而佛教本身，皇上往往指示只不过是保留一种从异域传来的宗教罢了，还时常顾虑成为治国大道的弊病，怎么能因为我一个妇人而混乱国家大法？不能依照你的话去做啊！”

贡赋第三十三

本篇导读

贞观年间，唐王朝国势日渐强盛，各地和外国都派遣使者前来交纳贡赋。太宗不贪求贡赋，并吸取“始皇暴虐，至子而亡；汉武骄奢，国祚几绝”的历史教训，既不允许地方官员到自己辖区以外的地方寻求贡赋，又往往婉拒外国贡献的方物。太宗能通过贡赋而想到国家的兴衰，从而不贪恋财物，退还贡品，获得了临邑属国及后世的赞许。

贞观二年，太宗谓朝集使曰[1]：『任土作贡，布在前典，当州所产[2]，则充庭实[3]。比闻都督、刺史邀射声名[4]，厥土所赋，或嫌其不善，逾境外求，更相仿效，遂以成俗。极为劳扰，宜改此弊，不得更然。』

注释

1 朝集使：汉代时各郡每年遣使进京报告郡政及财经情况，称为上计吏。后世袭汉制，改称朝集使。

2 当州：即本州。

3 庭实：陈列于朝堂的贡献物品。

4 邀射：追求，谋取。

译文

贞观二年，太宗对朝集使说："根据土地的生产情况确定贡赋，都记载在从前的政典中，本州的土特产，就充当为朝堂的贡献物品。近来听说各州的都督、刺史为了追求声名，对于本州的土特产，有的他们嫌不好，就逾越州境到外地去寻求，地方官互相仿效，已经形成风气。极为烦劳，应该改掉这些弊病，不允许再这样做。"

贞观十八年，太宗将伐高丽，其莫离支遣使贡白金[1]。黄门侍郎褚遂良谏曰：『莫离支虐杀其主[2]，九夷所不容[3]，陛下以之兴兵，将事吊伐[4]，为辽东之人报主辱之耻[5]。古者讨弑君之贼，不受其赂。昔宋督遗鲁君以郜鼎[6]，桓公受之于大庙[7]。臧哀伯谏曰[8]：「君人者将昭德塞违[9]。今灭德立违，而置其赂器于大庙，百官象之[10]，又何诛焉？武王克商，迁九鼎于雒邑[11]，义士犹或非之。而况将昭违乱之赂器，置诸大庙，其若之何？」夫《春秋》之书，百王取则，若受不臣之筐篚[12]，纳弑逆之朝贡，不以为愆，将何致伐？臣谓莫离支所献，自不合受。』太宗从之。

注释

1 莫离支：高丽官名，相当于唐朝吏部尚书兼兵部尚书。

2 虐杀其主：贞观十六年，高丽西部大人盖苏文杀其王高建武，立王弟之子高藏为王。自立为莫离支，把持国政。事见《旧唐书·东夷·高丽传》。

3 九夷：古代中国对居住在东方的民族泛称东夷。语出《论语·子罕》。九夷分别是：玄菟、乐浪、高骊、满饰、凫臾、索家、东屠、倭人、天鄙。

4 吊伐：即吊民伐罪，意谓慰问受苦的民众，讨伐有罪的统治者。

5 辽东：辽河以东的地区。这里指高丽人。

6 宋督遗鲁君以郜（gào）鼎：指春秋时宋督杀了殇公，把郜鼎送给鲁桓公，桓公收下郜鼎，放置在太庙里。

7 大庙：周公之庙。周公为鲁之祖先，大庙后泛称祖庙。

8 臧哀伯：即臧孙达，春秋时鲁国大夫。

9 昭德塞违：显扬道德，堵塞邪恶。

10 象：效仿、效法。

11 迁九鼎于雒邑：传说夏禹铸了九个鼎，象征九州，奉为国宝。商汤灭夏，迁九鼎于商邑。周武王灭商，又迁九鼎于雒邑。

12 篚篚（fěi）：盛物竹器。方曰筐，圆曰篚。这里指贿赂的礼物。

译文

贞观十八年，太宗将要讨伐高丽，高丽的莫离支派使者来贡献白金。黄门侍郎褚遂良规劝说：“莫离支残酷地杀害了他的国君，是东方各族都不能容忍的，陛下因此起兵，去吊民伐罪，为高丽的百姓洗雪国君被杀的耻辱。古时候讨伐杀害国君的罪人，是不接受他的贿赂的。春秋时宋督杀了殇公，把郜鼎送给鲁桓公，桓公收下郜鼎放置在太庙里。臧哀伯劝谏说：‘统治百姓的国君要弘扬道德，堵塞邪恶。如今宋督违背道德，行为邪恶，而把他贿赂的器物放在太庙里，如果百官都跟着效仿，还能惩罚谁呢？周武王灭了商朝，把九鼎搬迁到雒邑，仁人义士还说他的不对，更何况把明显是邪恶叛乱的贿赂之物放在太庙里呢？’《春秋》上的记载，是值得所有国君取法的准则，如果收受背叛国君的人的礼物，接受杀害国君之人的朝贡，还不认为是错误的，那用什么理由去讨伐高丽呢？臣认为莫离支贡献的礼品，自然不应当接受。”太宗听从了他的意见。

贞观十九年[1]，高丽王高藏及莫离支盖苏文遣使献二美女。太宗谓其使曰：『朕悯此女离其父母兄弟于本国，若爱其色而伤其心，我不取也。』并却还之本国。

注释

1 贞观十九年：据《旧唐书·东夷·高丽传》所载，高丽遣使谢罪，并献美女事在贞观二十年。

译文

贞观十九年（六四五），高丽国王高藏和莫离支盖苏文，派使臣来贡献两个美女。太宗对高丽使臣说：“我可怜这两个女人离开了她们在本国的父母兄弟，如果爱她们的美丽而伤了她们的心，我是不接受的。”于是拒绝不受，将二女退还给本国。

辩兴亡第三十四

本篇导读

太宗认为，“行仁义，任贤良则理；行暴乱，任小人则败。”只有推行仁政，信任贤良，国家才会得到治理，反之国家就要衰败灭亡。对于前朝的覆亡，太宗深以为诫，并对其覆亡的原因有深刻的认识。人君赋敛不已，百姓既弊，其君亦亡。贞观君臣总结历史经验教训，励精图治，目的在于使国家长治久安，避免覆亡。这议题最终的目的是为了避免国家的灭亡，也可以说是全书的要旨。

贞观二年，太宗谓黄门侍郎王珪曰：『隋开皇十四年大旱，人多饥乏。是时仓库盈溢，竟不许赈给，乃令百姓逐粮。隋文不怜百姓而惜仓库，比至末年，计天下储积，得供五六十年。炀帝恃此富饶，所以奢华无道，遂致灭亡。炀帝失国，亦此之由。凡理国者，务积于人，不在盈其仓库。古人云：「百姓不足，君孰与足[1]。」但使仓库可备凶年，此外何烦储蓄！后嗣若贤，自能保其天下；如其不肖，多积仓库，徒益其奢侈，危亡之本也。』

注释

1 “百姓不足”二句：语出《论语·颜渊》。意谓如果百姓不富足，那么国君怎么会富足？此是孔子弟子有若答鲁哀公所问“年饥，用不足，如之何”时所言。也即是发挥孔子“政在使民富”（《说苑·政理》）的儒家思想。

译文

贞观二年，太宗对黄门侍郎王珪说：“隋文帝开皇十四年发生大旱，百姓大多饥饿困乏。当时国家的仓库粮食充溢，竟然不允许开仓赈济，却让百姓到有粮食的地方去逃荒。隋文帝不怜悯百姓而吝惜仓库里的粮食，到了他的晚年，统计天下的粮食积储，可供全国食用五六十年。隋炀帝倚仗这种富裕，所以豪华奢侈，荒淫无道，终于导致国家灭亡。隋炀帝的亡国，也是因为这个缘由。凡是治理国家的人，务必让百姓积蓄财物，不在于使国库充溢。古人说：‘如果百姓不富足，那么国君怎么会富足？’只要仓库的储蓄能够防备灾荒年，此外又何必过分储蓄！后代儿孙如果贤能，自然能够保持他的天下；如果他不贤能，仓库中储蓄再多，只会增加他的奢侈，也是国家灭亡的祸根。”

赏析与点评

“百姓不足，君孰与足？”——一个国家真正的富强，应该是“藏富于民，而非藏富于国”。因此，太宗以隋文帝的吝啬为反面例子，开宗明义地指出“百姓不足，君孰与足”，即是说平民百姓的生活用度不足时，君主所需的又有谁能为他供应呢？这可以说是从另一角度阐释“君臣关系”、“民本思想”的例子。

征伐第三十五

本篇导读

太宗对征战的基本看法是：军备不可以全部解除，兵器不可以经常使用，所以要慎于征伐，避免战争。自古穷兵黩武，均难免灭亡的命运。贞观初年，太宗爱惜民力，对突厥推行和亲政策，得保边境平安。但他晚年在处理高丽问题上却刚愎自用，好大喜功，一意孤行，未能接受房玄龄等大臣的劝谏和忠告，执意讨伐高丽，结果劳民伤财，招致惨败，得不偿失。

贞观四年，有司上言：『林邑蛮国，表疏不顺[1]，请发兵讨击之。』太宗曰：『兵者，凶器[2]，不得已而用之。故汉光武云：「每一发兵，不觉头须为白。」自古以来，穷兵极武，未有不亡者也。苻坚自恃兵强[3]，欲必吞晋室，兴兵百万，一举而亡[4]。隋主亦必欲取高丽，频年劳役，人不胜怨，遂死于匹夫之手。至如颉利，往岁数来侵我国家，部落疲于征役，遂至灭亡。朕今见此，岂得辄即发兵？但经历山险，土多瘴疠，若我兵士疾疫，虽克剪此蛮，亦何所补？言语之间，何足介意！』竟不讨之。

注释

1 表疏不顺：奏章里的言辞不恭顺。贞观四年，林邑国向太宗献火珠，唐宫廷中有官员认为林邑国所上奏章的言辞不恭顺。

2 凶器：古代指兵器。《史记·平准侯主父列传》："兵者，凶器。"

3 苻坚：字永固（三三八至三八五），十六国时前秦皇帝。略阳临渭（今甘肃秦安）人。氐族。初为东海王，后在宫廷斗争中获胜。三五七年，自立为大秦天王。任用汉人王猛为丞相，抑制豪强，兴修水利，发展农桑，励精图治，统一黄河流域。三八三年，苻坚不听劝告，亲率大军进攻东晋，在淝水大败。各族首领乘机反秦自立。后被羌族首领姚苌擒杀。

4 一举而亡：指苻坚在淝水大败后被羌族首领姚苌所杀的事。

译文

贞观四年，有官员上奏说："林邑蛮夷之国，所上奏章中的言辞不够恭顺，请发兵讨伐他们。"太宗说："兵器是凶器，不得已才使用它。所以汉光武帝说：'每一次发兵打仗，不觉头发胡须就变白了。'自古以来，凡是穷兵黩武的人，就没有不灭亡的。苻坚倚仗自己兵力强大，一心想要吞并晋朝，发兵百万，一次战争就自取灭亡。隋炀帝也一心想要夺取高丽，连年劳役百姓，人民十分怨恨，最后炀帝死在匹夫的手中。至于颉利，往年多次侵犯我国，他的部落都疲于征战，也导致灭亡。我现在看到这些，哪能调兵打仗呢？何况要翻山越岭，那些地方瘴气弥漫，瘟疫流行，假如我的士兵染上瘟疫，即使消灭了这个蛮国，又有什么好处呢？语言文字之间的不恭，何必在意！”太宗最终没有发兵讨伐林邑国。

贞观十八年，太宗将亲征高丽。开府仪同三司尉迟敬德奏言[1]：『车驾若自往辽左[2]，皇太子又监国定州[3]，东西二京，府库所在，虽有镇守，终是空虚。辽东路遥，恐有玄感之变[4]，且边隅小国，不足亲劳万乘。若克胜，不足为武，倘或不胜，翻为所笑。伏请委之良将，自可应时摧灭。』太宗虽不从其谏，为识者是之。

注释

1 开府仪同三司：隋唐时期的官职。仪同三司，谓同三公之礼仪。隋为武散官，唐为文散官。

2 车驾：即“车”。皇帝外出时所乘坐的车子。因此也作为皇帝的代称。辽左：泛指辽河以东地区，此指高丽。左，我国古代地理上以东为左。

3 定州：唐地方州名，属河北道。

4 玄感之乱：指隋炀帝大业九年，隋礼部尚书杨玄感（杨素子）乘炀帝长居江都（今扬州）于关中起兵反隋。

译文

贞观十八年，太宗将要亲征高丽。开府仪同三司尉迟敬德上奏说：“皇上如果亲自去辽东，皇太子又在定州监国，洛阳、长安两京城是府库所在的地方，虽有军队镇守，终归还是空虚。辽东路途遥远，恐怕发生杨玄感作乱之类的事变。而且征讨边远的小国家，用不上皇上亲自劳累。如果能够取胜，不足以称为武功，倘若不能取胜，恐怕被人讥笑。请把征讨高丽的事委派给优秀的将领，自然会摧毁消灭他们。”太宗虽然没有听从他的劝阻，但被有见识的人所肯定。

太宗《帝范》曰[1]：『夫兵甲者，国家凶器也。土地虽广，好战则人凋；邦国虽安，忘战则人殆。凋非保全之术，殆非拟寇之方[2]，不可以全除，不可以常用。故农隙讲武，习威仪也；三年治兵，辨等列也。是以勾践轼蛙[3]，卒成霸业；徐偃弃武，终以丧邦[4]。何也？越习其威，徐忘其备也。孔子曰：「以不教人战，是谓弃之[5]。」故知弧矢之威，以利天下，此用兵之机也。』

注释

1《帝范》：唐太宗李世民撰，论述了人君之道。

2 拟寇：犹御寇。

3 勾践轼蛙：据《吴越春秋》记载：越王勾践将伐吴，自谓未能得士之死力。道见蛙张腹而怒，将有战争之气，即为之轼。其士卒有问于王，曰："君何为敬蛙而为之轼？"勾践曰："吾思士卒之怨久矣，而未有称吾意者。今蛙虫无知之物，见敌而有怒气，故为之轼。"于是军士闻之，莫不怀心乐死。

4"徐偃"二句：事见刘向《说苑》。徐偃，周穆王时诸侯，徐戎的首领，僭称偃王。

5"以不教人战"二句：语出《论语·子路》。意谓让没有受过训练的人去作战，这等于是抛弃他们。

译文

太宗的《帝范》中说："武器铠甲是国家的风险装备。土地虽然广阔，要是喜欢发动战争，百姓就会凋零疲惫；国家虽然安宁，要是忘记了战备，百姓就会懈怠。百姓凋疲不是保全国家的方法，百姓懈怠也不是对付敌人的策略，武装既不能完全解除，也不能经常运用。所以农闲时就讲习武艺，是为了熟悉威仪；三年练兵，是为了辨别等级位列。因此，越王勾践给怒蛙敬礼，是为了激励士气，终于成就了霸主的大业；徐偃王废弃武备，终于丧失了国家。这是为什么呢？因为越国经常练习其威仪，而徐偃王却忘记了武备。孔子说：‘让没有受过训练的人去作战，这等于是抛弃他们。’所以掌握了弓箭的威力，是用它来安定天下，这就是用兵者的职责。”

赏析与点评

“土地虽广，好战则人凋；邦国虽安，忘战则人殆。”——太宗在《帝范》中指出，一个国家不论国土有多广阔，要是喜欢发动战争，自然使国民疲惫不已；国家即使处于太平、安宁之世，要是忘却了战备，则国民上下无形中处于危险的境地。结论是“武备不可废弛，战争不可轻言”。

贞观二十二年，太宗将重讨高丽。是时，房玄龄……上表谏曰：『臣闻兵恶不戢[1]，武贵止戈……陛下每决死囚，必令三覆五奏，进素食、停音乐者，盖以人命所重，感动圣慈也。况今兵士之徒，无一罪戾，无故驱之于战阵之间，委之于锋刃之下，使肝脑涂地，魂魄无归，令其老父孤儿、寡妻慈母，望辒车而掩泣[2]，抱枯骨而摧心，足以变动阴阳，感伤和气，实天下之冤痛也！且兵，凶器也；战者，危事也，不得已而用之。』

注释

1 不戢（jí）：这里指不停止战争。戢，收藏，引申指停止战争。

2 辒（wèi）车：也作“槥车”，运载灵柩的车子。

译文

贞观二十二年（六四八），太宗将要再次兴兵讨伐高丽。这时，房玄龄……上奏章劝谏说：“臣听说战争最可怕的在于不能止息，武功最可贵的在于能制止战争……陛下每次判决死刑囚犯，一定要下命令反复审查多次再上奏，并且吃素食，停止音乐，其原因就是因为人命至重，感动了陛下仁慈的心。何况现在的士卒没有一点儿罪恶过失，无缘无故地驱赶他们到战阵中，置身在锋利的刀刃之下，使他们肝脑涂地，魂魄不能回归故乡，让他们的老父孤儿、寡妻慈母，凝望着运载灵柩的车子掩面哭泣，怀抱着亲人的枯骨极度伤心，这样足以使阴阳发生异常变动，动摇和伤害天地间和谐的气运，这实在是天下的冤屈和悲痛啊！而且兵器，是凶险之器；战争，是危险的事情，万不得已才使用它们。”

赏析与点评

“兵恶不戢，武贵止戈。”——战争最可怕的是不能停息，生命伤亡，财产损失，没完没了。而军事力量可贵之处，在于能防止战争的爆发。矛盾的是，为政者一方面要避免战争，一方面却不能放弃军事，仿佛要弄着双面刃，一个不留情，会带来严重的伤害。

安边第三十六

本篇导读

唐初武力强盛，加上太宗政策开明，四方外族乐于归顺大唐。魏征、褚遂良等大臣主张为降众恢复旧国，选择亲附唐朝的酋长做他们的君主，以羁縻之。温彦博等主张收揽和教化这些降众，使他们成为唐朝的臣民。对他们处置得当，就可以使他们成为国家的藩屏，反之则后患无穷。贞观君臣们对此争论激烈，其方略也互有得失。

贞观四年，李靖击突厥颉利，败之，其部落多来归降者，诏议安边之术。中书令温彦博议：『请于河南处之[1]，准汉建武时[2]，置降匈奴于五原塞下[3]，全其部落，得为捍蔽[4]，又不离其土俗，因而抚之，一则实空虚之地，二则示无猜之心，故是含育之道也。』太宗从之。秘书监魏征曰：『匈奴自古至今，未有如斯之破败，此是上天剿绝，宗庙神武。且其世寇中国，万姓冤仇。陛下以其为降，不能诛灭，即宜遣还河北[5]，居其旧土。匈奴人面兽心，非我族类，强必寇盗，弱则卑服，不顾恩义，其天性也。秦、汉患之若是，故发猛将以击之，收其河南[6]，以为郡县。陛下奈何以内地居之。且今降者几至十万，数年之后，滋息过倍[7]，居我肘腋[8]，甫迩王畿[9]，心腹之疾，将为后患，尤不处之河南也。』温彦博曰：『天子之于物也，天覆地载，有归我者必养之。今突厥破除，余落归附，陛下不加怜愍，弃而不纳，非天地之道，阻四夷之意，臣愚甚谓不可。宜处之河南，所谓死而生之，亡而存之，怀我厚恩，终无叛逆。』

注释

1 河南：泛指古代九州中的兖、豫两州。约今河南、山东、湖北部分地区。

2 建武：汉光武帝年号（二五至五六）。

3 五原：郡名。汉武帝元朔二年（一二七）设置。治所在九原（今包头市西北）。东汉初，匈奴南单于分部众屯此，末年废。

4 捍蔽：坚实的屏障。

5 河北：指黄河以北之地。

6 河南：指今内蒙古河套一带。

7 滋息：滋生繁育。

8 肘腋：比喻切近的地方。

9 甫迩（ěr）：过于靠近，太靠近之意。

译文

贞观四年，李靖攻打突厥颉利可汗，打败了他，有很多突厥部落前来归降，太宗诏令讨论安定边境的政策。中书令温彦博说：“请在河南一带安置他们。依照东汉光武帝建武年间的事例，安置投降的匈奴在五原塞之下，保全他们的部落，成为坚实的屏障，又不改变他们的习俗，借此安抚他们，一则充实了空虚的地方，二则表示没有猜疑之心。所以这是包含养育的办法。”太宗听从了他的建议。秘书监魏征说：“匈奴从古至今，没有像这样的衰败，这是上天要剿灭他们，也是由于王室的神勇英武。而他们世代侵犯中国，与中国百姓有冤仇。陛下因为他们投降，不能诛灭他们，应该立即派遣他们回到河北地区，居住在他们的故土上。匈奴是人面兽心，不是我们的同族，强大时必然入侵劫掠，衰弱时就俯首顺服，不顾念恩德信义是他们的天性。秦、汉两代就是这样受他们的祸害，所以不时派出猛将攻击他们，收服他们河南一带，设置郡县，陛下怎可拿内地给他们居住呢？而且现在投降的突厥人几乎达到十万，几年以后，滋生繁育超出几倍，居住在离我们很近的地方，过于靠近都城，这就像隐藏在要害部位的疾病，今后必然成为祸患。尤其不能把他们安置在河南地方。”温彦博说：“天子对待万物，就像上天覆盖、大地承载一样，归附我们的必然要收养他们。现在突厥被打败，剩下的部落都来归附，陛下不加怜悯，抛弃他们而不予接纳，这不是天覆地载的道理。阻绝了外族的诚意，臣虽然愚昧，也认为万万不可，应该在河套以南一带安置他们。这就是常说的：将要死的让他能生存下来，将要灭亡的让他能存活下去，使他们感激我皇的深厚恩德，永不会叛逆。”

赏析与点评

“天子之于物也，天覆地载，有归我者必养之。”——天子对待万物，应该像上天覆盖、大地承载一样，加以荫庇与承托，若有异族归附者，天子定必提供养活所需。温彦博理想中的天子，能否称得上是“宅心仁厚”、“嘉惠远人”？而太宗又能否达到这要求？就让后人做判断罢。

贞观十四年，侯君集平高昌之后，太宗欲以其地为州县。魏征曰：『陛下初临天下，高昌王先来朝谒，自后数有商胡称其遏绝贡献[1]，加之不礼大国诏使[2]，遂使王诛载加[3]。若罪止文泰，斯亦可矣。未若因抚其民而立其子，所谓伐罪吊民，威德被于遐外，为国之善者也。今若利其土壤以为州县，常须千余人镇守，数年一易。每来往交替，死者十有三四，遣办衣资，离别亲戚，十年之后，陇右空虚[4]，陛下终不得高昌撮谷尺布以助中国。所谓散有用而事无用，臣未见其可。』太宗不从，竟以其地置西州[5]，仍以西州为安西都护府[6]，每岁调发千余人，防遏其地。

注释

1 商胡：即“胡贩商客”，经商的胡人。语出《后汉书·西域传》。遏绝：阻止、禁绝。当时西域各国入唐朝贡，皆途经高昌，高昌王曲文泰拘留为难来唐经商朝贡的商旅、使者。

2 不礼：无礼、不守礼法。指贞观十三年，太宗接到焉耆王的报告后，派虞部郎中李道裕到高昌了解，高昌联合西突厥攻击焉耆，以及高昌王对唐吏傲慢无礼等事。见《旧唐书·西域传》。

3 载加：一再增加。

4 陇右：古地区名。泛指陇山以西地区。古代以西为右，故称陇山以西为陇右。

5 西州：唐朝在今新疆境内所置三州之一。贞观十四年，太宗灭高昌氏王朝，在当地设西昌州（不久改称西州）。

6 安西都护府：唐六都护府之一，统辖安西四镇。都护府，官署名称，负责管理辖境内的边防、行政及各族事务。

译文

贞观十四年，侯君集平定了高昌国之后，太宗准备在那个地方设立州县。魏征说：“陛下刚开始统治天下时，高昌国王曲文泰首先来朝拜谒见，但是从那以后，西域胡商屡次称高昌国王阻止他们来大唐朝贡，再加上高昌王对我国使臣无礼，以致皇上对他们的讨伐一再增加。如果只追究曲文泰一个人的罪过，这就可以了。不如借此机会安抚那里的百姓并立高昌王的后代为王，这就是讨伐有罪的国君而慰问受难的百姓，使国家的威力恩德遍及边远的外邦，这才是治国的良策。现在如果贪图那里的土地而在那里设置州县，就必须常年派一千多人去镇守，几年更换一次。每次来往交换，死亡的就有十分之三四。还要派人置办衣物钱财，离别亲人，这样的话，十年以后陇右地区就会变得空虚，陛下最终得不到高昌国的一撮谷、一尺布来资助中原。这就叫作分散有用的资财去从事无益的事情，我看不出它切实可行的道理。”太宗没有听从他的意见，终于在高昌境内设置了西州，并在西州设置安西都护府，每年调遣一千多人，前往防守这个地方。

至十六年，西突厥遣兵寇西州。太宗谓侍臣曰：『朕闻西州有警急，虽不足为害，然岂能无忧乎？往者初平高昌，魏征、褚遂良劝朕立曲文泰子弟，依旧为国，朕竟不用其计，今日方自悔责。昔汉高祖遭平城之围而赏娄敬[1]，袁绍败于官渡而诛田丰[2]。朕恒以此二事为诫，宁得忘所言者乎！』

注释

1 平城之围：公元前二〇一年（汉高祖六年），冒顿单于发兵围攻马邑，韩王信投降，次年又攻晋阳（今山西太原）。汉高祖闻讯，亲率三十万大军迎战，被匈奴围困于平城白登山（今山西大同东南）。后来用陈平计，向单于阏氏行贿，才得脱险。史称“平城之围”。平城，在今山西大同东北。娄敬：西汉初年齐国卢（今山东长清）人，在辅助汉高祖定都长安、和亲匈奴、迁徙山东豪强等计策上多有功劳。

2 袁绍败于官渡：公元一九九年，袁绍率军与曹操对峙于官渡（今河南中牟北）。次年曹操突袭袁绍后方囤粮重地，袁军大败。袁绍，字本初，汝南汝阳（今河南商水西南）人。汉末，董卓入京专朝政，袁绍号召起兵讨伐董卓。公元二〇〇年，在官渡被曹操打败，不久病死。田丰：钜鹿郡人，曾助袁绍消灭公孙瓒，平定河北。官渡之战中，田丰建议据险固守，袁绍不纳，将田丰收入牢中。后袁绍官渡战败，将其杀害。

译文

到了贞观十六年，西突厥派兵侵犯西州。太宗对身边的大臣说：“我听说西州有紧急情况，虽然不至于造成大危害，但怎么能不忧虑呢？从前刚刚平定高昌时，魏征、褚遂良劝我立曲文泰的子弟做国君，让高昌依旧成为一个国家，我竟没有采纳他们的计策，到现在才后悔自责。过去汉高祖不听谋臣娄敬的劝谏，遭受平城之围，而后赏赐娄敬；袁绍不听谋臣田丰的劝阻，在官渡战败后诛杀了田丰。我常把这两件事引为鉴诫，难道能够忘记曾经劝谏过我的人吗？”

行幸第三十七

本篇导读

古代帝王巡幸天下时，仪仗豪华，全靠所经之处的人民供应，百姓往往因此而倾家荡产。隋炀帝“不顾百姓，行幸无期”，遂致“身戮国灭，为天下笑”。唐太宗深知隋炀帝命丧江都的原因，因此自我警戒，减少巡游举动。大臣们也纷纷劝诫太宗节制奢侈行为，避免惊扰百姓。如此君臣一心，与民休息，方可“令百姓安静，不有怨叛”。

贞观十一年，太宗幸洛阳宫，泛舟于积翠池[1]，顾谓侍臣曰：『此宫观台沼并炀帝所为[2]，所谓驱役生人，穷此雕丽，复不能守此一都，以万人为虑。好行幸不息，人所不堪。昔诗人云：「何草不黄？何日不行[3]？」「小东大东，杼轴其空[4]。」正谓此也。遂使天下怨叛，身死国灭，今其宫苑尽为我有。隋氏倾覆者，岂惟其君无道？亦由股肱无良。如宇文述、虞世基、裴蕴之徒[5]，居高官，食厚禄，受人委任，惟行谄佞，蔽塞聪明，欲令其国无危，不可得也。』

司空长孙无忌奏言：『隋氏之亡，其君则杜塞忠谠之言，臣则苟欲自全。左右有过，初不纠举，寇盗滋蔓，亦不实陈。据此，即不惟天道，实由君臣不相匡弼。』太宗曰：『朕与卿等承其余弊，惟须弘道移风，实万代永赖矣。』

注释

1 积翠池：汉唐宫池名。

2 沼：小池。一说圆形的是池，曲形的是沼。

3 “何草不黄”二句：语出《诗经·小雅·何草不黄》。描写征夫的行役生活艰险困苦。

4 “小东大东”二句：语出《诗经·小雅·大东》。是周代东方诸侯小国怨刺西周王室求索无度、劳役不息的诗。小东大东，指东方各诸侯小国。杼轴其空，生产废弛，贫无所有。杼轴，亦作“杼柚”，是织布机上的两个部件，即用来持纬（横线）的梭子和用来承经（直线）的筘。这里泛指工商之事。

5 裴蕴：六一八年卒，隋朝大臣，隋河东闻喜（今山西闻喜东北）人，官至擢御史大夫，参掌机密。裴蕴曾陷害司隶大夫薛道衡，又常常逢迎隋帝，后被司马德戡举兵反隋时杀死。

译文

贞观十一年，太宗巡游洛阳宫，在积翠池里乘舟游玩，他回头对身边的大臣说：“这些宫、观、台、沼都是隋炀帝建造的，他役使人民，用尽财物建造这些雕饰华丽的东西，却又不能驻守这座都城，为百姓着想。他喜欢不停地出游，人民实在不堪忍受。古代诗人说：‘哪有野草不枯黄，哪有一天不奔忙？’‘东方各诸侯小国，财产都被搜罗光。’说的正是这种情况。以致天下的人们怨愤反叛隋炀帝，最终身死国亡，现在他的宫室苑囿全部都归属于我了。隋朝败亡的原因，难道仅仅是国君无道吗？同时也有辅佐大臣的不贤良。比如宇文述、虞世基、裴蕴之流，身居高官，享受厚禄，接受帝王的委任，却只会花言巧语，巴结逢迎，蒙蔽阻塞帝王的视听，想要他们的国家不危亡，不可能有这样的道理。”

司空长孙无忌上奏说：“隋朝灭亡的原因，就他们的君主来说，是杜绝阻塞了忠诚正直的言论；就他们的臣子来说，是只图保全自己。身边的人有过失，开始不督察检举，盗贼滋生蔓延，又不据实上奏。根据这点，那就不仅是天意要灭隋，也实在是由于他们君臣之间不相互帮助纠正过失的结果。”太宗说：“我与你们承接了隋代留下的弊端，必须发扬光大正道，改变社会风气，让万代永远得到好处。”

赏析与点评

“（隋氏之亡）不惟天道，实由君臣不相匡弼。”——先秦以来，“天道”之说大行于时，迄魏晋以还，史家如范晔、沈约已开始质疑“天道”，提出“人事”。面对隋朝速亡，贞观君臣彻底否定所谓的天道，进而探究出这是由于隋代君臣之间没有相互匡扶、相互辅助所致，全然是人的因素。

贞观十三年，太宗谓魏征等曰：『隋炀帝承文帝余业，海内殷阜[1]，若能常据关中，岂有倾败？遂不顾百姓，行幸无期[2]，径往江都[3]，不纳董纯、崔象等谏诤[4]，身戮国灭，为天下笑。虽复帝祚长短，委以玄天[5]，而福善祸淫，亦由人事。朕每思之，若欲君臣长久，国无危败，君有违失，臣须极言。朕闻卿等规谏，纵不能当时即从，再三思审，必择善而用之。』

注释

1 殷阜：富足。形容国家富足。

2 行幸：古代专指皇帝出行。

3 径往江都：指公元六一六年，隋炀帝再次巡游江都，出发前，小官崔民象上表谏阻，隋炀帝不听，杀死崔民象。到达汜水（今河南荥阳）后，小官王爱仁上表劝谏，又遭隋炀帝杀死。隋炀帝到了梁都（今河南开封），有人拦路上书，指炀帝若定要往江都，就会失去天下。隋炀帝又杀死了上书人，最后，他仍来到江都。

4 董纯：隋代成纪（今甘肃秦安北）人，以功进位上开府、拜柱国、爵郡公。崔象：即崔民象，隋臣，信奉使。大业十二年（六一六），隋炀帝再次巡游江都，临出发时，崔民象上表谏阻，被隋炀帝所杀。

5 玄天：幽深莫测的高天。

译文

贞观十三年，太宗对魏征等大臣说：“隋炀帝继承文帝遗留下的基业，国内富足，如果能够常住在关中，怎么会倾覆败亡呢？他不顾惜百姓，出游没有限度，径直前往江都，不接受董纯、崔象等人的直言劝谏，身死国亡，为天下人所耻笑。虽说帝位传承的长短，全由上天决定，然而福善祸淫，也是全由人的行为所决定的。我经常思虑这些问题，要想君臣长久平安，国家不危亡破败，君王有所过失，臣子必须极力进谏。我听到你们的规劝，即使不能当时就听从，经过再三思量审察，一定会选择好的建议加以采纳。”

畋猎第三十八

本篇导读

贞观群臣认为畋猎不但耗费民财，而且君主与猛兽格斗，踏足危险之地，是危害自身安全、置宗庙社稷于不顾的举动。大臣们认为太宗应该“割私情之娱，罢格兽之乐，上为宗庙社稷，下慰群僚兆庶”。唐太宗最终采纳了这些谏言，克制了自己对畋猎的嗜好。

贞观十四年，太宗幸同州沙苑[1]，亲格猛兽，复晨出夜还。特进魏征奏言：『臣闻《书》美文王不敢盘于游田[2]，《传》述《虞箴》称夷羿以为戒[3]。昔汉文临峻阪欲驰下[4]，袁盎揽辔曰[5]：「圣主不乘危，不徼幸。今陛下骋六飞[6]，驰不测之山，如有马惊车覆，陛下纵欲自轻，奈高庙何？」孝武好格猛兽，相如进谏：「力称乌获[7]，捷言庆忌[8]，人诚有之，兽亦宜然。猝遇逸材之兽[9]，骇不存之地，虽乌获、逢蒙之伎不得用[10]，而枯木朽株尽为难矣[11]。虽万全而无患，然本非天子所宜近。」孝元帝郊泰畤[12]，因留射猎，薛广德称：「窃见关东困极，百姓罹灾。今日撞亡秦之钟[13]，歌郑、卫之乐，士卒暴露，从官劳倦，欲安宗庙社稷何？凭河暴虎[14]，未之戒也？」臣窃思此数帝，心岂木石，独不好驰骋之乐？而割情屈己，从臣下之言者，志存为国，不为身也。臣伏闻车驾近出，亲格猛兽，晨往夜还。以万乘之尊，暗行荒野，践深林，涉丰草，甚非万全之计。愿陛下割私情之娱，罢格兽之乐，上为宗庙社稷，下慰群僚兆庶[15]。』太宗曰：『昨日之事，偶属尘昏[16]，非故然也，自今深用为诫。』

注释

1 同州：唐州名。在今陕西大荔。沙苑：地名。在今陕西大荔之南。其地多沙草，宜放牧，唐置牧监于此。

2 臣闻《书》美文王不敢盘于游田：语出《尚书·无逸》。意谓赞美文王不敢迷于出游打猎。盘，乐于。游田，出游打猎。

3 《传》述《虞箴》称夷羿以为戒：语出《左传·襄公四年》。谓把喜爱打猎的后羿作为鉴戒。《虞箴》，古代虞人（掌山泽苑囿之官）为戒田猎而作的箴谏之辞。

4 峻阪：陡坡。阪同“坡”。

5 袁盎：袁盎，字丝，西汉时大臣，楚国人。汉文帝时因为犯颜直谏，被调任陇西都尉，后至吴国做丞相。辔（pèi）：驾驶牲口的嚼子和缰绳。

6 六飞：亦作“六騑”、“六蜚”。《汉书·爰盎传》：“六马之疾若也”。古代皇帝的车驾有六马，疾行如飞，故名。

7 乌获：战国时秦之力士。一说可能为更古之力士。后为力士的泛称。

8 庆忌：春秋时吴王僚之子。传说他身材高大，敏捷无比，能走追猛兽，手接飞鸟。

9 逸材：谓兽畜健壮有力。这里表示凶猛。

10 逢蒙：夏朝时有名的射箭手。

11 枯木朽株：枯朽的树木。比喻软弱无力的人或衰微的力量。

12 郊：这里指郊祀。古代于郊外祭祀天地，南郊祭天，北郊祭地。泰畤：古代天子祭天神之处。

13 亡秦之钟：已灭亡了的秦朝的乐钟。钟，即编钟，古代大型的敲击乐器。

14 凭河暴虎：比喻人有勇而无谋。凭，从水中走过去。暴虎，空手打虎。

15 群僚兆庶：百官及亿万百姓。僚，即做官的人，官员。

16 尘昏：尘积昏暗。这里比喻糊涂。

译文

贞观十四年，太宗驾临同州沙苑，亲自格杀猛兽，经常在清晨出去深夜才回来。特进魏征上奏说："臣听说《尚书》赞美文王不敢乐于出游打猎，《左传》记述《虞箴》里的话说，把喜爱打猎的后羿作为鉴戒。过去，汉文帝面临陡坡，想驱车奔驰而下，袁盎拉住缰绳说：'圣明的国君不乘坐危险的车子，不心存侥幸。现在陛下驱驾六马之车，奔驰在无法预料结果的山上，如果发生马惊车翻的事故，陛下纵然不看重自己的性命，又怎么对得起祖先啊？'汉武帝喜好格杀猛兽，司马相如劝阻说：'论力气，人们称赞乌获；论敏捷，人们称赞庆忌；在人类中确实有这样杰出的人，野兽中也必然会有这样异常凶猛的野兽。倘若突然遇到凶猛的野兽，陷入死亡危险的境地，即使有乌获、逢蒙那样的绝技也无法施展，而那些朽木枯枝也能让人为难。即使万无一失而没有祸患，也原本不是天子所应该做的事。'汉元帝到南郊祭祀天神，因此留下来打猎，薛广德上奏说：'臣见到关东地区极为困苦，那里的百姓正遭受着灾难。而现在每天敲着亡秦的编钟，唱着郑、卫两国的靡靡之音，士卒暴露在旷野当中，随从官员劳苦疲倦，是想如何安定宗庙社稷呢？为什么不以凭河暴虎的行为作为鉴戒呢？'臣私下考虑这几位帝王，难道心如木石，唯独不喜欢驰骋打猎的乐趣吗？而他们能割舍自己的喜好、委屈自己，听从臣子劝阻的原因，是在于心中存有保全国家的志愿，而不是为了自身。臣听说陛下最近驾车出巡，亲自与猛兽格斗，晨出夜归。以帝王极尊贵的身份，黑夜中在荒郊野外奔波，穿行于幽深的丛林，跋涉走过茂密的草丛，尤其不是万全之计。希望陛下割舍个人喜爱的娱乐，停止与猛兽格斗的游乐，上为宗庙国家着想，下抚百官和百姓。”太宗说：“昨天的事属于偶然胡涂，不是历来都是这样的。从今以后我要深深作为警戒。”

赏析与点评

“割私情之娱，罢格兽之乐，上为宗庙社稷，下慰群僚兆庶。”——魏征进谏太宗，欲成为有作为的君主，应戒绝个人欲求上的欢娱，停止与猛兽格斗的游乐，向上是为了宗庙国家着想，向下是为了抚慰臣民。即是要求太宗放弃个人享乐生活，有利保全身心之余，更是为了对祖宗负责，为了抚育臣民。

灾祥第三十九

本篇导读

古人相信天人感应的学说，多“以祥瑞为美事”，认为灾害不断，就表明帝王失德，若不及时改正，难免身死国灭；政治清明，上天就会显示吉兆。然而贞观君臣看重的是国家治乱、百姓生计，并不在意灾异祥瑞，这也显示了“贞观之治”重人事、修德政的特点。

贞观八年，有彗星见于南方[1]，长六丈，经百余日乃灭。太宗谓侍臣曰：『天见彗星，由朕之不德，政有亏失，是何妖也？』虞世南对曰：『昔齐景公时有彗星见，公问晏子。晏子对曰：「公穿池沼畏不深，起台榭畏不高，行刑罚畏不重，是以天见彗星为公戒耳！」景公惧而修德，后十六日而星没。陛下若德政不修，虽麟凤数见[2]，终是无益。但使朝无阙政，百姓安乐，虽有灾变，何损于时？愿陛下勿以功高古人而自矜大，勿以太平渐久而自骄逸。若能慎终如始，彗星见未足为忧。』太宗曰：『吾之理国，良无景公之过。但朕年十八便为经纶王业[3]，北剪刘武周，西平薛举，东擒窦建德、王世充，二十四而天下定，二十九而居大位，四夷降伏，海内乂安。自谓古来英雄拨乱之主无见及者，颇有自矜之意，此吾之过也。上天见变，良为是乎？秦始皇平六国，隋炀帝富有四海，既骄且逸，一朝而败，吾亦何得自骄也？言念于此，不觉惕焉震惧[4]！』魏征进曰：『臣闻自古帝王未有无灾变者，但能修德，灾变自销。陛下因有天变，遂能戒惧，反复思量，深自克责，虽有此变，必不为灾也。』

注释

1 彗星：绕着太阳旋转的一种星体，在背着太阳的一面往往拖着一条扫帚状的长尾巴，通称“扫帚星”。古人常常把战争、饥荒、洪水、瘟疫等灾难与彗星的出现联系在一起。

2 麟：麒麟，古代传说中的一种动物。形状像鹿，头上有角，全身有鳞甲，尾像牛尾。古人认为麒麟是仁兽、瑞兽，以它象征祥瑞。凤：凤凰，古代传说中的百鸟之王，古人常以此象征祥瑞。

3 经纶：本指整理过的蚕丝，常比喻规划、管理政治的才能。这里是经营、创建的意思。

4 惕焉：担心、害怕的样子。

译文

贞观八年，有彗星出现在南方，光芒长六丈，经过一百多天才消失。太宗对身边的大臣说：“天空出现彗星，是因为我没有修好仁德，处理政事有过失，这是什么凶兆呢？”虞世南回答说：“过去齐景公时也有彗星出现，景公询问晏子。晏子回答说：

‘您挖掘池沼时唯恐不深，修建台榭时只怕不高，施用刑罚时只嫌不重，所以天空出现彗星，向您提出告诫！’景公内心恐惧，因而修行仁德，十六天后彗星消失了。陛下如果不修行德政，即使是麒麟凤凰屡次出现，终究还是没有益处的。只要朝廷处理政事没有过失，百姓安居乐业，即使出现凶兆怪异现象，对陛下的治理又有什么损害呢？希望陛下不要因为功业高过古人而骄傲自大，不要因为太平日子渐渐长久就骄奢淫逸。如果能够始终如一地保持谨慎，即使彗星出现，也不必担忧。”太宗说：“我治理国家，确实没有齐景公那样的过失。但我十八岁就经营帝王事业，向北灭掉了刘武周，向西平定了薛举，向东擒获了窦建德、王世充，二十四岁时平定全国，二十九岁时登上帝位，四方的民族投降归顺，国内平安无事。我自己认为自古以来那些治理乱世的君主没有能赶得上我的，因而颇有一些骄傲自得的思想，这是我的过错。上天出现变异，当真是因为这个缘故吗？秦始皇平定六国，隋炀帝拥有天下的财富，他们既骄奢又淫逸，很快就败亡了，我又有什么值得骄傲的呢？说到这些，不由得感到非常担心、害怕！”魏征进言说：“臣听说自古以来的帝王没有一个不遭遇凶兆怪异的，只要能修行仁德，凶兆怪异自然会消除。陛下因为天空出现变异，就能够警惕惧怕，反复思量，深切自责，虽然有此凶兆，也一定不会成为灾祸。”

赏析与点评

“勿以功高古人而自矜大，勿以太平渐久而自骄逸。”——贞观初年，太宗击败突厥，使之归降，大唐国势日益昌盛。太宗或许因此而踌躇满志，遂大臣进谏提醒太宗，希望他不要因为功业高过古人而骄傲自大，不要因为太平日子渐渐长久就骄奢淫逸。若能贯彻下去，就足以摆脱所谓祥灾之说的困扰。所以，归根究底，贞观君臣认为推动历史前进的是人，而非什么天道、祥灾之说。

慎终第四十

本篇导读

《慎终》置于全书之末，表达了作者吴兢对当朝及后世帝王的期望。善始易，善终难。做一件事情，开头做好并不难，难的是坚持不懈，善始善终。治理国家也是一样，创业难，守业更难。创业初期，往往能励精图治；但承平日久，难免骄奢放纵，导致败亡。当权治国的人，应该居安思危，引以为戒。

贞观五年，太宗谓侍臣曰：『自古帝王亦不能常化，假令内安，必有外扰。当今远夷率服，百谷丰稔[1]，盗贼不作，内外宁静。此非朕一人之力，实由公等共相匡辅。然安不忘危，理不忘乱，虽知今日无事，亦须思其终始。常得如此，始是可贵也。』魏征对曰：『自古已来，元首股肱不能备具[2]，或时君称圣，臣即不贤；或遇贤臣，即无圣主。今陛下圣明，所以致理。向若直有贤臣[3]，而君不思化，亦无所益。天下今虽太平，臣等犹未以为喜，惟愿陛下居安思危，孜孜不怠耳！』

注释

1 稔：谷物成熟。

2 元首：头。这里指君主。股肱（gōng）：比喻辅助大臣。股，大腿。肱，手臂。

3 直有：只有。

译文

贞观五年，太宗对身边的大臣说："自古以来帝王也不能经常消除祸患，假使国内安定，外部必定会有侵扰。现在远方外族已经归顺，五谷丰登，没有盗贼出现，国家内外都平安宁静。这样的局面绝不是我一个人的力量可以达到的，实在是你们共同辅佐的结果。然而安定时不能忘了危亡，太平时不能忘了战乱，虽知今日无事，也必须考虑让这种状况保持始终。经常能够这样，才是可贵的。"魏征回答说："自古以来，君臣不可能都完美，有时国君圣明，大臣却不贤良；有时大臣贤良，却又没有圣明的国君。现在陛下圣明，因此天下太平。假如只有贤臣，而国君不考虑教化，也不会有什么益处。现在天下虽然太平，但我等臣子还不能以此为喜，只希望陛下能居安思危，孜孜不倦，不要懈怠！"

赏析与点评

"安不忘危，理不忘乱。"——太宗始终贯彻其"居安思危"的忧患意识，反复提醒自己与臣民须"安不忘危，理不忘乱"，为不可预见、不可预知的恶劣未来，做出心理与实质上的预备。

贞观六年，太宗谓侍臣曰：『自古人君为善者，多不能坚守其事。汉高祖，泗上一亭长耳[1]，初能拯危诛暴，以成帝业，然更延十数年，纵逸之败，亦不可保。何以知之？孝惠为嫡嗣之重[2]，温恭仁孝[3]，而高帝惑于爱姬之子，欲行废立[4]；萧何、韩信，功业既高，萧既妄系[5]，韩亦滥黜[6]，自余功臣黥布之辈[7]，惧而不安，至于反逆。君臣父子之间悖谬若此，岂非难保之明验也？朕所以不敢恃天下之安，每思危亡以自戒惧，用保其终。』

注释

1 泗上：泛指泗水北岸的地域。这里指泗水亭（今江苏沛县东），刘邦曾任泗水亭长。亭长：秦汉时在乡村每十里设一亭，置亭长，掌治安，捕盗贼，理民事。

2 孝惠：即汉惠帝刘盈（前二一三至前一八八，前一九四至前一八八在位），西汉第二位皇帝，西汉开国皇帝刘邦的嫡长子，母亲吕雉，在位七年。

3 温恭仁孝：温和、恭敬、仁爱、孝道。

4 “而高帝惑于爱姬之子”二句：汉高祖宠爱戚夫人，戚夫人育有一子名为刘如意。刘如意机智聪明，得汉高祖疼爱，而太子刘盈则个性仁柔，汉高祖便想废刘盈而立刘如意。后来刘盈之母吕后请大贤商山四皓辅佐，才免了废太子的厄运。

5 萧既妄系：妄系，无故而被入罪系牢。萧何曾为百姓请求将上林苑空地改作民田。高祖刘邦因而发怒，将萧何交给廷尉，用刑具拘押了数天。故云“萧既妄系”。

6 韩亦滥黜：高祖初年，有人密告韩信将要谋反，刘高祖用陈平计，伪游云梦，逮捕了楚王韩信，贬为淮阴侯。黜，即韩信被贬为淮阴侯一事。

7 黥布：即英布（？至前一九五），六安（今安徽六安）人，因受过黥面之刑，因此又称黥布。初归附项羽，为五大将之一，后归入汉营，被封为淮南王，与韩信、彭越为汉初三大名将。后来，韩信、彭越为吕后、高祖所诛，英布大为惊慌，于是起兵叛变，终兵败被杀。

译文

贞观六年，太宗对身边的大臣说："自古以来做善事的帝王，大多数不能坚持到底。汉高祖原本是泗水亭的一个亭长，最初还能够拯救危亡，翦除暴政，因此成就了帝王大业，然而再让他延长十几年的话，就会放纵逸乐而败亡，也不能保住他创下的帝业。为什么知道这些呢？汉惠帝刘盈有嫡长子继承人的重要地位，而且为人温和、恭敬、仁爱、孝顺，然而汉高祖却因爱姬的儿子刘如意而犹豫不决，准备废黜皇储而另立太子；萧何、韩信的功业很高，而萧何后来被无端械系下狱，韩信也被滥加贬黜，其余的功臣像黥布等辈，就会惧怕而不能自安，最终叛逆谋反。君臣父子之间悖逆荒谬到这种地步，难道不是难以保住功业的明证吗？所以我不敢倚仗天下安宁，而常常考虑到危险败亡来使自己警戒害怕，以此来保持到最终。"

赏析与点评

"自古人君为善者，多不能坚守其事。"——太宗认为古往今来无数帝主虽能为善，但却没数个能坚持到底，他亦生怕自己步其后尘。可惜的是，古语所云"鲜克有终"、"为德不卒"的结局，亦终于出现在太宗身上。贞观后期，太宗的若干举措，如：太子废立问题、征高丽、服丹药等，正是应验了其担忧的"人君为善，不能坚守其事"。

贞观十二年，太宗谓侍臣曰：『朕读书见前王善事，皆力行而不倦。其所任用公辈数人，诚以为贤，然致理比于三、五之代，犹为不逮，何也？』魏征对曰：『今四夷宾服，天下无事，诚旷古所未有。然自古帝王初即位者，皆欲励精为政，比迹于尧、舜；及其安乐也，则骄奢放逸，莫能终其善。人臣初见任用者，皆欲匡主济时，追踪于稷、契[1]；及其富贵也，则思苟全官爵，莫能尽其忠节。若使君臣常无懈怠，各保其终，则天下无忧不理，自可超迈前古也。』太宗曰：『诚如卿言。』

注释

1 稷、契：稷和契的并称，唐虞时代的两位贤臣。稷，即后稷，名叫弃，周代姬氏祖先，帝尧时人。他擅长耕种，尧帝任他为农师，掌管农事。契，虞舜时，派契、后稷帮助禹治水。十三年后，禹治好了水，同时也封契于商（今陕西商县）。虞舜又任命契为司徒，也开始治理商地。

译文

贞观十二年，太宗对身边的大臣说："我在读书时发现前朝帝王做过的善事，都身体力行而不知厌倦。我任用你们几位，确实认为你们是贤良的大臣，然而治理国家的成绩还是比不上三皇五帝时代，这是什么原因呢？"魏征回答说："现在四方异族归顺，天下平安无事，的确是旷古未有过的盛况。然而，自古以来凡是刚即位的帝王，都想振奋精神治理好国家，与尧、舜的功绩相媲美；等到他太平安乐时，就骄奢放纵，不能把善政坚持到底。凡是刚刚得到任用的臣子，都想辅佐国君，挽救时局，追赶上后稷、契的功绩；等到他们富贵时，就只想苟且保住自己的官职爵位，不能够尽忠尽节了。假使能让君臣经常不懈怠，各自坚持到底，那么天下就不用担心治理不好，自然可以超越前代古人。"太宗说："确实像你说的这样。"

名句索引

二画

三画

四画

五画

六画

七画

八画

九画

十二画

中信国学大典

名誉主编
饶宗颐

编委会成员（按姓氏笔画排序）
李焯芬　陈万雄　陈鼓应　陈耀南　单周尧　郑培凯

贞观政要

导读及译注
罗永生

北京大学历史学硕士、香港大学哲学博士，中国唐史学会理事。现任职香港树仁大学历史学系副教授，任教魏晋史、隋唐史、史学史、中西文化交流史等科目。著作包括《三省制新探——以隋和唐前期门下省职掌与地位为中心》、《隋唐政权与政制史论》。

哲学宗教

《周易》
《礼记·孝经》
《心经·金刚经》
《净土三经》
《六祖坛经》
《黄帝内经》
《孔子家语》
《颜氏家训》
《淮南鸿烈》
《传习录》
《近思录》
《围炉夜话》

历史地理

《左传》
《战国策》
《史记》
《汉书》
《后汉书》
《三国志》
《资治通鉴》
《盐铁论》
《贞观政要》
《山海经》
《水经注》
《人物志》

先秦诸子

《论语》
《孟子》
《老子》
《庄子》
《墨子》
《孙子兵法》
《韩非子》
《大学·中庸》
《荀子》
《管子》
《列子》
《鬼谷子》
《商君书》
《吕氏春秋》

文学

《诗经》
《楚辞》
《唐诗三百首》
《宋词三百首》
《元曲三百首》
《古文观止》
《世说新语》
《徐霞客游记》
《梦溪笔谈》
《搜神记》
《东坡志林》
《三字经·百家姓·千字文》

图书在版编目（CIP）数据

贞观政要 / 罗永生导读及译注．— 北京：中信出版社，2015.5（2017.1重印）
（中信国学大典）
ISBN 978-7-5086-5127-9
Ⅰ.①贞… Ⅱ.①罗… Ⅲ.①典章制度－中国－唐代 ②《贞观政要》－译文
③《贞观政要》－注释 Ⅳ.①D691.5-49
中国版本图书馆CIP数据核字（2015）第078024号

本书中文简体字版由中华书局（香港）有限公司授权中信出版社在中国大陆独家出版和发行

贞观政要

导读及译注：罗永生
策划推广：中信出版社（China CITIC Press）
出版发行：中信出版集团股份有限公司
（北京市朝阳区惠新东街甲 4 号富盛大厦 2 座　邮编　100029）
（CITIC Publishing Group）
承 印 者：中国电影出版社印刷厂

开　　本：787mm × 1092mm　1/16　　印　　张：20.5　　字　　数：143 千字
版　　次：2015 年 5 月第 1 版　　印　　次：2017 年 1 月第 2 次印刷
广告经营许可证：京朝工商广字第 8087 号
书　　号：ISBN 978-7-5086-5127-9/D · 303
定　　价：42.00 元

周易礼记孝经心经金刚经净土三经六祖
坛经黄帝内经孔子家语颜氏家训淮南鸿
烈传习录近思录围炉夜话左传战国策史
记汉书后汉书三国志资治通鉴盐铁论贞
观政要山海经水经注人物志论语孟子老
子庄子墨子孙子兵法韩非子大学中庸荀
子管子列子鬼谷子商君书吕氏春秋诗经
楚辞唐诗三百首宋词三百首元曲三百首
古文观止世说新语徐霞客游记梦溪笔谈
搜神记东坡志林三字经百家姓千字文

周易礼记孝经心经金刚经净土三经六祖
坛经黄帝内经孔子家语颜氏家训淮南鸿
烈传习录近思录围炉夜话左传战国策史
记汉书后汉书三国志资治通鉴盐铁论贞
观政要山海经水经注人物志论语孟子老
子庄子墨子孙子兵法韩非子大学中庸荀
子管子列子鬼谷子商君书吕氏春秋诗经
楚辞唐诗三百首宋词三百首元曲三百首
古文观止世说新语徐霞客游记梦溪笔谈
搜神记东坡志林三字经百家姓千字文